周宏伟　著

湖南政区沿革

湖湘文库编辑出版委员会
湖南师范大学出版社

湖湘文库
乙编

出 版 说 明

湖湘文化源远流长，博大精深，是中华文化中独具地域特色的重要一脉。特别是近代以来，一批又一批三湘英杰，以其文韬武略，叱咤风云，谱写了辉煌灿烂的历史篇章，使湖湘文化更为绚丽多彩，影响深远。为弘扬湖湘文化、砥砺湖湘后人，中共湖南省委、湖南省人民政府决定编纂出版《湖湘文库》大型丛书。

《湖湘文库》编辑出版以“整理、传承、研究、创新”为基本方针，分甲、乙两编，其内容涵盖古今，编纂工作繁难复杂，兹将有关事宜略述如次：

一、甲编为湖湘文献，系前人著述。主要为湘籍人士著作和湖南地区的出土文献，同时酌收历代寓湘人物在湘作品，以及晚清至民国时期的部分报刊。

二、乙编为湖湘研究，系今人撰编。包括研究、介绍湖湘人物、历史、风物的学术著作和资料汇编等。

三、乙编中的通史、专题史，下限断至1949年。

四、甲编文献以点校后排印或据原本影印两种方式出版。

五、除少数图书以外，一律采用简体汉字横排。

六、每种图书均由今人撰写前言一篇。甲编图书前言，主要简述原作者生平、该书主要内容、学术文化价值及版本源流、所用底本、参校本等。乙编图书前言，则重在阐释该研究课题的研究视角和主要学术观点等。

七、对文献的整理，只据底本与参校本、参校资料等进行校勘标点，对底本文字的讹、夺、衍、倒作正、补、删、乙，有需要说明的问题，则作出校记，一般不作注释。

八、甲编民国文献中的用语、数字、标点等，除特殊情况外，一般不作改动。乙编图书中的标点、数字用法、参考文献著录规则等均按现行出版有关规定使用和处理。

《湖湘文库》卷帙浩繁，难免出现缺失疏漏，热望社会各界批评指正。

《湖湘文库》编辑出版委员会

前　言

政区沿革，是指行政区划的沿袭与变化，换言之，也就是行政区划变迁的历史过程。我国历史悠久，地域辽阔，两千多年来行政区划的变迁相当繁复。因此，理清变迁的过程，探讨变迁的原因，寻求变迁的规律，是研究政区沿革的重要任务。研究政区沿革，一方面可以为我们了解、描述一个区域的社会经济发展历程提供基础性材料；另一方面，对于我们分析区域政治地理、经济地理格局的形成、变化及其原因与当代影响也很有帮助。可以说，各个历史时期政区的设置、变更与省并，往往是区域政治、军事、经济情势变化的极其重要的反映。

沿革地理的研究在我国有着深厚的传统。众所周知，东汉班固所撰的《汉书·地理志》就可以说是这方面的开创性著作。自此以后，这方面的文献大体得到了延续。现在，如果我们把正史中的地理志汇集一起，那么，一部粗略的中国沿革地理就已基本成形。正史地理志中的材料虽然比较全面、系统，但往往失之简略、粗糙。于是，要了解政区变迁的更详细、更准确的情况，还需要广泛借助其他方面的材料，例如全国性的地理总志（如《元和郡县图志》）、地方志（如省志、府志、县志）、地理性著作中的沿革内容（如《水经注》）、政书中的沿革内容（如《通典·州郡典》），以及其他一切与政区沿革相关的材料。这些材料中的政区沿革内容，由于书籍性质、撰者身份、成书早晚等方面差异，详略不一，甚至矛盾丛生，这就需要研究者对其中的某些问题进行分析、判断、抉择，以获得一个较为合理的结论。自宋代以来，学者关于政区沿革方面的著述就已多见。例如，北宋吴澥所编《历代疆域志》十卷，南宋郑樵《通志》中的《地理略》和《都邑略》，属于当时政区沿革的代表性著作，而南宋王应麟所撰《通鉴地理考》，皇皇一百卷，更是政区沿革研究方面的巨著，惜已不存。清代学者对于政区沿革方面的研究成果更多。像清初顾炎武所编《肇域志》、《天下郡国利病书》二书，顾祖禹所撰《读史方舆纪要》，于政区沿革的研究用力极大，贡献颇多，而后来陈芳绩的《历代地理沿革表》、李兆洛的《历代地理志韵编今释》、马征麟的《历代地理沿革图》等，同样可谓政区沿革研究方面的传世名作。古人所从事的这些工作，虽然对于我们今天的研究具有重要的参考意义，但由于多是属于汇编、总结性质，因而，离真正意义上的科学研究还有不小距离，离高水平的科学研究距离更大。所谓高水平研究，笔者以为，包括对争论多年尚无定论的学术问题作出科学、合理的解释，用可靠的理据推翻旧说、建立新说，把过去研究薄弱的问题深刻化，在其他研究者没有注意的地方发现问题并加以解决，等等。应该说，只有当沿革地理成为当代历史地理学的一部分，才标志着我国学者使用科学方法研究政区沿革的真正开始。谭其骧主编的《中国历史地图集》（以下简称《图集》），可以说是利用科学方法，大团队、长时间系统研究政区变迁的丰碑。类似的研究工作有可能是空前绝后的，而其研究工作成果的多方面价值同样是无与伦比的。但是，这并不意味着《图集》关于政区界线的描画及治所的定位是完美无瑕的。相反，由于研究者编图时受到某些客观条件的限制，比如缺少足够的较系统的考古资料，《图集》很多地名的位置是大致推定的，自然，出现错误也就不可避免。如果从科学研究力求精准的角度要求，其错误率甚至可能很高！比如，细心的读者会发现，笔者本书中对某些朝代湖南县级政区治所的定位，相当部分就与《图集》有较大的出入。除《图集》之外，近数十年来，随着研究手段的进步，研究材料的增加，研究队伍的壮大，有关政区沿革方面的研究成果越来越多，水平总体上也越来越高。例如，周振鹤主编的多卷本《中国行政区划通史》（复旦大学出版社 2007 年版）、辛德勇的《秦始皇三十六郡新考》（《文史》，2006 年第 1、2 期）都是最近在政区沿革研究方面取得重要进展的代表作。至于其他的相关研究论著，林林总总，难以尽举。总之，很多以前无法解决的政区沿革问题现在有可能获得圆满的答案，很多过去无力进行的政区沿革研究工作现在有可能得到较系统的开展。可以说，在目前的研究条件下，只要研究者具备足够的历史地理学素养和科学、认真的研究态度，进行政区沿革方面的研究工作仍然大有可为，仍然可以取得令学术界瞩目的研究成果。

湖南范围的政区沿革研究同样还有相当多的工作要做。关于湖南范围内政区沿革的最早研究自然也可以追溯到《汉书·地理志》。例如，通过阅读《汉书·地理志》中与湖南相关的内容，我们不但能够对西汉末年湖南的政区情况有系统的了解，而且，对汉以前的秦代湖南政区的情况也可以有一定的了解。至于汉以降的政区变化，我们通过研究历代正史地理志、地理总志、地方志等史籍中的相关内容，便可以获得基本的线索。对于这样的线索，应该说，自明清以来，地方史志的编纂者们已经做过一些基础性的归纳、总结工作。例如，全省性的通志中有关于政区沿革的内容，各县留存的历代地方志中有关于政区沿革的内容，新中国成立后编写的新的《湖南省志·地理志》、各县（市）志中也都有关于政区沿革的内容，等等。此外，一些学者也零碎做过一些相关的政区研究工作。这些文献记载及学者们对这些记载所做的分析、考证工作，为本书的撰写提供了相当重要的帮助。但是，总体说来，关于湖南政区沿革的专门研究，成果不多、进展不大、水平也较为参差，一些重要的基础性问题并没有得到较满意的答案。例如，对于楚国时代的湖南郡县设置情况我们还不太清楚，关于湖南单独置省的时间学界也一直存在争议，等等。这样，也就不可避免地造成省内绝大部分县（市）关于历代建置的表述普遍存在较严重的问题。像笔者看到的各地新编的地方志中，可以说，有问题的、错误的政区沿革表述比比皆是，尤其是明清以前的政区沿革。因此，较为系统、深入地研究湖南的政区沿革问题，既是湖南历史地理研究中的一项基础性工作，对今后湖南历史地理的进一步研究具有学术意义；也是湖南文化建设的一项基础性工作，对今后湖南省内各地历史文化资源的发掘、研究、利用具有现实参考意义。笔者作为历史地理学研究者，不揣谫陋，希望通过本书的撰写，尽可能解决湖南政区研究过程中最为重要、最为艰难、最多争议的问题，以为读者提供一本科学严谨、翔实可靠、简明扼要的工具性乡土历史地理读物。

基于这样的目标，在本书的撰写过程中，一方面，笔者力争较好地总结学术界的相关研究成果，尤其是较高水平的研究成果，以期反映学术界的最新研究动态；另一方面，笔者近些年对湖南政区沿革的一些重要问题有较深入、系统的思考，正好利用这样的机会把思考的结果公布出来，以方便学术界同仁乃至普通读者进行批评、指正。

最后，需要说明四点：其一，根据《湖湘文库》编委会的要求，本书的研究时段为1949年中华人民共和国成立以前。因此，中华人民共和国成立以来的政区变迁不属于本书的研究范围，对于新中国成立以来市县政区的变迁情况，除部分必要时于节末采取括注的形式作简要说明之外，基本上不涉及。但是，各市县政区沿革的叙述，考虑到要尽量有用于世，皆是以现行主要辖地范围为准。其二，本书上篇所附各代政区示意图所示内容标准略有差异。汉代及其以前，郡县政区数量不多，附图中表达出县级及其以上政区治所的位置；汉以后，由于郡县数量转多，而图幅较小，一般只表达至州、郡、府一级政区治所位置。其三，为了方便读者，本书下篇基本上按照现行地级市政区划分情况分片排序，但考虑到地级市、某些县级政区是在新中国成立后才设置的，本书相关条目根据历史情况作了适当的处理：凡是今地级市政区单位沿革，只包括所辖县级区及括注对象在内，如长沙市只包括芙蓉、开福、天心、雨花、岳麓五区和长沙、望城二县；凡是新中国成立后设置的县（市、区），尽量分开叙述沿革，但实在无法分割的，或者分割没有太多意义的，一并叙述，如双峰县与湘乡市放在一起。其四，由于受到篇幅的限制，本书关于湖南县市政区沿革过程的叙述多是结论性的，并没有向读者提供取得结论的详细材料及其来源。这是令人十分遗憾的！笔者设想，今后如果有时间和精力，将力争用著作或论文的形式一一进行补苴。

周宏伟

2009年10月

目　录

上篇　湖南政区变迁过程

下篇　湖南市县建置沿革

上　篇

湖南政区变迁过程

第一章　先楚时代的湖南地名

先楚时代，是指楚国势力进入今湖南省境之前的时期。湘、长沙、洞庭，这是今天妇孺皆知的湖南地名。本书开篇之所以要讨论先楚时代的这几个湖南地名，不但是因为这几个地名的生命力很强，而且是因为这几个地名与后来湖南政区，尤其是较高级政区的起源、发展、命名很有联系。

第一节　苍梧与湘

“苍梧”一名的出现，是与帝舜的死地联系在一起的。关于舜的死地，在较早的历史文献中有如下记载。

(1)《孟子·离娄下》：“舜生于诸冯，迁于负夏，卒于鸣条。”

(2)《山海经·海内南经》：“苍梧之山，帝舜葬于阳，帝丹朱葬于阴。”

(3)《山海经·大荒南经》：“赤水之东有苍梧之野，舜与叔均之所葬也。”

(4)《今本竹书纪年》：“四十九年，帝（舜）居于鸣条。五十年，帝陟。”

(5)《淮南子·修务训》:“(舜)南征三苗,道死苍梧。”

(6)《礼记·檀弓下》:“舜葬于苍梧之野,盖三妃未之从也。”

(7)《孔子家语·五帝德》:“舜陟方岳,死于苍梧之野而葬焉。”

由上述这些材料可知,舜的死地除了孟子说是在鸣条外,其他文献都大体认为在苍梧,故疑孟子所言或有误。苍梧何在?至迟自秦代起,重要文献都认为苍梧在汉代的江南地区。如《山海经·海内经》:“南方苍梧之丘,苍梧之渊,其中有九疑山,舜之所葬,在长沙零陵界中。”《史记·五帝本纪》:“(舜)践帝位三十九年,南巡狩,崩于苍梧之野,葬于江南九疑,是为零陵。”《海内经》所谓“长沙零陵”,当指汉初长沙国下辖的零陵县(治今广西兴安县北境)。也就是说,当时的九疑(九疑,现也作九嶷)山属零陵县域。其实,汉初九疑山距零陵县较远,不大可能属于零陵县域,这从马王堆汉墓出土的汉初长沙国南部地图九疑山周围的置县情况(参见地图4-1)就可以看得出来。至于司马迁所谓“(舜)葬于江南九疑,是为零陵”,意思则是说舜墓叫零陵。这说明,汉初人对于舜之葬地,一般只知道在九疑山,而对于九疑山的具体位置,则不是很清楚。

应该说,舜葬江南九疑的说法自古以来就流传甚广,至今附和者仍然很多,但这并不意味着得到了研究者的一致认同。例如,近人陈怀荃[①]经过认真考察后认为,尧舜时代的“苍梧之野”,“必然近于丹水之浦,而在丹阳汉北一带”,也就是今天的陕豫鄂交界的汉江支流丹江流域一带;苍梧之名,是随着古代南裔的南

① 陈怀荃:《苍梧考释》,《历史地理》第10辑,上海:上海人民出版社1992年版,第288~291页。

移及荆州、交州之域不断开发和发展而不断南移的。随着近年的考古新材料的发现，陈文关于苍梧的一些细节考释并不成立，但其上述结论大体是合理的。

那么，苍梧名称是在什么时候出现于湖南境内的？由于苍梧名称的出现是与苍梧族（部落）的迁徙相联系的，因而，苍梧名称出现于湖南境内的时间，自然应与苍梧族（部落）进入湖南的时间一致。苍梧族本来生活在丹江流域一带，之所以举族南迁，很可能是因为受到楚人南迁而造成的挤压性影响。楚人先世原居于关中平原，周初成王时，由于首领熊绎被封于“丹阳”而开始南迁。①《史记·楚世家》曰：

> 熊绎当周成王之时，举文、武勤劳之后嗣，而封熊绎于楚蛮，封以子男之田，姓芈氏，居丹阳。

丹阳，即今陕西商州区所在的丹江谷地。大约正是由于周初楚人陆续进入丹江谷地，才迫使原居此地的苍梧族远迁到今湖南境内。《逸周书·王会篇》谈到周成王“成周之会”来自南方的地方贡物时就说：

> 禽人菅，路人大竹，长沙鼈。其西，鱼复鼓、锺。锺牛。蛮杨之翟，仓吾翡翠。翡翠者，所以取羽。其余皆可知。自古之政，南人至，众皆北向。

文中的“仓吾”也就是苍梧的略写。显然，此间的苍梧族，

① 周宏伟：《新蔡楚简与楚都迁徙问题的新认识》，《北大史学》第14辑，北京：北京大学出版社2009年版。

很可能已经进入到了湖南境内，因为，苍梧族的生活地域与长沙、蛮杨等长江中游偏南一带诸族邻近；而从其地出产“翡翠”来看，当时苍梧族的活动地域也应该包括今湖南南部地区，因为，从后世与翡翠相关的记载略可推测。《说文》云：

翡，赤羽雀也。出郁林。从羽，非声。雄、赤曰翡，雌、青曰翠。

《南方异物志》亦云：

翡大于燕，小于乌，腰身通黑，唯胸、前背、翼后有赤毛也；翠通身青黄，唯六翮上毛长寸余，其飞，即羽鸣翠翠翡翡，因以名焉。①

此所谓翡翠，自然应该是属于鸟纲佛法僧目（Coraciiformes）翠鸟科（Alcedinidae）的一种。《说文》所指翡翠产地“郁林”为汉代郡名，与其时的零陵郡相邻，而传说中的帝舜之葬地九疑山即位于零陵郡域。

苍梧族很可能属于崇拜帝舜的部落，因而，当他们南迁的时候，把世传对舜的纪念习俗和与舜相关的传说一起带到江南地区。例如，早在战国、秦时，今湘北洞庭湖区就有与舜相关的所谓湘君、湘夫人传说和舜二妃纪念物的存在。② 这似乎可以说明苍梧族曾经在这里停留、生活了相当长的一段时间。

至于“湘”之得名，很可能就是来自属于古百越系统的苍梧

① 〔唐〕释慧琳：《一切经音义》卷六五“翡翠”条引。
② 《楚辞·九歌》，《史记》卷六《秦始皇本纪》。

族语言。众所周知，“湘”与“襄”二字今读音相同。其实，二字的上古读音亦相同，皆心纽阳韵，可拟音为 sĭaŋ。[1] 由于古襄地所在的区域鄂西北与古湘地所在的区域湘东北皆为古越人生活之地[2]，因而，颇疑二字为用不同汉字记音的同一古越语言的残留。湘字何意？由于古人从来没有关于该字的合理解释[3]，不妨略作推考。据《太平寰宇记》卷一四五襄州襄阳县条所云：“涑水，亦名襄水。荆楚之地，水驾山而上者，皆呼为襄上也。今土人呼涑水，上流亦呼为襄水。名即无定，故陆澄《地理志》云：襄阳无襄水也。”由此而知，“襄”大体就是上之意，故“湘”之本意也当就是上。这样的解释还能得到更早文献的支持。《尚书·尧典》之“荡荡怀山襄陵，浩浩滔天”句，孔传曰：“怀，包；襄，上也。”唐颜师古亦曰：“怀，包也；襄，驾也。言水大［泛］滥，包山而驾陵也。”[4] 在洞庭平原湘水入长沙的古湘山（今岳阳君山）一带，汛期洪水暴涨而“襄陵”的景象十分壮观，于是，居住在这里的人们把这种现象称为“襄水”，而为了与楚地他处的襄水相区别，便以同音字“湘”字名之。这就是“湘”的来历。

---

① 李珍华、周长楫编撰：《汉字古今音表》（修订本），北京：中华书局 1999 年版，第 323 页。

② 《太平寰宇记》卷一四五《山南东道四·襄州》“襄阳县”条有云：“《州郡志》云：襄阳本汉中庐县地，汉初徙骆越之人居之。”由此可知，“襄”之名极可能来自古越语译言。

③ “湘”字首见于《诗经·召南·采苹》“于以湘之，维锜及釜”句中，宋朱熹《诗经集注》释云：“湘，烹也，盖粗熟而淹以为菹也。”显然，此“湘”为动词，以之释水体之“湘”不当。后来，宋人又以郦道元《水经·湘水注》有“湘漓同源，分为二水，南为漓水，北则湘川”句，而以湘、漓二水得名自水相分离，后加水旁为“湘”、“漓”二字。此说无稽，因为此类分水岭十分常见，何以不见他处称湘、漓？明以来，又有人以“湘犹相也”，而以为“湘”为众水相汇合之意。此说亦无理，因为任何一条河流皆为汇众水而成。

④ 《汉书》卷二十八上《地理志上》。

战国中期，随着楚人势力进入湖南，苍梧族大部又溯湘江继续南迁至湘南地区，于是才有了汉代以降流行的舜葬江南九疑或长沙零陵界中的说法。

第二节　长沙

“长沙”之名正式出现于现存史籍中，以《逸周书·王会篇》最早。据前录《王会篇》所载，周成王“成周之会”时，有来自南方的贡品“长沙鼈”。这里的鼈，也就是今天俗称的鳖、甲鱼。在古代，鼈字下部也可以写作“龟”、“鱼”。东汉许慎《说文》中即只有鼈字而无鳖字。《说文·黾部》：“鼈，甲虫也。从黾，敝声。”《玉篇·鱼部》：“鳖，俗鼈字。”这里的长沙，应该就是指今长沙及湘北洞庭平原一带，因为，不但《王会篇》下文的鱼复（今三峡一带）、蛮杨（今长江中下游一带）、仓吾（今湖南东南部一带）之类的部族名称或地名，可以在大致方位上支持这一说法，而且《尚书·禹贡》“荆州”章所谓“九江纳锡大龟”之语，实际上也很可能是指的贡长沙鳖之事。在古代河网密布、渊泽众多的洞庭平原一带，出产可以作为贡品的大龟（鳖），是很自然的事。众所周知，周成王在位于公元前11世纪，距今3000余年。可见，长沙作为一个区域（包括洞庭平原在内的湘江下游一带）地名的历史至少已有3000多年。

长沙之名何意？迄今的解释有四说。一谓因二十八宿之轸宿旁小星长沙星而得名；二谓因沙土之地而得名；三谓因万里沙祠得名；四谓得名于三苗、蛮越语言记音，在壮语意为祭祀女神的地方。① 笔

① 《长沙地名的由来》，《中国地名》2006年第2期，第1～2页。

者以为，四者中以最后一说理较长。之所以这么说，是因为在周初之前，今长沙及洞庭平原地区一带先后为三苗、蛮越、苍梧等古族居住，自然不当有中原华夏语言（古汉语）含义地名。而在今壮侗（侗台）系语言中，确实保存了很多古代蛮越语言词汇。学术界一般也认为，今壮侗语支民族为古代百越民族的后裔。因此，把长沙解释为祭祀女神的地方可信度很大。

那么，当时所祭祀的女神是谁？

如前所述，随着苍梧族（部落）的南迁，早在先秦时代，民间就开始流传帝舜南征（巡），二妃随之，居于洞庭，葬于湘山（又名洞庭山、君山）的故事。例如，战国楚人屈原所作《九歌》就有《湘君》、《湘夫人》篇，二篇可以说是作者用诗的形式对当时民间流传的关于舜帝生活事迹的记录与颂咏。《史记·秦始皇本纪》云：三十年（前217年），“（上）浮江至湘山祠，逢大风，几不得渡。上问博士曰：‘湘君何神？’博士对曰：‘尧女，舜妻而葬于此。’”《山海经·中山经》则云：“洞庭之山……帝（尧）之二女居之，是常游于江渊。”到晋代，晋张华《博物志》把此前颇有出入的有关传说糅合起来，谓“君山即洞庭山，尧之二女居之，长曰湘君，次曰湘夫人”。① 尽管古人关于舜帝及其妃子在湖南的上述事迹叙述事实上都不可能存在，但周初南迁的苍梧部落保留了纪念舜帝及其妃子的习俗却是毫无疑问的。因此，先秦时期在今长沙、洞庭一带，人们所祭祀的女神，无疑就是传说作为舜帝妃子的尧女湘君或湘夫人。自周初苍梧族进入湖南境内后，在今湘东北洞庭平原一带，祭祀湘君或湘夫人可能逐渐发展为一种民间风俗。东汉王逸在《楚辞章句·九歌序》中就曾说：“昔楚南郢

① 〔宋〕范致明：《岳阳风土记》。

之邑，沅湘之间，其俗信鬼而好祠，其祀必作歌乐鼓舞，以乐诸神。”于是，在人口较多、居民较为集中的村落里，设置专门的祭祀湘君或湘夫人的祠庙、场所，也就是很自然的事情。例如，除了秦代湘山（今岳阳君山）上就有的湘山祠，汉唐之间，今湘阴、汨罗一带也建有纪念湘妃的场所。唐初《括地志》即云：“黄陵庙在岳州湘阴县北五十七里，舜二妃之神。二妃冢在湘阴北一百六十里青草山上。”盛弘之《荆州记》云：“青草湖南有青草山，湖因山名焉。”《列女传》云：“舜陟方，死于苍梧。二妃死于江湘之间，因葬焉。”①

唐代的湘阴县治，在今湘阴县濠河口（黄花故城）一带②，故黄陵庙、青草山当分别在今湘阴县北、汨罗县西北一带。今天，在侗族的村寨中都建有祭祀最高女神“萨岁”（意为“圣祖母”）的场所，有的地方还建有“圣母堂”。每逢盛大节日或村寨喜庆之日，人们都到祭坛前举行参拜萨岁的活动。萨岁既是侗族人民的祖先神，也是保护神和英雄神。或许，这样的习俗就是由3000多年前开始流行于湖南地区的古老习俗发展、演变而来。苍梧族（部落）很可能属于古百越民族系统，或是受古百越民族影响很深的古代部落。

第三节　洞庭

关于洞庭的含义问题，前人曾有过解释。就笔者所见，在现存文献中，以晋郭璞的解释最早。郭璞注《山海经·海内东经》时有云：

---

① 《史记》卷六《秦始皇本纪》“正义”引。

② 《元和郡县图志》卷二十七《江南道三》“湘阴县”条，国家文物局主编：《中国文物地图集·湖南分册》，长沙：湖南地图出版社1997年版，第51页。

洞庭，地穴也，在长沙巴陵。今吴县南太湖中有包山，下有洞庭，穴道潜行水底，云无所不通，号为地脉。

刘宋裴骃注《史记》时，对这一说法作了进一步的阐述：

今太湖中包山有石穴，其深洞无知其极者，名洞庭。洞庭对彭蠡，则知此穴之名，通呼洞庭。①

郭璞、裴骃关于洞庭为地穴的解释方式——太湖包山有洞穴，洞穴即洞庭，洞庭即洞庭湖——明显是望文生义、牵强附会的。到唐咸通（860—874 年）年间，出任巴陵（治今湖南省岳阳市）县令的李密思，在解释洞庭的含义时，则把洞庭与神仙洞府联系起来。李氏云："洞庭山，盖神仙洞府之一也。以其洞府之庭，故以是称。湖名因山，自上古而然矣。"② 李氏的这种解释后来得到了北宋范致明的肯定，因为，范氏在所撰《岳阳风土记》一书中，亦有"洞庭，洞府之庭"之说。李氏的解释似乎不是空穴来风，因为，宋人《云笈七签》所录道教洞天福地之"十大洞天"，其中确有"第九林屋山洞，周回四百里，号曰尤神幽虚之洞天，在洞庭湖口，属北岳真人治之"③ 一说。这似可作为李氏"洞庭山，盖神仙洞府之一也"说法的注脚。

由于李氏释洞庭为"洞府之庭"的说法好像是有根有据的，自然，李说也就成为今天最通行的说法。然而，在笔者看来，这

① 《初学记》卷七《地部下·湖第一》引。
② 《全唐文》卷八百二《李密思·湘君庙记》。
③ 〔宋〕张君房：《云笈七签》卷二十七《洞天福地部》。

样的解释是完全不能成立的。因为，众所周知，道教兴于东汉时期，而作为道教重要建置的“神仙洞府”，自当在东汉之后才会出现。如果洞庭为“洞府之庭”的说法不误，洞庭之名必然出现于东汉之后。可是，毫无疑问的是，洞庭之名早在东汉之前数百年即已存在。

那么，洞庭的含义到底如何？

为了探索洞庭的含义，我们不妨首先看看现存的较早文献中有关“洞庭”的记载。这些记载大体有如下数种。

(1)《山海经·中山经》：又东南一百二十里，曰洞庭之山……帝（尧）之二女居之，是常游于江渊；澧、沅之风，交潇湘之渊，是在九江之间。

(2)《庄子·天运》：帝张《咸池》之乐于洞庭之野。

(3)《楚辞·九歌·湘夫人》：袅袅兮秋风，洞庭波兮木叶下。

(4)《楚辞·九章·哀郢》：将运舟而下浮兮，上洞庭而下江。

(5)《吕氏春秋·孝行览》：鱼之美者，洞庭之鲋。

(6)《战国策·秦策一》：秦与荆人战，大破荆，袭郢，取洞庭、五都、江南。荆王亡奔走，东伏于陈。

众所周知，上述《山海经·中山经》、《庄子》、《楚辞》诸书（篇）成书于战国时代，《吕氏春秋》成书于秦时，《战国策》虽然编成于汉初，但其中篇章皆出自战国时代。可见，说洞庭之名至迟在战国时代已经出现应该是不存在什么问题的。

既然“洞庭”之名在战国时代已经出现，那么，以“神仙洞府”来解释其含义，显然就是无法成立的。于是，洞庭的真实含义就很值得探索。

我们知道，要弄清楚一个地名的含义，首先应该确定这个地名的原始语言归属，因为，这是避免望文生义、牵强附会的唯一正确方法。“洞庭”一词是源于古代华夏民族语言（古汉语）还是古代其他民族语言？从前述郭璞、李密思关于洞庭的汉语言解释事实上都不成立的情况来看，笔者以为，洞庭一词应该不是古代中原夏语言，像前述的“苍梧”、“长沙”等名称一样，很可能是古代南方百越系民族语言的夏言记音。这是因为，今湘北洞庭湖一带，在操“夏言”的楚人到来前，无疑是百越民族的活动区域。

“洞庭”为古越语的可能性既大，那么，要弄清楚它的含义，自然只能从古越语中去寻求。然而，众所周知，古越语早在1000多年前就已消亡。这样，我们自然又只能从与古越语有亲缘关系的语言中去寻找。目前，学术界一般认为，由于今天的壮侗语族语言与古越语在语音、词汇、语法上有着承继关系，因而，古越语应属于侗台语（壮侗语）族，分布在今中国南部以至东南亚的壮侗语族语言如侗语、水语、壮语、傣语、黎语、泰国泰语、越南京语、缅甸掸语等，是古越语的直系后裔。① 于是，我们可以尝试着从今侗台语言中去探究“洞庭”的对音词。

---

① 西汉刘向《说苑》卷十一《善说篇》中记载：公元前528年，楚国令尹鄂君子皙举行舟游盛会。会上，越人歌手与鄂君拥楫而歌，一位懂楚语的越人给鄂君即时进行歌词翻译。这就是著名的《越人歌》，其古越语原文（汉字记音）和楚语译文就保存在《善说篇》中。近些年来，有许多学者用壮语、侗语、泰语等对古越语原文《越人歌》进行翻译，结果歌词意思与楚语译文大体接近。参见韦庆稳：《越人歌与壮语的关系试释》，载《民族语文论集》，北京：中国社会科学出版社1981年版，第23～46页；林河：《侗族民歌与〈越人歌〉的比较研究》，《贵州民族研究》1985年第4期，第103～111页；郑张尚芳著，孙琳、石锋译：《〈越人歌〉解读》，载南开大学中文系编：《语言研究论丛》（第7辑），北京：语文出版社1997年版，第57～65页。

要正确地进行“洞庭”的侗台语言对音，首先，当然要搞清楚“洞庭”二字的“夏言”（古汉语）读音。根据语言学者的研究成果，洞庭，上古音可拟为 $dɔŋ^3$ $dieŋ^1$。① 而洞庭二字的这个读音，与今壮语 doengh nding 的读音（标准音 $toŋ^6$ $diŋ^1$）显然十分接近。壮语 doengh 乃（山间）平地、坝子之意，历史时期以来常用“峒”、“垌”、“洞”、“同”、“栋”、“东”、“动”等汉字音译；nding 乃红色之意，历史时期以来常用“丁”、“廷”、“零”、“灵”等汉字音译，而 doengh nding 组合起来作为壮语地名词汇，就是红色的平地、坝子之意。需要说明的是，（山间）平地、红色二词是侗台语中十分常见的地名用字，各语支及其方言中读音虽有一定差异，但还是十分接近的。如（山间）平地，在某些壮语方言及侗语中读 loŋ，历史时期以来常用龙、弄、隆、垅②等汉字音译；红色，今泰语读 $dɛɪŋ^2$，老挝语、越南侬语读 $dɛɪŋ^1$，皆与壮语读音很近。与洞庭含义相同的地名在今广西壮族自治区仍然存在，如河池市大化县有“弄丁”（Rungh nding）地名。③ 那么，古越族人为什么要把洞庭平原称为红色平地？笔者以为，古越族人之所以把洞庭平原一带取名为红色的平地，应该是因为其时洞庭平原一带地表土壤呈红色的缘故。我们知道，洞庭平原地表主要为长

---

① 李珍华、周长楫编撰：《汉字古今音表》（修订本），北京：中华书局 1999 年版，第 15、364 页。

② 今湖南长沙附近一带，方言中把（山间）可种植水稻的大片狭长平地仍称为“垅”（$loŋ^1$），如长沙市内尚有“上大垅”、“左家垅”等地名，此当为古越语在南方汉语方言中的残留。

③ 本文所录壮侗语语料，来源于下列文献。覃国生：《壮语概论》，南宁：广西民族出版社 1998 年版；韦庆稳等编著：《壮语简志》，北京：民族出版社 1980 年版；张声震主编：《广西壮语地名选集》，南宁：广西民族出版社 1988 年版；范宏贵：《同根生的民族——壮泰各族渊源与文化》，北京：光明日报出版社 2000 年版；覃圣敏主编：《壮泰民族传统文化比较研究》（第二卷），南宁：广西人民出版社 2003 年版。

江及湘、资、沅、澧四水冲积而成的第四纪沉积物覆盖，第四纪沉积物在亚热带的长期高温和干湿季交替的条件下，容易变红而形成红壤，如近年新冲积出的洞庭湖区洲滩仍然如此。这种土壤在经过历史时期的长期耕作之后，才演变为今之洞庭湖区广泛分布的水稻土。可见，古越族人对洞庭平原的命名是符合大规模农业耕作之前洞庭平原土壤的实际情况的。其实，不但古越语地名反映了洞庭平原土壤的自然特征，历史时期以来洞庭平原的汉语地名也同样反映出了类似的情况。例如，南朝以来先后出现的“赤沙湖”（今大通湖一带）、“赤亭湖”（今大通湖一带）、“赤鼻（陂）湖”（今西洞庭湖一带）、“赤鼻山”（今洞庭湖中最大岛屿赤山岛）之类地名即是。其中的“赤亭湖”，很可能是汉越语言的同义合璧地名：赤、亭皆红色之意，只不过赤为汉语，亭为古越语的汉字记音。大约正是由于汉代及其以前洞庭地区平原广袤，湖泊水体面积还不太大，西汉时期文学家刘向（约前 77—前 6 年）才会有“驰予车兮玄石（今湖南华容墨山），步予马兮洞庭”① 的说法。

① 《楚辞·刘向〈九叹·逢纷〉》。

第二章　楚国时代的湖南政区

楚国时代是湖南政区的始置时代。过去，受到文献资料的限制，我们对于楚国时代湖南政区设置情况所知甚少。20 世纪 70 年代以来，由于楚秦简牍文献的不断出土，我们对楚国政区的情况了解得越来越多，楚国时代在湖南的政区设置轮廓也变得越来越清晰。

第一节　南下的楚人

楚国势力是什么时候进入湖南境内的，要了解楚国在湖南设置的政区情况，这是一个必须首先回答的问题。

根据传世与出土文献材料和田野考古材料分析，楚人的活动中心大体经过了这样一个迁徙历程：楚人先世原居于今陕西关中平原东部的华山北麓一带，周初成王所封熊绎之“丹阳”即今陕西商州区所在的丹江谷地；熊渠时代，楚人势力开始进入江汉地区，此后直至楚武王熊通五十一年（前 689 年）徙郢，近 200 年中，其统治中心位于新蔡楚简所谓“林丘”，约当今湖北襄樊的真武山西周遗址一带；楚武王所徙的郢，就是新蔡楚简中多见的“鄩郢”，为楚人势力进入沮漳河流域后的统治中心，即当今湖北当阳季家湖古城遗址；公元前519年楚令尹囊瓦所城之郢，乃此后传世文献所谓“南郢”、“纪郢”，器物铭文、出土文献所谓“蓝郢”、“栽郢”，即今湖北荆州纪南城遗址；从公元前519年直到公元前278年秦将白起攻破郢都的230余年间，除楚昭王、楚惠王时曾短暂北徙都都（鄢郢），楚国的统治中心皆在纪南城。[①]

那么，楚人势力是在什么时候进入湖南境内？根据上述关于楚都的位置变化情况推测，只有在公元前689年楚武王把楚国的统治中心迁至沮漳河流域的鄀郢后，楚人的势力才可能真正进入湖南。当然，在此之前，也可能有零零散散的楚人越江而南，因为，据载，西周中期的周夷王时（约前880年），“熊渠甚得江汉间民和，乃兴兵伐庸、杨粤，至于鄂。熊渠曰：‘我蛮夷也，不与中国之号谥。’乃立其长子康为句亶王，中子红为鄂王，少子执疵为越章王，皆在江上楚蛮之地”。[②] 既然长江中游已有楚人的三个据点，那么，生活在据点的楚人与江南地区有一定联系也就十分正常。例如，今天，在湘西北澧水流域的澧县澧东乡的斑竹、文家山两处遗址中，就发现了少量具有楚文化特征的器物。[③] 虽然不能肯定这些器物就是楚人留下的，但是，说这些器物的主人与楚人有某种联系是没问题的。有学者对澧水流域西周晚期的楚人遗址和遗物发现不多的情况颇感“费解”[④]，其实，这与熊渠之后至楚武王熊通之前的近200年间楚人势力在江汉平原地带几无发展的情况是

---

① 周宏伟：《新蔡楚简与楚都迁徙问题的新认识》，《北大史学》第14辑，北京：北京大学出版社2009年版。

② 《史记》卷四十《楚世家》。

③ 何介钧、曹传松：《湖南澧县商周时期古遗址调查与探掘》，《湖南考古辑刊》第4期，长沙：岳麓书社1987年版，第1~10页；高至喜：《楚文化的南渐》，武汉：湖北教育出版社1996年版，第20~21页。

④ 高至喜：《楚文化的南渐》，武汉：湖北教育出版社1996年版，第21页。

一致的。史载，熊渠时代之后的楚君若敖（前790—前764年）、蚡冒（前757—前741年）时期，楚人“筚路蓝缕，以启山林”①。此间楚人的主要势力既然尚在荆山山林之中周旋，自然就不会对包括澧水流域在内的江南地区产生很大的影响。

楚文化开始影响湘东北一带，大致在春秋早期的楚文王时（前689—前676年）。唐颜师古注《汉书·地理志》，于“长沙国”之“罗”县下引东汉应劭说云：“楚文王徙罗子自枝江居此。”罗子国为楚的同姓属国。南徙的罗子国故城即位于今汨罗市西北4千米的屈原农场蚕种场。据岳阳市文物工作队1993年勘探、试掘的结果，知该城城垣东西长590米，南北宽400米，城内出土器物具有较明显的楚文化特征，不少器物的时代可追溯到春秋中期。② 罗子国人虽然属于楚文化系统，但毕竟还不是严格意义上的楚人。

楚人势力真正进入湖南的时间，大概是在春秋中晚期。因为，目前在湖南省境内发现春秋楚墓的地点虽然有澧县、岳阳、汨罗、常德、益阳、桃江、长沙、湘乡等数个县、市，但其中只有澧县丁家岗、岳阳筻口楚墓可早到春秋中期，而其他地区发现的楚墓，其时代皆属于春秋晚期及其以后，如出土青铜礼器的益阳郊区3座楚墓、湘乡何家湾1座楚墓。③ 这显然与文献记载的情况颇为一致。《史记·楚世家》云：“成王恽元年，初即位，布德施惠，结

---

① 《春秋左传·宣公十二年》。

② 岳阳市文物工作队：《湖南汨罗罗国城遗址的调查与探掘》，《江汉考古》1996年第1期，第9~14、7页。

③ 湖南省博物馆：《澧县东田丁家岗新石器时代遗址》，《湖南考古辑刊》第1辑，长沙：岳麓书社1982年版；岳阳市文物工作队：《湖南省岳阳县凤形嘴山一号墓发掘简报》，《文物》1993年第1期；高至喜：《楚文化的南渐》，武汉：湖北教育出版社1996年版，第45~53页。

旧好于诸侯；使人献天子，天子赐胙，曰：‘镇尔南方夷越之乱，无侵中国。’于是，楚地千里。”楚成王前671—前626年在位。从这条记载的内容推测，此间楚人南进的步伐应该较前加大。这大约也就是春秋中晚期湖南北部、中部出现一批楚墓的时代背景。

尽管春秋中晚期湖南北部、中部出现了一批楚墓，但显然数量并不太多（有些楚墓的时代尚存在争议），地域分布并不很广。只有到战国时期，湖南楚墓的数量才急剧上升，分布范围才更为广阔。据学者十余年前的统计，当时湘西、湘北地区（指今怀化市、湘西土家族苗族自治州、张家界市和常德市）发现的楚墓超过1200座，湘中、湘东地区（指今长沙市、湘潭市、株洲市、益阳市和岳阳市）发现的楚墓约3000座，湘南地区（指今衡阳市、郴州市、永州市）发现的楚墓超过400座。① 由此可见，战国时期才是楚人大举入湘的时期。这与文献记载的情况亦大体一致。《后汉书·南蛮传》有云：“及吴起相悼王，南并蛮越，遂有洞庭、苍梧。”楚悼王（前401—前381年）在位时期属于战国早期偏晚阶段。应该说，正是吴起南平百越，才带来了大批楚人越江入湘。

第二节　郡县在湖南的滥觞

众所周知，我国在春秋早期已开始设置县，后来（秦穆公时）又出现了郡，而楚国是最早置县的诸侯国。最初，楚国是通过灭国而置县的。由于灭国置县，因而，最早一批楚县往往是通都大邑，而郡则置于新开辟的边远的偏僻之地，郡县之间并不存在辖

① 高至喜：《楚文化的南渐》，武汉：湖北教育出版社1996年版，第59~201页。

属关系。大约到春秋战国之际，郡、县之间才大体形成隶属关系，也就是郡管县。之所以会出现这种情况，是因为郡所管辖的地域范围往往都比县要大，而县的范围虽小，但交通位置又常常比较重要。于是，为了加强边地的军事、行政方面的管理，把一个郡划分成几个县来进行管理也就成为必然。楚县的最高行政长官为县尹，常尊称为县公。《淮南子·览冥篇》高诱注曰："楚僭号称王，其守县大夫皆称公。"到战国时期，楚国的郡县制已经基本成形。

如前所述，虽然春秋中晚期已有楚人进入湖南，但数量并不多，因而不太可能设置专门的行政区域来进行管辖。到战国时期，随着楚人大量入湘和楚国郡县制度的大体完善，置郡设县应是自然之举。根据目前已知的有关传世和出土文献材料，大致可以知道战国时期楚国在今湖南境内设置郡县的一些情况。略考如下。

一、洞庭郡及其辖县

关于楚于湖南境内置有洞庭郡的问题，在 2002 年之前，几乎没有人注意过。2002 年 6 月，由于考古工作者在湖南省龙山县里耶镇的一个古井中令人震惊地发现了 3.6 万余片秦简，而简牍上明显有毛笔书写的"洞庭郡"、"以洞庭司马印行事"、"迁陵以邮行洞庭"之类的文字内容。从此，秦洞庭郡的问题，就引起了全国考古学界、历史学界学者的极大兴趣。因为，研究者最初都认为，里耶秦简中出现的洞庭郡一名，在《史记》、《汉书》等传世文献中都是没有记载的，而里耶秦简中的洞庭郡内容，无疑带给了我们关于秦郡的新认识。应该说，里耶秦简带给了我们关于秦郡的新认识是无疑的，但是，说传世文献中没有记载过洞庭郡却是错误的。笔者曾经指出①，传世文献中是有洞庭郡的记载的。依据有二。

其一，《史记·苏秦列传》云：

（苏秦）乃西南说楚威王曰："楚，天下之强国也；王，天下之贤王也。西有黔中、巫郡，东有夏州、海阳，南有洞庭、苍梧，北有陉塞、郇阳，地方五千余里，带甲百万，车千乘，骑万匹，粟支十年：此霸王之资也。夫以楚之强与王之贤，天下莫能当也……"

《战国策·楚策一》"苏秦为赵合纵"篇所记略同。上引文中"洞庭"应该就是指楚国的洞庭郡。因为，在战国后期以前，楚国只在与西南少数民族相邻的西部、南部边地置郡，在接近中原的北部、东部地区是不置郡的②，所以，与"西有黔中、巫郡"句是指楚威王（前339—前329年）时期楚国西部置有黔中郡、巫郡一样，"南有洞庭、苍梧"句，也是指当时楚国南部置有洞庭郡和苍梧郡。唐司马贞《索隐》以"今之青草湖（唐时洞庭湖的偏南部分）是也，在岳州界也"释此处"洞庭"，失之。

其二，《战国策》卷三《秦策一》云：

张仪说秦王曰："……秦与荆人战，大破荆，袭郢，取洞庭、五渚（渚，或作都）、江南，荆王亡奔走，东伏于陈。当

① 周宏伟：《传世文献中没有记载过洞庭郡吗？》，《湖南师范大学社会科学学报》2003年第3期，第83～84、120页。

② 杨宽：《战国史》（增订本），上海：上海人民出版社1998年版，第226～230页。

是之时，随荆以兵，则荆可举。举荆，则其民足贪也，地足利也。东以弱齐、燕，中以陵三晋。然则是一举而伯王之名可成也，四邻诸侯可朝也……”

这里的“洞庭”同样是指洞庭郡。因为，一方面，历史地理学的研究成果表明，在战国时期今洞庭湖地区还是一片河网沼泽平原景观，烟波浩淼的“八百里”洞庭湖并不存在。① 因此，张仪游说秦惠文王“取洞庭”，自然是指夺取政区意义上的楚国洞庭郡。另一方面，《战国策》的最早作注者东汉高诱于此明确注曰：“郢，楚都也。洞庭、五都、江南，皆楚邑也。”高诱生活的东汉时代上距战国不远，故其洞庭为“楚邑”的说法应当可信。《说文》云：“郡……从邑，君声。”郡当然也是邑一类。

楚洞庭郡的治所应该在索县，也就是后来西汉武陵郡的治所。这样的结论，可以得到相关考古、文献资料的较多支持。

一是从考古调查来看，索县故城是洞庭平原地区发现的唯一一座有二城结构的楚汉古城。索县故址在今湖南省常德市东北距市区 30 千米的鼎城区韩公渡镇城址村的古渐（澹）水边，已经确定无疑。据考古工作者在城址村的调查结果，索县故城由东西二城组成，坐北朝南，中间有城垣相隔，东面为大城，西面为小城。东城南北宽 400 米，东西残长 500 米；西城南北宽 480 米，东西残长 480 米。现残存城垣为黏土夯筑，有东、西、南、北四门，东城四角有瞭望台；城四周有明显的护城河，宽 30 米左右。在索城遗址附近一带，迄 20 世纪 90 年代中期，已发现、发掘的楚、西汉墓

① 周宏伟：《洞庭湖变迁的历史过程再探讨》，《中国历史地理论丛》2005 年第 2 辑，第 12 ~ 21 页。

有数百座，并出土过一枚“索左尉印”滑石印章。[①] 可见，早在先汉时期，该城就已经开始筑建。该城之所以会有东、西二城，可能是由于一城先建、一城后建的缘故。西城规模较小，可能先建，或为楚城；东城规模较大，可能后建，或为汉城。笔者曾指出，洞庭郡至迟在公元前4世纪中的楚威王时期就已经存在。[②] 而前引《后汉书·南蛮传》中，有“及吴起相悼王，南并蛮越，遂有洞庭、苍梧”之语，则洞庭郡的建置年代据此可以进一步前推至楚将吴起南平百越期间。结合《史记·魏世家》、《楚世家》中的有关记载考察，吴起相悼王（南平百越）的时间又可具体推定在公元前389年至公元前381年之间。

二是先秦时期索城居于两个重要城市郢都与青阳（或长沙）的几何中心。索城位于洞庭平原西缘，北溯澹水—澧水—澧水油水间水道（为油水南溢洪道演变而成）—油水一线可至楚都郢（秦汉南郡治江陵），西溯沅水可上云贵高原，东南循澹水—澹水湘水间水道—湘水一线可直达青阳（或长沙），水路交通位置相当优越。《水经注·沅水》中保留有关于索城附近的水道交通情况：

> 沅水又东入龙阳县。有澹水，出汉寿县西杨山，南流东折，迳其县南。县治索城，即索县之故城也。汉顺帝阳嘉中

---

① 国家文物局主编：《中国文物地图集·湖南分册》，长沙：湖南地图出版社1997年版，第195页；常德市文物工作队：《常德地区志·文物志》，北京：中国文史出版社1995年版，第44～45页；曹传松：《湘西北楚城调查与探索——兼谈有关楚史的几个问题》，《楚文化研究论集》（第二集），武汉：湖北人民出版社1991年版，第177～190页。上述诸书关于索城的调查材料有一定出入，此处所录主要依据出版时间近者。

② 周宏伟：《传世文献中没有记载过洞庭郡吗?》，《湖南师范大学社会科学学报》2003年第3期，第83～84，120页。

改从今名。阚骃以为兴水所出，东入沅。而是水又东历诸湖，方南注沅，亦曰渐水也。水所入之处，谓之鼎口。

顺便需要指出的是，上文所谓“澹水……亦曰渐水”应该是同音异写所致。经过索城边的这条叫作渐水（今仍名）或澹水的河流，应该也就是后来由澧水别出的那条重要支流澹水。关于澹水，《水经注·澧水》有如此记载：

澧水入（作唐）县，左合涔水。……澧水又东，澹水出焉。……澧水又东迳安南县南……澹水注之。水上承澧水于作唐县，东迳其县北，又东注于澧，谓之澹口。

晋作唐县治今湖南安乡县北，故城城址仍存①；安南县治则在今湖南华容县城附近。这条在先秦时期曾与资、沅、澧诸水并称的澹水，在《水经注》中之所以变得有些零碎、混乱，大概是因为东周以降澧水在津市以下逐渐由东流改向东南流而扰乱了澹水水系所致。《水经注》中的这条“澧水”，津市以下河段实际上已相当于今澧水，为东周以降在澧水洪道的基础上逐渐发展起来的。虽然如此，但是，把上述记载与实地情况结合起来，澹水的大致脉络还是清楚的，其具体走向可参见地图 2－1。索（城）的主要水路交通情况保留在新发现的里耶秦简 J1（16）52 简中：

鄢到销（今湖北钟祥）百八十四里，销到江陵（今湖北荆州）二百卅里，江陵到孱陵（今湖北公安南平镇）百一十

① 国家文物局主编：《中国文物地图集·湖南分册》，长沙：湖南地图出版社 1997 年版，第 201 页。

里，孱陵到索二百九十五里，索到临沅（今湖南常德）六十里，临沅到迁陵九百一十里。□□千四百卅里。①

联系到西汉初年的张家山汉简《二年律令》亦谓“南郡江水以南，至索南界，二十里一邮”②，显然，索应该是当时江南地区交通地位十分重要的城市。

另外，对楚洞庭郡的辖县情况可作一些推测。作为郡治的索自然为其辖县之一。由于包山楚简 83 号简中有“益阳公”的记载，益阳（治今沅江明朗山一带）当为楚洞庭郡的属县无疑。临沅（治今常德市城区）是秦汉时期的县治，而附近发现了数量较多的楚墓③，估计楚时已经为县。迁陵、酉阳在里耶秦简中并称，即所谓“卅二年（前 215 年）四月……迁陵守丞色，敢告酉阳丞主、令史……”［J1（8）158 正］者，二地在此之前皆当为楚县。里耶有战国古城址发现，从简文可知其地即为迁陵县治；酉阳，由其名可知其位置必在酉水之北，而酉水入湖南境后大致东西流向，故酉阳县治必在今保靖、永顺 2 县一带。查保靖县龙溪乡境有一四方城遗址，时代为战国至汉，面积达 3 万平方米，且正位于酉水北岸④，为目前保、永二县发现的唯一战国至汉城址，当为楚酉

① 湖南省文物考古研究所等：《湖南龙山里耶战国—秦代古城一号井发掘简报》，《文物》2003 年第 1 期，第 4 ~ 35 页；湖南省文物考古研究所等：《湘西里耶秦代简牍选释》，《中国历史文物》2003 年第 1 期，第 8 ~ 25 页。括号中的地名今地为笔者所加。下引里耶秦简内容皆出此二文，除注明编号外，一般不另注。

② 武汉大学简帛研究中心等：《张家山汉简〈二年律令〉释文校订》，《中国文字》（新 32 期），台北：艺文印书馆 2004 年版，第 7 ~ 20 页。

③ 国家文物局主编：《中国文物地图集 · 湖南分册》，长沙：湖南地图出版社 1997 年版，第 181 ~ 182 页。

④ 国家文物局主编：《中国文物地图集 · 湖南分册》，长沙：湖南地图出版社 1997 年版，第 164、396 页。

阳县治无疑。零阳也有可能是楚洞庭郡的属县，其县治位置有学者认为在今慈利县城东之白公城遗址①，可从。孱陵，见于上引里耶秦简J1（16）52及《汉书·地理志》“武陵郡”下，当为楚县。由于“江陵到孱陵百一十里，孱陵到索二百九十五里”，故孱陵大约位于今湖北公安县南平镇。又，长沙仰天湖战国中期楚墓出土竹简中有“鄦阳公”② 之名，屈原《涉江》中谓沅水边有“辰阳”，《汉书·地理志》“武陵郡”下亦有无（与“鄦”通）阳、辰阳二县，无（鄦）阳、辰阳为楚洞庭郡二辖县当无大问题。《水经·沅水注》云：“无水出故且兰，南流至无阳故县”，推测楚鄦（无）阳县大约在今新晃县城西沅水北岸的徐家园遗址③一带。《沅水注》又云“（辰阳）旧治在辰水之阳”，其地约当今麻阳县绿溪口乡驼虾遗址。该遗址位于辰水之北，面积约三万平方米，文化堆积层0.2～0.6米，采集有战国至汉代的陶器。④ 还有一个是沅陵县。该县在传世文献中并无记载，在目前出土的简帛文献中也无记载，但是，在今沅陵县城南太常乡发现一处战国古城，平面呈长方形，东西残长约450米，南北残宽约250米，墙基宽8米，护城河遗迹尚存，城内文化堆积层厚0.4～0.6米，城外有战国、汉墓群。⑤ 显然，这是一处楚汉时期的县城无疑。由于汉代的

---

① 慈利县志编纂委员会：《慈利县志》，北京：农业出版社1990年版，第46页。

② 湖南省文物管理委员会：《长沙仰天湖第25号木椁墓》，《考古学报》1957年第4期，第85～94页；林河：《从楚简考证侗族与楚、苗之间的关系》，《贵州民族研究》1982年1期，第53～54，89页。

③ 国家文物局主编：《中国文物地图集·湖南分册》，长沙：湖南地图出版社1997年版，第424页。

④ 国家文物局主编：《中国文物地图集·湖南分册》，长沙：湖南地图出版社1997年版，第428页。

⑤ 国家文物局主编：《中国文物地图集·湖南分册》，长沙：湖南地图出版社1997年版，第437页。

沅陵县即置于此，考虑到楚汉时期的县级地名具有很强的继承性，故该城应是楚沅陵县所在。楚洞庭郡估计还有其他辖县，惜暂时无法考知。总之，楚洞庭郡的管辖区域应包括洞庭平原绝大部分区域，否则，当不会以“洞庭”名之。

二、苍梧郡及其辖县

前录《史记·苏秦列传》、《后汉书·南蛮传》中皆把苍梧郡与洞庭郡并称，似乎在说明二郡的设置时间相仿。也就是说，苍梧郡的设置时间同样是在吴起相悼王南平百越期间，即约公元前389年至公元前381年。

楚苍梧郡的辖域如何，这是一个颇费思量的问题。从前面对苍梧名称来历的考释，我们似乎可以感觉到苍梧是一个具有动态性的地名。因此，我们不能用汉代苍梧郡的辖域来推断楚苍梧郡的地域范围。对于其位置的落实，笔者以为需要注意三方面。

其一，战国楚苍梧郡可能靠近古长沙（湘江下游）一带。因为，前述《逸周书·王会篇》中周初的“仓吾”与“长沙”、“蛮杨”并称。

其二，战国楚苍梧郡可能邻近江汉平原。因为，张家山汉简《奏谳书》中有一篇与苍梧相关的文书，名叫《南郡卒史盖庐、挚田、假卒史瞗复攸庫等狱簿》①，其中有云：

……今复之。庫曰：“初视事，苍梧守灶、尉徒唯谓庫：‘利乡反，新黔首往击，去北当捕治者多，皆未得。其事甚害

① 张家山二四七号汉墓竹简整理小组：《张家山汉墓竹简》，北京：文物出版社2001年版，第63～66页，第223～225页。

> 难，恐为败。’庳视狱留，以问狱史氏。氏曰：‘苍梧县反者，御史恒令南郡复。义等战死，新黔首恐，操其假兵匿山中，诱召稍来，皆摇恐畏，其大不安，又须南郡复者即来捕。义等将吏卒击反盗，弗先候视，为惊败，义等罪也。’上书言裁新黔首罪。它如书。”灶、徒唯曰：“教谓庳新黔首当捕者不得，勉力缮备；弗谓害难，恐为败。唯谓庳久矣，忘弗识。它如庳。”……

这篇文书为汉人保存的秦代司法档案，是南郡官员对原攸县县令官员的复审记录。研究者认为，这里的“苍梧县”应该是指苍梧郡属县，而不是名为苍梧的县。上录简书后文又说道：“南郡复吏到攸”，“南郡复吏乃以智巧令攸诱召聚城中”。这可能是位于首都的御史授权南郡对与之相近的苍梧郡代行自己的职权。由于秦代的攸县应与汉代的攸县为一地或相近，则秦苍梧郡域应包含今湖南东南一带。① 既然秦苍梧郡包有今湖南东南一带，想必此前的楚苍梧郡辖域大体与之相当。

其三，战国楚苍梧郡应包括今岳阳一带。因为，后世的有关文献表达了这样的意思。例如，唐杜佑有曰：

> 岳州，古苍梧之野（杜佑自注：苍梧野不止于此郡界，侧近之地皆是），亦三苗国之地。②

杜佑之说当不是空穴来风。到宋代乐史写《太平寰宇记》时，

---

① 陈伟：《秦苍梧、洞庭二郡刍论》，《历史研究》2003 年第 5 期，第 168 ~ 172 页。

② 《通典》卷一百八十三《州郡十三 · 岳州》。

可能受到后世苍梧郡的位置明显在岭南地区的影响，对杜佑之说略作改动，曰：“岳州，南邻苍梧之野，古三苗国地。”①

令人奇怪的是，在唐宋史籍中，只有岳州与古苍梧之野被明确联系起来了，而属于汉代零陵郡的道州，尽管早就传说为帝舜葬地，但却没有苍梧之野一说。这说明，今岳阳一带不但可能是楚苍梧郡的辖域，而且可能是苍梧郡的中心地带，比如，苍梧郡郡治有可能就在这一带。

综合上述三方面的材料，笔者以为，楚苍梧郡的主体地域范围应该在今湖南东北部、东部、东南部一带，大体正与楚洞庭郡的郡域湖南北部、西北部、西部相对应。

至于楚苍梧郡的辖县，大体包括青阳、长沙、攸、罗等县，而青阳，极可能就是苍梧郡的郡治。

在以往关于湖南古地名的研究中，出现于《史记》卷六《秦始皇本纪》中的“青阳”地方，其位置一直是一个未得确解的千年谜题，因而，在此有必要对青阳的位置多作些讨论，以了解青阳到底是在今天的什么地方。

首先，看看《史记·秦始皇本纪》中是怎样说青阳的：

> 秦王初并天下，令丞相、御史曰：“……荆王献青阳以西，已而畔约，击我南郡，故发兵诛，得其王，遂定其荆地。”

关于其中的地名“青阳”，裴骃《史记集解》引前人之释如是说：

> 《汉书·邹阳传》曰：“越水长沙，还舟青阳。”张晏曰：

---

① 《太平寰宇记》卷一百一十三《江南西道十一·岳州》。

“青阳，地名。”苏林曰：“青阳，长沙县是也。”

由于有苏林的解释在前，历代史家多据此把青阳指为长沙别名，如郦道元《水经·湘水注》、北宋欧阳忞《舆地广记》、清雍正《湖广通志》等。甚至，今天还有研究者采纳这样的观点，如《中国文物地图集·湖南分册》的“战国时期湖南”图。[①] 指青阳为长沙别名，虽是最为传统、主流的看法，但这并不意味着已得到绝大部分学者的认同。早在北宋，刘奉世就认为青阳应为吴地[②]，尽管他没有拿出可靠的依据。清以来，质疑者更多。例如，嘉庆年间《长沙县志》的撰修者指出：“长沙、青阳明是两地，似难强而为一，即苏林注亦必传袭之误。盖长沙名县自隋始，苏林之时尚未改临湘之目也。《水经注》之说皆无稽，今不取。”[③] 清末民初湖南学者王万澍的《衡湘稽古录》则认为，“今长沙府北有青洲、营田，为青阳故地”。[④] 到20世纪80年代，又有学者提出新说，或以“长沙古无‘青阳’之称”，《史记·始皇本纪》中的“青阳”指的是今安徽皖南青山之阳的青阳县[⑤]；或以青阳既非长沙，亦不在安徽，而在湖北监利县东[⑥]。大约正是因为青阳的地望问题存在的争议颇大，造成今天的历史地理研究者也无法判断诸

---

① 国家文物局主编：《中国文物地图集·湖南分册》，长沙：湖南地图出版社1997年版，第18页。

② 〔清〕王先谦：《汉书补注》（下册），北京：书目文献出版社1995年版，第1082页。

③ 嘉庆《长沙县志》卷二《沿革表·附辩》。

④ 李行之：《青阳故地何在》，《长沙史志通讯》1986年第3期。原文作王万树《湖南稽古录》，误。

⑤ 何光岳：《长沙古无“青阳”之称》，《求索》1981年第1期，第119～120页。

⑥ 卞鸿翔：《秦汉文献中的“青阳”不在安徽——与何光岳同志商榷》，《江淮论坛》1984年第1期，第92～95页。

说正误，结果今通行的《中国历史地图集》对楚秦汉时期的这个重要南方地名竟然没有进行任何标识或说明。①

其实，自郦道元以来绝大多数史家据苏林之语指青阳为长沙别名，是对苏林释义的误解。因为，众所周知，依传统史料，在秦汉时代，虽然有长沙郡、长沙国之置，但无论是秦、西汉还是东汉，都没有“长沙县”的记载。因此，苏林“青阳，长沙县是也”一语，正如卞鸿翔所说，其意应是说青阳为长沙郡（按：应为长沙国更准确）下辖的一个县②，而不是青阳即长沙县之意，即与前述张家山汉简中的“苍梧县”行文类同。

应该说，早在楚国时期，青阳就当是一县之名了。这可以通过分析秦始皇所说楚王献秦青阳以西之事而得到证明。如前所录，秦始皇“令丞相、御史”的时间是在初并天下的公元前221年，但其中提到的楚王献秦青阳以西而背约之事，则是指的数十年前的秦昭襄王时期楚秦之间战事的反复过程。试看《史记》中的相关记载。

> （1）《史记·秦本纪》：（秦昭襄王）二十九年（前278年），大良造白起攻楚，取郢为南郡，楚王走。……王与楚会于襄陵。三十年（前277年），蜀守（张）若伐楚，取巫郡及江南为黔中郡③。三十一年（前276年）……楚人反我江南。

---

① 谭其骧主编：《中国历史地图集》（第一册、第二册），北京：地图出版社1982年版。

② 卞鸿翔：《秦汉文献中的“青阳”不在安徽——与何光岳同志商榷》，《江淮论坛》，1984年第1期，第92～95页。

③ 此“取巫郡及江南为黔中郡”一句，当为“取巫郡及江南为巫黔郡”之误。巫黔郡的出现，标志着先秦黔中郡名的消失。参见周宏伟：《楚秦黔中郡新考》，《九州学林》（香港城市大学）2005年第1期，第99～115页；周晓陆等：《于京新见秦封泥中的地理内容》，《西北大学学报》（人文社会科学版）2005年第4期，第116～125页。

(2)《史记·楚世家》:(楚顷襄王)二十一年(前278年),秦将白起遂拔我郢,烧先王墓夷陵,楚襄王兵散,遂不复战,东北保于陈城。……二十三年(前276年),襄王乃收东地兵,得十余万,复西取秦所拔我江旁十五邑以为郡,距秦。

由此可见,所谓楚王献秦青阳以西事,必是发生在公元前278年"(秦昭襄)王与楚(顷襄王)会于襄陵"时,这样,才会有楚王后来背约"复西取秦所拔我江旁十五邑以为郡"的情况出现。"江旁十五邑"必是在江汉—洞庭平原的秦南郡、江南沿江一带。尽管青阳应该不是楚收复的江旁十五邑之一(献青阳以西,似不当包括青阳在内),但很可能是反击秦军的楚"东地兵"的集聚基地。

接着,我们再来讨论青阳的今地。要落实青阳的今地,除了要考虑上述对《史记·秦始皇本纪》内容的分析结果,还有两方面的考虑十分重要。

一是《汉书》卷五十一《邹阳传》中关于青阳的记载。邹阳汉初仕吴,"青阳"地方,正是邹阳在给吴王刘濞的上书中提及的。其相关段落文字如下:

今胡数涉北河之外,上覆飞鸟,下不见伏菟,斗城不休,救兵不止,死者相随,辇车相属,转粟流输,千里不绝。何则?强赵责于河间,六齐望于惠后,城阳顾于卢博,三淮南之心思坟墓。大王不忧,臣恐救兵之不专,胡马遂进窥于邯郸,越水长沙,还舟青阳。虽使梁并淮阳之兵,下淮东,越广陵,以遏越人之粮,汉亦折西河而下,北守漳水,以辅大国,胡亦益进,越亦益深:此臣之所为大王患也。

三国魏人张晏注之曰："青阳，地名。还舟，聚舟船也。言胡为赵难，越为吴难，不可恃也。"至于其中"越水长沙，还舟青阳"八字的完整意义，则自古迄今，还没有人作出过合理的解释。[①] 笔者以为，这八字的意思简单就是：越人水攻长沙城(后)，(北上) 聚舟船于青阳县。笔者之所以把句中关键的"越水长沙"之"水"释为动词，是因为邹阳上书的后文中就有类似的句子存在，即所谓"高皇帝烧栈道，水章邯，收弊民之倦，东驰函谷，西楚大破。水攻则章邯以亡其城，陆击则荆王以失其地，此皆国家之不幾者也"。邹阳"胡马遂进窥于邯郸"一句，说的无疑是汉初承受着北方游牧民族南下的压力，而"越水长沙，还舟青阳"一句，说的则是汉初同时承受着南方百越民族北上的压力。因为，众所周知，汉初岭南地区为南粤王赵佗辖地，湘南地区亦多越人——显然，这与邹阳后面的"胡亦益进，越亦益深：此臣之所为大王患也"的意思是相呼应的。理解了"越水长沙，还舟青阳"八字的真实含义，再结合前述笔者对苏林青阳释义的解释，那么，青阳地望的确定显然就有了三个基本条件：一是在长沙以北，二是离长沙不太远（属长沙郡或长沙国辖县），三是靠近大面积的水体，能够停泊聚集大量舟船。毫无疑问，能够符合这三方面条件的地方，只有今洞庭湖区一带。因此，青阳应该是位于今洞庭湖区的。

---

① 何光岳以该八字指"如果吴向西北进兵攻汉，南越必从吴的背后，派水军顺湘江经长沙，再顺流还舟青阳，以攻吴国的西境，再转入中江，经具区（今太湖）直捣吴都广陵（今扬州市）"；卞鸿翔以该八字"当指秦凿湘漓运河沟通南越反资越人攻入长沙内郡、秦军舟师败还青阳"。分别参见前引何光岳、卞鸿翔文。笔者以为，何氏的解释太过曲折迂回（邹阳给吴王濞的上书，不应该导致可能的文字歧义），卞氏的解释发生了时代错误（邹阳、吴王濞为汉初人，非秦代人），故都是无法让人信服的。

一是“青阳”地名的含义。众所周知，先秦以降，“山南为阳，水北为阳”① 是地名命名的一条基本原则。因此，作为地名的青阳，其得名极有可能是与“青山”或“青水”之类的地名联系起来的。由于青水之名在洞庭湖区古今未闻，因而，青山的可能性较之青水就要大得多。那么，在广阔的洞庭湖地区，哪里有“青山”？考今湘阴县北境湘江边的洞庭湖青山岛上，确实有一座名叫青山的小山。之所以说它是小山，是因为该山海拔仅 50 米，确实很低。不过，由于该山周围的江湖水面海拔不足 25 米，所以，25 米的相对高度在洞庭湖区还是显得相当突出。虽然该山在今存古代文献中并无明确记载，但在汉以前，由于这里是洞庭平原上的一处难得高地，且位于湘水、资水交汇处附近，可以说是一片人烟繁盛之区。之所以能够这么说，是因为近几十年来，青山一带通过考古调查，发现了一些与之相关的田野材料。据报道，这里除了发现有 5 处新石器时代遗址、6 处商代遗址，还发现有东周、战国遗址 5 处，面积超过 10 万平方米。遗址中发现的器物既有生产用的石制斧、锛、穿孔刀、镞等，也有生活用的陶制罐、鬲、豆、鼎、大口缸等。② 可见，在先秦时代相当长的时间里，青山一带必定生长过较为发达的地域文化，而这样的情况，在今湘阴县境乃至湘江长沙以下的区域，可以说是独一无二的。楚秦汉初的青阳，极可能就是因为县治位于青山之阳而得名的——这是确定青阳位置的第四个条件。显然，对照确定青阳位置的四个条件，今青山一带都是完全能够满足的。

之所以把青阳定为楚苍梧郡的郡治，除了该地拥有上述较好

---

① 《春秋谷梁传·僖公二十八年》。

② 国家文物局主编：《中国文物地图集·湖南分册》，长沙：湖南地图出版社 1997 年版，第 49 ~ 50 页。

的交通条件，主要还是因为青山附近古代就有与帝舜相关的纪念性建筑物黄陵庙存在。前录唐初《括地志》有云：“黄陵庙在岳州湘阴县北五十七里，舜二妃之神。”这个黄陵庙，其位置就是在今青山岛上。《水经·湘水注》云：“湘水又北径黄陵亭西，右合黄陵水口，其水上承大湖，湖水西流，径二妃庙南，世谓之黄陵庙也。”黄陵庙在唐宋时期尚存。此后，大约由于洞庭湖洪水位上升，该庙为洪水所淹毁，以至于今天已不能于青山岛上觅其遗迹了。

楚苍梧郡的另一个重要辖县是长沙。之所以能说当时的长沙是县，是因为1987年在湖北荆门包山出土的属于战国中期（具体时间为公元前322年至公元前316年）的楚简（61、78号简）简文中，发现有“长沙公”、“长沙正”① 之名。我们知道，“正”、“公”皆为周、楚时对县长的专称。《尔雅·释诂下》：“正、伯，长也。”《周礼·地官·县正》以“县正”为一县之长。《汉书·高帝记》颜师古引三国孟康曰：“楚旧僭称王，其县宰为公。”既然此时已有长沙正、长沙公之称，必然在此之前应已置有长沙县。而楚威王时（前339—前329年）齐国遣使者说越王，也有“长沙，楚之粟也”② 之言，意显指其地为楚国重要粮仓。今天，长沙一带是江南地区楚墓发现最多、最集中的地方。可见，长沙不但是楚县，而且是江南地区最为重要的一个楚县。

攸，如前述，在秦代是苍梧郡辖县，故其在战国时为楚县的可能性自然很大。由于《鄂君启节·舟节》铭文有“上江，内

① 湖北省荆沙铁路考古队：《包山楚简》，北京：文物出版社1991年版，第20、21页；黄锡全：《湖北出土商周文字辑证》附录四，武汉：武汉大学出版社1992年版；汤余惠：《包山楚简读后记》，《考古与文物》1993年第2期。

② 《史记》卷四十一《越王句践世家》。

（入）湘，适𨿅，适洮阳；内（入）耒，适郴；内（入）资、沅、澧、澮”① 一句，故知𨿅、洮阳、郴亦可能是楚县。𨿅，过去学者推测在今长沙之北的“锡口戍”（其名见《水经·湘水注》）②，可能是错误的。因为，锡口戍位于湘江下游平原，与舟节主人所往的同类目的地皆处河流上游一带不同。笔者以为，从此处上下文来看，𨿅应该就是后来秦、汉时期的攸县。之所以能够这么说，一是因为𨿅、攸二字上古读音极近。𨿅，从枼，余纽月韵；攸，余纽幽韵。二字当是通假字。二是因为攸县正好位于湘江中游重要支流洣水上游。考古工作者在今攸县东邻茶陵县东境秩堂乡发现有一战国古城址小塘城址。该城址平面呈长方形，东西残长 300 米，南北残宽 210 米，为湘东攸县附近地区发现之唯一战国城址。③ 这个城址很可能就是楚之攸县治所所在。罗，很可能是在吴起南进时灭罗子国而改建为县的。包山楚简 83 号简有云：“罗之观里人湘因，讼罗之庑域之玫者邑人疋女，谓杀益阳公合，伤之妾㕣与。”④ “罗”下既置里、域等基层行政系统，说明罗为楚县无疑。包山楚简中又有“壘阳君”，此壘阳当即后来的耒阳。⑤

---

① 释文除“澮”字从商承祚外，其余参见朱德熙、李家浩：《鄂君启节考释（八篇）》，载北京大学中国古史研究中心编：《纪念陈寅恪先生诞辰百年学术论文集》，北京：北京大学出版社 1989 年版，第 67 页。

② 谭其骧：《鄂君启节铭文释地》，收氏著《长水集》（下），北京：人民出版社 1987 年版，第 193 ~ 211 页。

③ 国家文物局主编：《中国文物地图集·湖南分册》，长沙：湖南地图出版社 1997 年版，第 85 页。

④ 湖北省荆沙铁路考古队：《包山楚简》，北京：文物出版社 1991 年版，第 22、45 页；黄锡全：《湖北出土商周文字辑证》附录四，武汉：武汉大学出版社 1992 年版。

⑤ 徐少华：《包山楚简释地六则》，载李学勤、谢桂华主编：《简帛研究（上册）》，桂林：广西师范大学出版社 2001 年版，第 41 页。

其时，洞庭郡与苍梧郡的分界大体为下游湘江江段一线。所谓“荆王献青阳以西”，实际上就是指割让下游湘江之西的土地，也就是楚洞庭郡的主体区域。

表 2－1　湖南境内的楚国郡县

郡名	建置时间	郡治（今地）	可考辖县（治所今地）
洞庭郡	约前 389—前 381 年	索（今湖南常德鼎城区韩公渡镇城址村）	索，临沅（今常德市城区），孱陵（今湖北公安县南平镇），益阳（今沅江市东明朗山一带），沅陵（今沅陵县城窑头村古城），迁陵（今龙山县里耶镇），酉阳（今保靖县龙溪乡），零阳（今慈利县城东），鄜（沅）阳（今新晃县城西郊），辰阳（今麻阳县绿溪口乡）
苍梧郡	约前 389—前 381 年	青阳（今湖南岳阳湘阴县青山岛）	青阳，长沙（今长沙旧城），罗（今汨罗市西北罗子国城遗址），喋（通攸，今茶陵县秩堂乡小塘城址），垒阳（今耒阳市旧城区），郴（今郴州市旧城区），洮阳（今广西全州市北）

可见，楚国时期湖南郡县的设置，大体上是以洞庭平原区为基地，再分别溯沅、湘二水向南推进的。其时，不但郡治、县治多置于沅、湘二水及其支流沿岸，而且二郡的郡域也基本上是按流域分割的：沅水、资水、澧水下游的洞庭平原及沅水中上游主要支流酉水、沅水流域，属于洞庭郡郡域，而整个湘水流域、资水中上游流域，则属于苍梧郡郡域。这样的治所设置和郡域划分，

应该是考虑到了郡域内部的交通、管理需要，即中国传统所谓“山川形便”的重要政区划分原则。（参见地图 2－1）

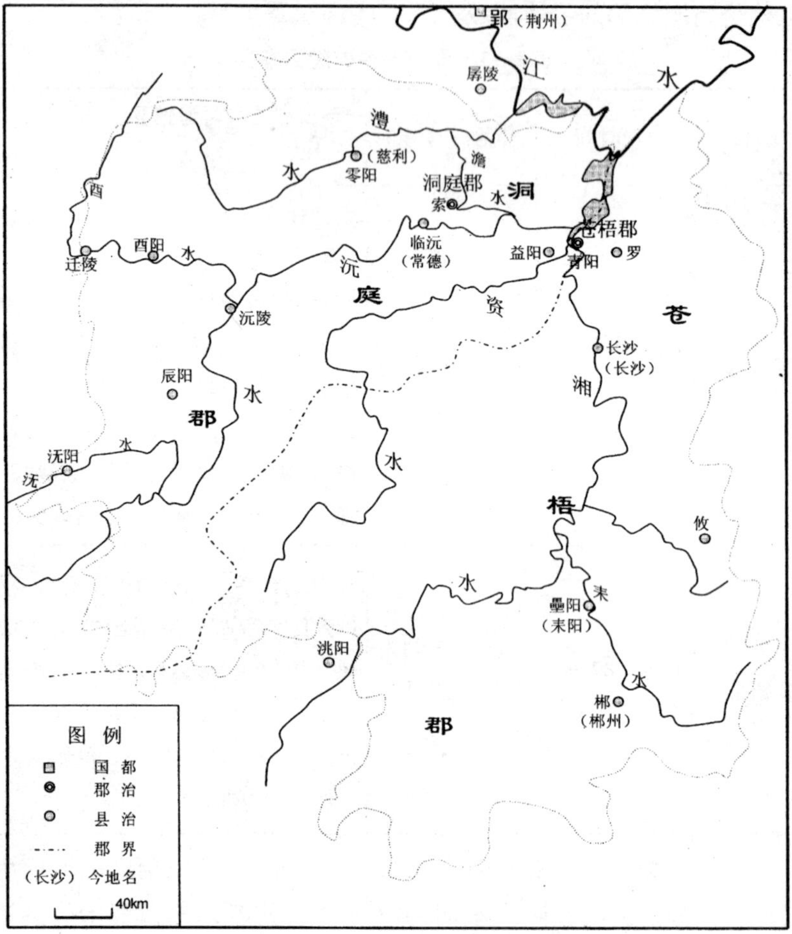

地图 2－1　楚国时期湖南政区示意图

第三章　秦代的湖南政区

公元前221年，秦始皇结束了战国时代的纷争局面，统一了六国，建立了我国历史上第一个中央集权制国家。秦代虽短，但在中国政区发展史上具有十分重要的地位，因为，“海内为郡县，法令由一统”——以这样整齐划一的行政方式统治全国各地，在中国历史上，是与“车同轨、书同文”意义同等重要的政治举措，并成为后世郡县政区沿革起始的基点。①

第一节　郡县制的巩固

如前所述，虽然战国时代郡县制作为地方行政制度各国已经有了雏形，但各国的郡县制度互相之间差异甚大，比如县的规模，大的极大，小的很小，国与国之间甚为悬殊。正是到了秦代，前代出现的郡县制在全国范围内才得以巩固、发展。

秦始皇统一天下后，即把全国划分为36郡。由于从史籍中找出的秦郡远不止36个，对于秦始皇36郡应当包括哪些郡在内，长

---

① 辛德勇:《秦始皇三十六郡新考》(上),《文史》2006年第1期，第21~65页。

期以来，学术界存在很大的争议。根据辛德勇最近的研究成果，这36郡的郡名大体如下：

内史 叁川 河东 陇西 北地 上郡 汉中 巴郡 蜀郡 九原 云中 雁门 代郡 太原 上党 上谷 渔阳 右北平 潦西 潦东 邯郸 钜鹿 东郡 齐郡 琅邪 南阳 颍川 砀郡 四川 薛郡 南郡 九江 故鄣 会稽 黔中 长沙

当时设置的这些郡，大部分是沿袭六国的旧置，只是其中有一部分郡的辖界做了较大调整；小部分是从其他郡中划分出来新设置的郡；同时，还有一些过去设置的郡，在秦初的调整中被撤掉并入其他郡内。① 辛文的研究独辟蹊径，发所未发，为我们了解秦始皇三十六郡的真相，提供了一些新的思路，但这并不意味着辛文的上述结论完全正确（参见下节）。

据《汉书·百官公卿表》的有关记载，在秦郡一级，设有守、尉、监（监御史）。郡守掌治其郡；郡尉辅佐郡守，并典兵事；郡监司监察。郡下领县，各郡所领县的数量多少不等。万户以上者设县令，万户以下者设县长。县令、县长领有县丞（掌文书、刑法）、县尉（掌军事）及其他属员。郡、县的主要官吏，由秦中央政府任免。

县以下则分为若干乡，乡设三老掌教化，啬夫掌诉讼和赋税，游徼掌治安。乡以下分为若干亭，亭有长，司治安、禁盗贼、保交通。亭以下有若干里，是最基层的行政单位。里有里典，常以“豪帅”即强有力者充当。大率十里一亭，十亭一乡。②

---

① 辛德勇：《秦始皇三十六郡新考》（上、下），《文史》2006年第1期，第21~65页；第2期，第77~105页。二文网络版分别见 http：//www.zggds.pku.edu.cn/004/001/036.htm，http：//www.zggds.pku.edu.cn/004/001/041.htm，较原文有修改。

② 《汉书》卷十九上《百官公卿表上》。

秦代郡县制的巩固与定型，对我国后来的地方行政制度体系具有深远影响。

第二节　湖南境内的秦郡

按照上述辛德勇的考证结论，置于今湖南境内的秦郡无疑是黔中郡、长沙郡。应该说，这个结论仍然袭自传统认识，并不正确。因为，根据上述对楚国时代湖南境内所置郡县情况的考察，我们已经知道楚在湖南境内所置的郡为洞庭、苍梧2郡。由于秦南方诸郡多沿袭楚国旧郡而置，因而，推测秦始皇在公元前221年刚统一六国时，在湖南境内所置郡仍名洞庭郡与苍梧郡。

先看洞庭郡。据《史记·楚世家》和《史记·六国年表》等传世文献记载，张仪死后30余年的公元前278年，秦将白起攻破楚都郢（今湖北荆州纪南城），楚顷襄王果如此前张仪之说（所谓“秦与荆人战，大破荆，袭郢，取洞庭、五渚、江南，荆王亡奔走，东伏于陈”）东走陈（今河南淮阳一带）。所以，有理由估计，秦在公元前278年前后如张仪之计夺得了楚洞庭郡，而前考“荆王献青阳以西”予秦一事，也正好证实了秦在此间确实获得了洞庭郡。但是，仅仅过了两年，到公元前276年，楚又夺回“江南地”，这个江南地当然主要是指此前献给秦的洞庭郡。此后，一直到秦始皇二十五年（前222年），“王翦遂定荆江南地”①，洞庭郡才正式成为秦郡。里耶秦简的纪事年代始于秦王（始皇）嬴政二十五年②，也正好证实了这一点。从里耶出土秦简中多次提到洞庭

① 《史记》卷六《秦始皇本纪》。

② 湖南省文物考古研究所等：《湘西里耶秦代简牍选释》，《中国历史文物》2003年第1期，第8~25页。

郡一名的情况看，秦代湖南西北部、北部一带为洞庭郡辖域应可肯定。过去，人们之所以一直把该区域当作秦黔中郡的辖域，应该主要是因为受到晋司马彪《续汉书·郡国志》“武陵郡”条自注“秦昭王置，名黔中郡，高帝五年更名”内容的影响。按此前东汉班固《汉书·地理志》“武陵郡”条下只说“高帝置”，与黔中郡毫无关系，司马彪的说法实不可靠。笔者曾探讨过楚秦黔中郡的变迁过程①，结果如下。

表 3－1　楚秦黔中郡变迁年代表

年代	楚黔中郡郡域变化	秦黔中郡郡域变化
公元前 361 年	今鄂西北竹山县为中心的鄂陕交界地区，一度北越汉江有“汉北”地，南接今陕渝鄂交界的大巴山东脉一线。	—
公元前 308 年		今秦岭东南的汉江支流丹江流域，即所谓“商于之地”，与楚黔中郡邻接。
公元前 280 年		北起丹江流域，南接大巴山东脉，即在“商于之地”基础上加上“上庸、汉北地”等楚黔中郡地域。
公元前 277 年	—	北起丹江流域，越大巴山、长江南接今武陵山脉，即在“商于之地”、“上庸、汉北地”基础上再加上“巫郡及江南地”，并改郡名为“巫黔郡”。传世文献中误称黔中郡。
公元前 273 年		
公元前 273 年后	—	大巴山脉以北部分新立为上庸郡，以南峡江一带可能与江汉平原部分区域合为南郡。

① 周宏伟：《楚秦黔中郡新考》，《九州学林》（香港城市大学）2005 年第 1 期，第 99～115 页。此处引用略有修改。

由表3－1可知，无论是楚黔中郡还是秦黔中郡，其辖域与今湖南都没有任何关系，甚至，自公元前277年后，连黔中郡的郡名都已经不存在，自然，在公元前221年秦始皇统一后，其36郡中不可能有黔中郡入列。里耶出土秦简中，除洞庭郡外，周围的苍梧郡、巴郡、南郡等都有提及，唯独没有提及黔中郡，这正好就证明秦代已没有黔中郡了，不然官方的来往文书中当不会不提及的。顺便说，司马彪之所以把秦国的黔中郡与汉代的武陵郡混淆，可能是因为汉代武陵郡辖下"镡成"县的存在。"镡成"二字，上古音分别为邪纽侵韵（拟音 zĭəm[1]）、禅纽耕韵（拟音 ʑĭeŋ[1]），与黔中二字的上古音群纽秦韵（拟音 gĭəm[1]）、端纽东韵（拟音 tĭuŋ[1]）① 十分接近，在南方人读来甚至可能几无区别。而众所周知，秦始皇时所遣进攻南越之五军，其沅水流域一军就是"塞镡城之岭"的——秦"镡城"及汉"镡成"，这容易被古人以音近误为黔中之岭。由于这样的误读，造成了学术界以秦黔中郡为汉武陵郡的千数百年错乱。可见，传统36郡中黔中郡的位置，应由洞庭郡来代替。

再看苍梧郡。楚苍梧郡成为秦郡的时间当然也当是在公元前222年。秦代苍梧郡的辖域应该在楚苍梧郡的基础上向南有所扩展，尤其是楚国时期可能还没有实际控制的湘水上游潇水流域、资水上游流域。前述楚苍梧郡的辖域大约为湘江下游江段以东，自然，秦苍梧郡的辖域亦当相仿。可是，秦苍梧郡的这个辖域，与历来人们所熟知的秦长沙郡的郡域范围是大体重叠的，这该如何解释？

应该说，在现有出土文献中，并没有提及过秦长沙郡。于是，

---

① 李珍华、周长楫编撰：《汉字古今音表》（修订本），北京：中华书局1999年版，第428、361、443、7页。

学者们认为《汉书·地理志》等传世文献中关于秦长沙郡的记载是错误的，并因此推测秦代可能不存在长沙郡①，传统认识中的长沙郡域实为苍梧郡，后世之所以以"长沙郡"称之，大概是因为采用汉人的称呼习惯。② 笔者以为，这样的推测尚缺依据，很难成立。按，里耶秦简之J1（16）5、J1（16）6二简，确实皆载有苍梧（郡）名，但时间偏早，皆为秦始皇二十七年（前220年）二月，即秦统一六国的次年，而前引张家山汉简《奏谳书》中所涉苍梧郡事，发生时间亦为秦始皇二十七、二十八年，恰好与上述里耶秦简的年代相当。这自然不是巧合，因为此后的出土文献中再也不见苍梧郡郡名。这只能说明，秦苍梧郡可能仅仅存在于秦统一初年。公元前222年王翦新定江南地，军政事务繁杂，秦因此承袭楚之地方行政建置，十分自然；而随着此后江南局势的稳定，秦为进军岭南平定南越的需要③，对军事意义重大的苍梧郡及其相邻郡域进行一定调整，十分必要。笔者以为，可能就在秦始皇二十八年（前219年）之后不久，苍梧郡即改名为长沙郡，郡治也从青阳南移至长沙。由于其时郡与所辖县的名称一般不能相同，因而，新郡治长沙县也就跟着改名为临湘县。《汉书·地理志》"长沙国"条下班固自注"秦郡"，显然是说西汉的长沙国在秦代是叫长沙郡的。晋司马彪《续汉书·郡国志》亦说"长沙郡，秦置"。班固、司马彪之时皆离秦时未远，其记载的一致性，说明这个说法是比较可靠的，并不值得怀疑。

---

① 周振鹤：《秦代洞庭、苍梧两郡悬想》，《复旦学报》（社会科学版）2005年第5期，第63～67页。

② 陈伟：《秦苍梧、洞庭二郡刍论》，《历史研究》2003年第5期，第168～172页。

③ 《史记·秦始皇本纪》载："三十三年（前214年），发诸尝逋亡人、赘婿、贾人略取陆梁地，为桂林、象郡、南海，以适遣戍。"

那么，秦为什么要把苍梧郡改名长沙郡？笔者以为，很可能有两方面的原因。一是由于苍梧郡郡治的变易。苍梧郡郡治之所以由青阳南迁长沙，可能是因为该地地处湘、资、沅等水交汇一带，随着诸水洪水位的不断上升，受到洪水的威胁越来越大，而不得不迁。先秦以降，洞庭平原东部的湖水面趋于扩大①，这可能是由于陆地地面沉降，河床、湖底淤积加剧，年降水量增加的几方面作用所致。例如，仅20世纪80年代与50年代比较，西洞庭湖洪水位升高了1.8m（石龟山站）和2.49m（南咀站），东洞庭湖（七里山站）洪水位抬高了3.21m，而南洞庭湖（沅江站）20世纪80年代与60年代比较，洪水位抬高了2.73m。② 洞庭平原洪水位的升高自然会造成青阳县的大片平陆成为水域，而位于湘江、资水两大河流的汇合处的青阳县治，更可能受到前所未有的水灾威胁。二是由于百越系苍梧部族的南迁。楚国时期，湘江流域一带尚多有苍梧部族人生活。例如，今天湖南发掘的战国时期墓葬中即有大量的越人墓，其中应有不少属于苍梧部族。随着楚国灭亡后秦人势力的强力推进，大批苍梧族人被迫往南迁徙，绝大部分可能已越过南岭进入岭南地区，这样，如果湘江流域一带再以苍梧郡为名，显然就有些名不副实了。

---

① 周宏伟：《洞庭湖变迁的历史过程再探讨》，《中国历史地理论丛》2005年第2期，第12~21页。

② 李景保：《近数十年洞庭湖湖盆形态与水情的变化》，《海洋与湖沼》1992年第23卷6期，第626~634页。

第三节　湖南境内的秦县

湖南境内的秦县，应该说，绝大部分是沿袭楚国之置，如洞庭郡之索（今常德鼎城区韩公渡镇城址村）、临沅（今常德城区）、孱陵（今湖北公安县南平镇）、益阳（今沅江市东明朗山一带）、沅陵（今沅陵县城窑头村古城）、迁陵（今龙山县里耶镇）、酉阳（今保靖县龙溪乡）、零阳（今慈利县城东）、無阳（或作沅阳，今新晃县城西郊）、辰阳（今麻阳县绿溪口乡）等；苍梧郡（长沙郡）的青阳（今湘阴县青山岛）、长沙（临湘，今长沙旧城）、罗（今汨罗市西北罗国城遗址）、攸（即攸，今攸县北）、垒阳（今耒阳市旧城区）、郴（今郴州市旧城区）、洮阳（今广西全州市北）等。但是，随着秦人势力的南进，也有新县的建立。

一是洞庭郡的镡城县。

众所周知，秦始皇三十三年（前214年）出兵平南越，开“新道”，设立了桂林郡、南海郡和象郡。对此，《淮南子·人间训》记载了秦始皇当时对岭南地区用兵的大致情况：“使尉屠睢发卒五十万为五军，一军塞镡城之岭；一军守九疑之塞；一军处番禺之都；一军守南野之界；一军结余干之水。”其中的“镡城之岭”，一般认为，即是指镡城县的大山，也有学者认为就是今之越城岭。《汉书·地理志》“武陵郡”下辖有“镡成”，由于汉武陵郡所辖县多与秦洞庭郡辖县相同，故估计秦时镡城县当属洞庭郡。

镡城县的位置何在？学界一般认为其辖域大体在沅水上游支流渠水流域的今湖南的靖州、通道、洪江等县市一带，但县治位置无法落实。笔者以为，该县辖域还需要加上今怀化市一带，因为，镡城县的县治，估计就位于今怀化市中方县。今中方县中方镇荆坪村北的沅水西岸，发现有一处新塘遗址，面积约15万平方米，残存夯土城墙，长约200米，高约2米，宽4米，文化堆积层厚1.5米，时代自战国始。[①] 由于该城是沅水上游发现的相当于楚秦时期的唯一遗址，且该遗址的情况较为符合文献中关于镡城县的记载，秦汉镡城县当治此。

一是长沙郡（苍梧郡）的九疑县。上引《淮南子·人间训》文中，除镡城之外，番禺、南野、余干（汉）在汉代亦皆为县[②]，估计在此前的秦代诸地极有可能已经置县。以此，“九疑之塞”句中之“九疑”，也应该是秦县。不过，这个县名的持续时间不长，到汉初应改名为泠道县或龁道县[③]，后来，当又并入到营道县或南平县[④]中。今宁远县东城乡泠道古城位于九疑山北，确定为汉代泠道县城所在[⑤]，而位于九疑山东的蓝山县总市乡也有一城头岭城址，平面呈方形，南北残长136米，东西残宽133米，现定为汉代城址。[⑥] 笔者疑二城之一其前身应为秦九疑县治所。由于潇水流域可能利于南来的敌人北向攻击，而不大适宜于北方军队据之南向进攻，例如，汉初长沙国之所以对潇水（汉名深水）流域的防守十分重视[⑦]，

---

① 国家文物局主编：《中国文物地图集·湖南分册》，长沙：湖南地图出版社1997年版，第412页。

② 《汉书》卷二十八下《地理志》“南海郡”、“豫章郡”条。

③ 谭其骧：《马王堆汉墓出土地图所说明的几个历史地理问题》，收氏著《长水集》（下），北京：人民出版社1987年，第246～262页。

④ 《汉书》卷二十八下《地理志》“零陵郡”条。营道县下云：“九疑山在南”。

⑤ 国家文物局主编：《中国文物地图集·湖南分册》，长沙：湖南地图出版社1997年版，第331页。

⑥ 国家文物局主编：《中国文物地图集·湖南分册》，长沙：湖南地图出版社1997年版，第353页。

⑦ 谭其骧：《马王堆汉墓出土地图所说明的几个历史地理问题》，收氏著《长水集》（下），北京：人民出版社1987年版，第246～262页。

大约就是由于潇水流域南北谷道的地势北低矮而南高峻容易被南越国突破之故。因此，秦朝军队进攻南越不当选择潇水流域谷道。而蓝山县往南的谷道则要平易得多。这样，蓝山县总市乡城头岭城址极可能就是秦九疑县治所。

表 3－2　湖南境内的秦郡县

<table>
<tr><th>郡名</th><th>持续时间</th><th>郡治（今地）</th><th>辖县（治所今地）</th></tr>
<tr><td>洞庭郡</td><td>1. 约前 278—前 276 年
2. 约前 222—前 207 年</td><td>索（今常德市鼎城区韩公渡镇城址村）</td><td>索，临沅（今常德城区），孱陵（今湖北公安县南平镇），益阳（今沅江市东明朗山一带），沅陵（今沅陵县窑头村古城）、迁陵（今龙山县里耶镇），酉阳（今保靖县龙溪乡），零阳（今慈利县城东），鄜（沅）阳（今新晃县城西郊）、辰阳（今麻阳县绿溪口乡）、镡城（今中方县中方镇新塘遗址）</td></tr>
<tr><td>苍梧郡</td><td>约前 222 年—前 219 年</td><td>青阳（今湘阴县青山岛）</td><td rowspan="2">青阳，长沙（临湘），罗（今汨罗市西北罗国城遗址），攸（今茶陵县秩堂乡小塘城址），耒阳（今耒阳市旧城区），郴（今郴州市旧城区），洮阳（今广西全州北），九疑（今蓝山县总市乡城头岭城址）</td></tr>
<tr><td>长沙郡</td><td>约前 219 年—前 207 年</td><td>临湘（今长沙市旧城区）</td></tr>
</table>

秦代在湖南的郡县设置，显然基本上是沿袭楚国在湖南的旧置。不同的是，由于秦朝的势力在不断地向岭南地区扩展，这样，为了南进的需要，楚国时期尚没有设置县级政区的沅、湘二水上游主要支流流域，秦代各新置了一县，即兼顾沅水上游两条重要

支流潕水（沅水）流域和渠江流域的镡城县、湘江流域上游南岭地区的九疑县，以之作为南进的军事基地。可见，秦代湖南政区的设置与王朝的军事行动是关系密切的。（参见地图 3－1）

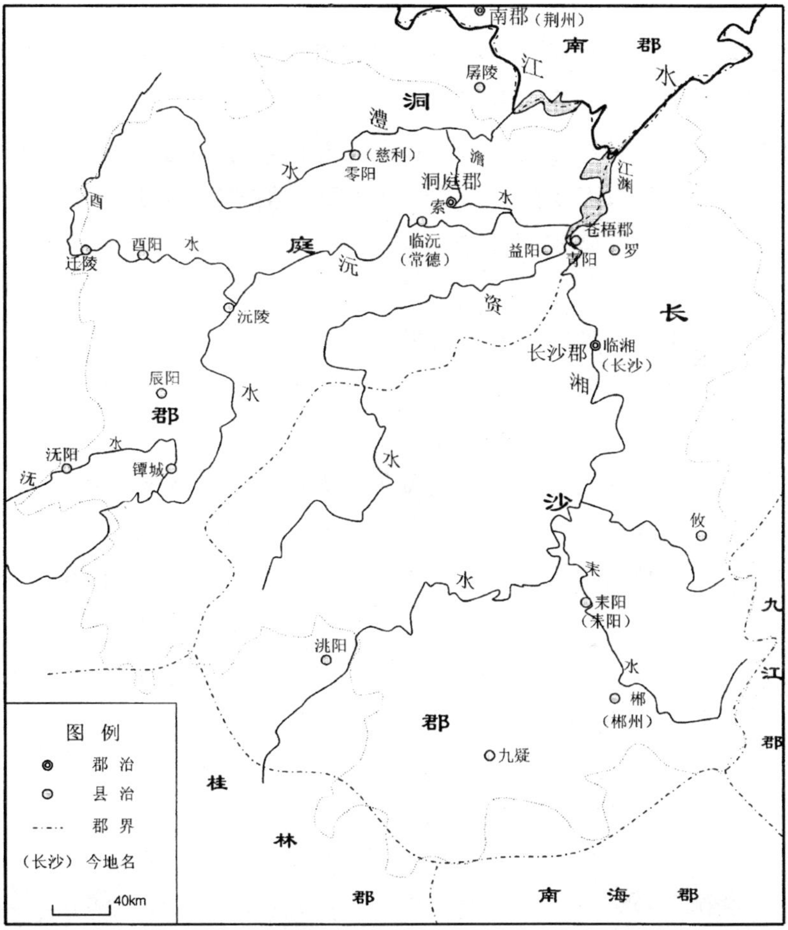

地图 3－1　秦代湖南政区示意图

第四节　县以下的建置

虽然我国的乡村组织很早就已经开始出现，但作为县以下的基层行政单位，其出现的时间自然只能在郡县制度形成之后。前述楚国在战国时代已经完成了郡县层级的创制，那么，与此同时，楚国应该已经有了乡村的基层行政建置。情况确实如此。

前引包山楚简 83 号简有云：

罗之观里人湘因，讼罗之庑域之圪者邑人疋女，谓杀益阳公合，伤之妾旮与。

这句话的意思是说，罗县观里人湘因，把同为罗县庑域人疋女告官，说她杀了叫合的益阳县尹，还伤了县尹的小老婆。由此可见，当时楚国的县以下已有“里”、“域”这样的基层行政区域设置。

前述秦代县以下有乡、亭、里这样的基层行政组织，但是，在其时的湖南地区，似乎只有乡、里二级。里耶秦简［J1（8）157 正、背］所记迁陵县的情况可以作为例子。其文云：

卅二年正月戊寅朔甲午，启陵乡夫敢言之：成里典、启陵邮人缺，除士五（伍）成里匄、成，成为典，匄为邮人，谒令、尉以从事。敢言之。

正月戊寅朔丁酉，迁陵丞昌郄之：启陵廿七户已有一典，今有（又）除成为典，何律？令应（?）尉已除成、匄为启陵邮人，其以律令。气手。

正月戊戌日中，守府快行。正月丁酉旦食时，隶妾冉以来。欣发 壬手。

上述文书的大意是说：秦始皇三十二年（前 215 年）正月十七日，由启陵乡啬夫上报迁陵县丞，成里的里典和启陵的邮人职位缺人，拟提拔士伍“成”为成里里典，士伍“匄”为邮人，请县令、县尉核准；正月二十日，迁陵县丞“昌”复文质问，启陵乡成里一共 27 户，已有一个里典，现在又提拨成为里典，有何律令依据？后文批复，县尉已批准提拔成、匄为启陵乡邮人。很明显，成里是启陵乡下属的一个里名，设有里典。启陵乡在提拔某士伍为里典和乡邮人时，须上报迁陵县。这就反映出在迁陵县—启陵乡—成里三者之间，有明显的行政隶属关系。① 另外，值得注意的是，启陵乡—成里二者之间是直接联系，其间并不存在“亭”这一级。这似乎可以说明，亭可能并不是当时必备的基层行政单位，或者，其时江南地区的基层行政分割脱胎于楚国的里—域制度，与其他地区有一定差异。

秦代的乡里制度，为后世县以下的政区建置奠定了基础。

① 晏昌贵、钟炜：《里耶秦简所见的阳陵与迁陵》，《中国历史地理论丛》2006 年第 4 辑，第 85 ~91 页。

第四章　汉代的湖南政区

公元前207年秦王朝灭亡后，项羽和刘邦进行了历时5年的楚汉战争。最终，刘邦击败项羽，赢得了胜利，建立了汉朝。从汉代开始，由于正史地理志（郡国志、州郡志）的存在，我们有了了解各代地方行政建置的主要依据。

第一节　郡与国的并列

刘邦登位之初，沿袭了秦朝的统治制度，但地方的行政制度有所改变。刘邦认为，秦王朝之所以短祚而亡，是因为秦始皇没有分封子弟为王侯以藩卫朝廷，使得天下有变时孤立无援。以此，刘邦决定实行郡县与分封并行的混合性地方行政制度。应该说，这种制度对于西汉、东汉的地方行政区划的变迁产生了巨大的影响。

一方面，刘邦继承秦王朝的郡县制度。汉依秦制，郡下辖县，并有所发展。《汉书·百官公卿表》云："列侯所食县曰国，皇太后、皇后、公主所食曰邑，有蛮夷曰道。"这说明西汉郡的下级行政区划，已有县、侯国、邑、道之别。邑是皇太后、公主所封的食邑；道是设在少数民族地区的县级政区。万户以上的县称县令，万户以下的县称县长。郡的长官最初称郡守，景帝时改称太守。

据《汉书·地理志》载，西汉在武帝元封年间有 103 郡，下辖“县、道、国、邑，千五百八十七”。

另一方面，刘邦又在各地广建王国。先是分封“异姓七国”，即韩、赵、楚、淮南、燕、长沙、梁诸国，继而在消灭了除长沙国以外的异姓六国过程中，又建立了燕、赵、齐、楚、代、梁、淮南、淮阳、吴等九个王国。这十国中，长沙国王吴芮为异姓王，其余九个都是刘邦的子侄，即同姓王。这些王国常常统率为数不等的郡县。汉初有 60 多个郡，其中九个同姓诸侯王国和异姓长沙国领约 40 郡，而汉朝中央政府自领的郡只有 15 个，即陇西、北地、上郡、云中、河南、河东、河内、上党、南阳、南郡、武陵、广汉、巴郡、蜀郡。① 由于王国不断增强的势力对汉朝中央政权造成了一定的威胁，文帝时不得不进行削藩，令诸王不得自治其国，所属官吏皆由天子任免。到景帝时，各诸侯国便皆只领有 1 郡。于是，王国和郡从此在行政区划上处于同一个级别。

汉朝地方行政制度的另一创新，是汉武帝元封五年（前 106 年）开始在郡国之上设立刺史部。刺史部的名称来自《尚书·禹贡》与《周礼·职方》所提及的 11 个州名（冀、兖、徐、扬、荆、豫、幽、并、梁、雍、青），只是把其中的梁州改曰益州、雍州改曰凉州，再加上在新开辟的边地“南置交趾、北置朔方”而形成的二刺史部，共为 13 刺史部，或略称 13 州。每个刺史部下，都辖有若干郡（国）。在成立刺史部前的武帝征和四年（前 89 年），为了维护京畿地区的治安，首都长安附近的 7 个郡已划为一区，设置了司隶校尉部。这样，在西汉大部分时间里，全国就存

① 周振鹤：《西汉政区地理》，北京：人民出版社 1987 年版，第 10 页。周著以京畿所在的特区“内史”当高帝十五郡之一，不当（秦汉内史从无“郡”称），应以武陵郡替之。参见后文。

在14个大的政治区域。① 13刺史部代表汉王朝监察所辖的郡、国，并无固定驻所，只具有监察区性质，而司隶校尉部也只具有特别治安区性质，因此，它们都还不是真正意义上的行政区。

西汉末年王莽专权，为实现《尚书·尧典》中所谓“肇十有二州”的古制，于元始四年（4年）废除朔方、司隶两部；又据《尧典》中无交趾而有“宅南交”一句，改交趾为交州；据《禹贡》中有雍州而无凉州，复改凉州为雍州。这样，全国变为雍、冀、兖、徐、扬、荆、豫、幽、并、益、青、交12州。

公元25年，东汉光武帝恢复西汉旧制，复置司隶部，复改雍州为凉州。东汉政区建置沿袭西汉，大致与西汉政区设置相当，只在北方、东北、西北周边地区的辖境上略有伸缩。主要的变化体现在两方面，一是确立州为最高一级地方行政建置，一是增置、裁并郡（国）县（邑、道）。

汉末灵帝中平元年（184年），黄巾起义爆发。朝廷为加强对地方的控制，镇压各地的农民起义，于中平五年（188年）“改刺史，新置牧”②，即任命朝中九卿担任各州州牧，执掌一州的军事、行政、民政、财政大权。“自此，州牧之任重矣。”③ 州牧真正成为地方最高行政长官。于是，州由西汉的巡视区、监察区，终于完全转变为郡、县之上的一级行政机构，而全国的行政区亦由秦的郡、县二级制，经过西汉郡、县二级制上虚置的州（刺史部），也终于演变为实置的州、郡、县三级制。这也标志着中国的行政区划进入到州制的新时期。从汉末开始，经三国、两晋、南北朝而至隋代，“州”一直是中国最高的地方行政区划单位，其时间延

---

① 辛德勇：《两汉州制新考》，《文史》2007年第1期，第5~73页。

② 《后汉书》卷八《孝灵帝纪》。

③ 《通典》卷三十三《职官十四》。

续了四百余年。

包括司隶校尉部在内，东汉时期全国共有13个州级行政区域。由于东汉都洛阳，因而，原西汉司隶校尉部所辖三辅（京兆尹、左冯翊、右扶风）地区的地位下降，而洛阳所在的河南尹地区地位有所提高。至于司隶校尉，其地位则远高于其他12州刺史。此外，东汉对西汉以来的郡（国）、县、邑、道、侯国分别进行了数次裁并和增置。例如，光武帝初年，曾以“官多役烦，乃命并合，省郡、国十，县、邑、道、侯四百余所”。① 所省并的县数，接近于当时总数的四分之一。但光武帝之后，所省并的郡县有的又恢复了，在一些地方还新置了郡县。如史有载，“至明帝置郡一，章帝置郡、国二，和帝置三，安帝又命属国别领比郡者六，又所省县渐复分置”。② 至顺帝永和五年（140年），全国共置有105个郡、国，下辖县、邑、道、侯国1180个。③

第二节　西汉时代的王国与郡县

西汉在湖南境内主要建置有长沙国和武陵郡、桂阳郡、零陵郡，这4郡国属于荆州刺史部；另外，属交趾刺史部的苍梧郡有部分地区错入湖南。诸国、郡之下共辖38县。试据《汉书·地理志》等相关记载，略述如下。

（1）长沙国。

公元前202年，刘邦封吴芮为长沙王，建立长沙国。当时，长

① 《续汉书·郡国志五》。
② 《续汉书·郡国志一》。
③ 《续汉书·郡国志一》。

沙国的疆域大体上继承了秦所置长沙郡的境域。汉代在湖南地区所置诸郡国中，以长沙国的地位最为重要。因为，在西汉王朝长达近两百年的统治中，长沙国不仅是控制湖南地区的关键，而且对于岭南南越地区的控制发挥了重要作用。

长沙国有吴氏长沙国与刘氏长沙国之分。吴氏长沙国的第一代长沙国王为吴芮，是高祖刘邦分封的异姓功臣王之一。高祖末年，各异姓王先后被翦除殆尽，只有长沙王因忠于汉室和具有安抚“百越”的作用，被特别保留下来。至文帝后元七年（前 157 年），才因王室无嗣而除国。吴氏长沙国，共五代五传，延续 46 年。

景帝即位的前元元年（前 156 年）又复置长沙国，封其子刘发为长沙王（定王），是为刘氏长沙国。直至公元 9 年王莽篡汉，改长沙国为填蛮郡，国始除。刘氏长沙国，共七代八传，延续 164 年，其中绝嗣二年。

汉初吴氏长沙国面积较大，有所谓“波汉之阳，亘九嶷”①之说，辖域至少包括整个湘江流域。长沙马王堆三号汉墓出土的“西汉初期长沙国深平防区图”，在相当程度上可以说明这一点。②吴氏长沙国国除后，汉景帝虽然复置长沙国，但对诸侯王国的辖地毫不留情地进行裁削。史载长沙国就是从汉景帝时开始“无南边郡”的。③ 汉时，将“外接胡越”的郡皆称为边郡。所谓无南边郡，是说长沙国已不与南越国接壤，二者之间夹了受中央政府管辖的桂阳郡。但是，东汉时传说景帝后元二年（前 142 年），长沙国定王回到洛阳，向父亲景帝诉苦，谓其“国小地狭，不足回

---

① 《汉书》卷十四《诸侯王表》。

② 谭其骧：《马王堆汉墓出土地图所说明的几个历史地理问题》，收氏著《长水集》（下），北京：人民出版社 1987 年版，第 246 – 262 页。

③ 《史记》卷十七《汉兴以来诸侯王年表》。

旋”，“景帝乃以武陵、零陵、桂阳（郡）益焉”，[1] 也就是说，景帝把该3郡郡域加入进了刘氏长沙国。若果如此，则当时长沙国疆域几乎包有整个湖南。但事实上该说是不成立的，有学者已指出其荒唐之处。[2] 该说当为其时民间的误传。因为《汉书·地理志》明确说零陵郡为“武帝元鼎六年（前111年）置”，而此之前30余年的景帝时期怎么会有零陵郡？可能的事实是，正是由于文帝末年时除吴氏长沙国为二郡，刘氏长沙国立时仅得长沙一郡，已“无南边郡”，故定王才会说长沙国境域逼狭；而到汉武帝元朔五年（前124年）时，又确曾封长沙定王三子于其时的桂阳郡（后来的零陵郡）地，也就变相地在一定程度上扩大了长沙国的地盘。于是，二事结合起来，可能就演变而为东汉时期的民间传说。下列《汉书·地理志》保存的湖南地区的政区建置虽然属于西汉末年（2年）情形，但大致上反映了景帝以降的汉代绝大部分时间的政区建置局面。

长沙国的治所为临湘（位于今长沙旧城区），辖有临湘、罗、益阳、下隽、连道、攸、酃、承阳、湘南、昭陵、容陵、荼陵、安成13县。属地在今湖南境内和主要在今湖南境内的有12县。

临湘：承秦置，当今长沙市及长沙、望城、浏阳、醴陵、宁乡等县（市）一带；

罗：承秦置，当今湘阴、汨罗、平江县等县（市）一带；

连道：新置，当今涟源、新化等县（市）一带；

益阳：承秦置，当今益阳市及益阳、桃江、沅江、湘阴、安化、新化等县（市）一带；

攸：承秦置，当今攸县、醴陵等县（市）一带；

---

① 《汉书》卷五十三《景十三王传》注引应劭语。

② 周振鹤：《西汉政区地理》，北京：人民出版社1987年版，第122页。

下隽：新置，当今岳阳市及岳阳、临湘和湖北通城等县（市）一带；

承阳：新置，当今衡阳、邵东县一带；

酃：新置，当今衡阳市和衡南、安仁等县一带；

昭陵：新置，当今邵阳市及邵阳、邵东、新邵、隆回、涟源等县（市）一带；

容陵：新置，今安仁县一带；

荼陵：新置，当今茶陵、炎陵县一带；

湘南：新置，当今湘潭市及湘潭、湘乡、双峰、衡山、衡东等县（市）一带。

（2）桂阳郡。

《汉书·地理志》说该郡为汉高帝时置，而《水经·耒水注》更进一步指出该郡为“汉高帝二年分长沙置”。对于这样的说法，近人王国维已指出其错误。① 但是，桂阳郡在汉景帝登位（前156年）之前必然已经置郡，否则，所谓长沙国自汉景帝时开始已“无南边郡”之说就成了无本之木。可能的情况是，吴氏受封长沙国之后，于高帝某年分长沙郡南部数县置桂阳郡，这就是长沙国的“南边郡”。② 在汉文帝后元七年（前157年）吴氏长沙国国除后，原长沙国境域才被正式分割为直属中央政府的长沙（北部）、桂阳（南部）2郡。③ 但次年景帝即登位，又复建长沙国，并封其子刘发为王，不过，这个刘氏长沙国的疆域应当只有长沙郡的郡域，桂阳郡并不在其范围，较吴氏长沙国面积约小一半。这大约

① 王国维：《观堂集林》卷十二《汉郡考上》。

② 周振鹤：《西汉政区地理》，北京：人民出版社1987年版，第121页。

③ 周振鹤认为，“文帝后元七年，长沙王无后，国除为长沙、桂阳、武陵三郡”。参见周振鹤《西汉政区地理》，第122页。此说有相当见地，但纳入“武陵郡”不正确。武陵郡为继承楚秦洞庭郡而来，未曾进入吴氏长沙国境域。参见本书前文。

也就是前引刘发说长沙国“国小地狭，不足回旋”的原因。公元前157年桂阳郡置郡时，该郡辖域应当包有今湘南南岭地区，武帝元鼎六年（前111年）平定南越后，由于零陵郡的设置，郡域有所缩小。《汉书·地理志》所记载的辖属情况如下。

治所郴（位于今湖南郴州市城区），辖郴、临武、便、南平、耒阳、桂阳、阳山、曲江、含洭、浈阳、阴山11县。属地在今湖南境内和主要在今湖南境内的有6县。

郴：承秦置，当今郴州市及郴县、宜章、资兴、桂阳、汝城、桂东等县（市）一带；

临武：新置，当今临武、宜章等县一带；

便：新置，当今永兴县一带；

耒阳：承秦置，当今耒阳、常宁等市一带；

南平[①]：承秦九疑县析置，当今蓝山、嘉禾二县一带；

阴山：新置，当今攸县、衡东、安仁等县一带。

（3）武陵郡。

《汉书·地理志》说该郡汉高帝时置，《续汉书·郡国志》“武陵郡”条则谓“秦昭王置，名黔中郡，高帝五年更名”。二说皆误。如前所考，汉武陵郡辖域与楚、秦洞庭郡辖域大体重合，为楚、秦洞庭郡发展而来无疑。因此，正确的说法应当是：武陵郡，秦昭（襄）王二十九年（前296年）置，名洞庭郡，高帝五年（前198年）更名。

治所索（今湖南常德鼎城区韩公渡镇城址村），辖索、孱陵、

---

① 在长沙马王堆出土的《驻军图》中，南平附近尚标示有“龁道”一县。估计汉初龁道县、南平县皆由秦九疑县析置；汉武帝元鼎六年平定南越后，龁道县被废入南平县中。参见谭其骧《马王堆汉墓出土地图所说明的几个历史地理问题》，收氏著《长水集》（下），北京：人民出版社1987年版，第246～262页。

临沅、沅陵、镡成、无阳、迁陵、辰阳、酉阳、义陵、佷山、零阳、充13县。属地在今湖南境内和主要在今湖南境内者有12县。唐李吉甫《元和郡县图志》等有武陵郡以义陵县为郡治一说，亦误，不取。①

索：承秦置，当今汉寿、鼎城等县（区）一带；

孱陵：承秦置，当今安乡、南县、华容、津市等县（市）一带，并错入湖北（公安县）境；

临沅：承秦置，当今武陵、鼎城、桃源等县（区）一带；

沅陵：承秦置，当今沅陵、泸溪、吉首等县（市）一带；

镡成：承秦镡城县置，当今中方、洪江、会同、靖州、通道、绥宁等县（市）一带，并错入贵州、广西境；

无阳：承秦無（沅）阳县置，当今新晃、芷江及怀化市城区一带，并错入贵州境；

迁陵：承秦置，当今保靖、龙山等县一带，并错入重庆境；

酉阳：承秦置，当今保靖、永顺、古丈等县一带；

辰阳：承秦置，当今辰溪、麻阳、花垣、凤凰等县一带；

义陵：新置，当今溆浦县一带；

零阳：承秦置，当今慈利、石门、澧县、临澧及津市等县（市）一带；

充：新置，当今永定、桑植、武陵源、龙山等县（区），并错入湖北来凤、鹤峰等县。

---

① 《元和郡县图志》卷三十《江南道六》"黔州"条云："秦黔中郡所理，在今辰州西二十里黔中郡故城是，汉改黔中为武陵郡，移理义陵，即今辰州溆浦是，后魏移理临沅，即今辰州是。"此即为西汉武陵郡治义陵的依据。该书同卷"辰州"条下并无此说，而笔者前已指出楚秦黔中郡基本在长江之北，与今湖南无涉，且武陵郡的前身为洞庭郡，与黔中郡无关，故可肯定李吉甫的此一说法有误，不足取。有学者指出义陵可能只在新莽时期为武陵郡治（陈致远：《西汉武陵郡治地望考》，《中国历史地理论丛》2004年第2期，第66～71页），笔者以为这种看法是能够成立的。

（4）零陵郡。

《汉书·地理志》说“武帝元鼎六年（前111年）置”。其地汉初应属长沙国边郡的一部分。这从长沙马王堆汉墓出土地图所示相当于后来零陵郡的区域置有8县的情况，就大致能够看得出来。汉文帝后元七年（前157年）吴氏长沙国国除后，由于原长沙国境域正式被划分为长沙（北部）、桂阳（南部）2郡，由中央政府直辖，湘江上游一带自当是桂阳郡的一部分。只是因为武帝元鼎六年（前111年）平定南越，以南越地开置儋耳等9郡①，与南越接壤的桂阳郡因此被一并调整辖域而已。

治所零陵（今广西全州西南），辖零陵、营道、始安、夫夷、营浦、都梁、泠道、泉陵、洮阳、钟武10县。属地在今湖南境内者有7县（侯国）。

营道：新置，当今宁远、江华等县一带；

营浦：新置，当今道县、江永等县一带；

泠道：新置，当今宁远、新田等县一带；

钟武：新置，当今衡阳、邵东等县一带；

泉陵侯国：汉武帝元朔五年（前124年）封长沙国定王刘发之子刘贤而立，治今永州市零陵区，当今零陵、冷水滩、东安、祁阳、双牌等县（区）一带；

都梁侯国：汉武帝元朔五年（前124年）封长沙国定王刘发之子刘遂而立，治今隆回县城西北桃花坪一带，当今洞口、绥宁、武冈、城步等县（市）一带；

夫夷侯国：汉武帝元朔五年（前124年）封长沙国定王刘发之子刘义而立，治今邵阳县北故址，当今新宁、邵阳等县一带。

---

①《汉书》卷九十五《南越传》。

（5）苍梧郡。

《汉书·地理志》说该郡“武帝元鼎六年开”。该郡辖县10，治所为广信（今广西梧州市），虽与楚秦苍梧郡同名，但二者辖域几无关系。该郡错入湖南境内者2县。

谢沐：新置，当今江永县一带；

冯乘：新置，当今江华县一带。

西汉政区建置，尤其是县级政区建置，奠定了湖南古代县级政区布局的重要基础，可以说，西汉是湖南政区发展史上最为重要的时期之一。此间不但有新的郡级行政区的设置，而且，更重要的是，新置的县级政区大量增加（22个）。新置县级政区的地域分布基本情况是：湘江流域17个，沅水流域1个，资水流域3个，澧水流域1个。显然，湘江流域是汉代在湖南新置县的主要区域，占了新置县的绝大多数。而在湘江流域，上游地区的新置县又占了绝大多数。之所以会出现这样的情形，原因主要可能有四方面。其一，湘江上游地区是汉初长沙国与赵佗南越国接壤的区域。为了防御南越国的北进，在与其接壤的区域增设郡县，以便军事上的需要，这是春秋以来设郡置县古老用途的延续。如分长沙国设置桂阳郡、零陵郡，以及二郡所辖新置于南岭地区的分布较密集的临武、南平、龁道、营道、营浦、泠道、谢沐、冯乘等县，显然就应是出自军事方面的考虑。其二，统治薄弱或空白地区的存在。为了加强对统治薄弱地区的控制、对统治空白地区的填充，设置新的县级政区自然十分必要。如在资水流域设置的都梁、夫夷二侯国和昭陵一县就皆在上游地区，澧水流域设置的充县也在上游地区。其三，交通联系的需要。随着政治、经济、军事方面联系的增多，在尚未设置县治的水陆交通要冲建置新县也很有必要。像武陵郡的沅陵、义陵，长沙国的钟武、连道，桂阳郡的便县、临武等，可能属于这种类型。其四，湘江流域是汉代长沙国的主要辖域。长沙国虽然是郡级行政单位，但国不同于郡的是，国具有很大的自治权，因此，诸侯王为了强化对境内的统治，自行增置县级政区可能是重要一途。（参见地图4－1）

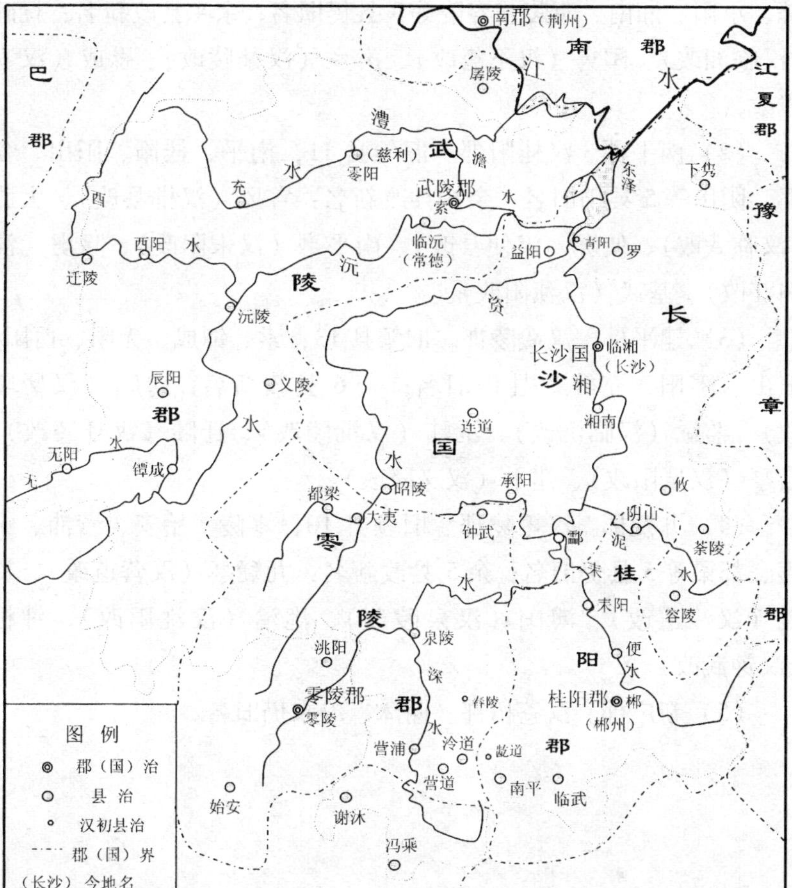

地图4－1　西汉湖南政区示意图

公元25年，王莽建立新朝，曾改长沙国为填蛮郡，改桂阳郡名南平郡，改武陵郡名建平郡，改零陵郡名九疑郡，改苍梧郡为新广郡。诸郡所辖情况①略如下。

（1）填蛮郡。汉长沙国。旧领县13，罗、连道、益阳、攸、酃、承阳、湘南、昭陵、容陵等9县仍旧名；余4县改新名：抚睦（汉临湘改）、闰雋（汉下雋改）、声乡（汉荼陵改）、思成（汉安成改）。

（2）南平郡。汉桂阳郡。旧领县11，南平、桂阳、阳山、含洭、阴山等5县仍旧名；余6县改新名：宣风（汉郴县改）、大武（汉临武改）、便屏（汉便县改）、南平亭（汉耒阳改）、除虏（汉曲江改）、基武（汉浈阳改）。

（3）建平郡。汉武陵郡。旧领县13，索、镡成、无阳、酉阳、佷山、零阳、充等7县仍旧名；余6县改新名：孱陆（汉孱陵改）、监沅（汉临沅改）、沅陆（汉沅陵改）、迁陆（汉迁陵改）、会亭（汉辰阳改）、建平（汉义陵改）。

（4）九疑郡。汉零陵郡。旧领县10，零陵、始安、营浦、夫夷、都梁等5县仍旧名；余5县改新名：九疑亭（汉营道改）、泠陵（汉泠道改）、溥闰（汉泉陵改）、洮治（汉洮阳改）、钟桓（汉钟武改）。

（5）新广郡。汉苍梧郡。谢沐、冯乘仍旧名。

---

① 谭其骧：《新莽职方考》，收氏著《长水集》（上），北京：人民出版社1987年版，第48～90页。

第三节　东汉时代的州、郡、县

东汉初，郡县复汉旧名。光武帝建武十三年（37 年），与湖南相关的荆州刺史部辖有南阳、南郡、江夏、零陵、桂阳、武陵、长沙 7 郡，交趾刺史部领有南海、苍梧、郁林、合浦、交趾、九真、日南 7 郡。其中荆州的长沙、桂阳、武陵、零陵 4 郡的大部分辖域在湖南，另有交州苍梧郡错入小部分地区。荆州刺史部治武陵郡汉寿县（即旧索县，今常德市鼎城区韩公渡镇城址村）。《续汉书·郡国志》所记大体为东汉后期顺帝永和五年（140 年）情况，其时诸郡湖南部分下辖有 38 县和 5 侯国。略述如下。

（1）长沙郡。东汉建武十三年（37 年），以西汉长沙国地改名长沙郡，郡治临湘（今长沙市旧城区）。《续汉书·郡国志》载该郡领“十三城”，辖地在今湖南境者或大部分在今湖南境者为 12 县、1 侯国。

袭置 10 县：临湘、攸、荼陵、容陵、鄗、连道、昭陵、益阳、下隽、罗诸县皆西汉旧置；

改置 1 县：湘南侯国，由西汉湘南县改；

复置 1 县：醴陵。《水经·漉水注》有云：“漉水（今湘江支流渌水）出醴陵县东漉山，西过其县南。醴陵县，高后四年封长沙相侯越为国。”以此，知早在西汉初期即曾设置过醴陵侯国，东汉当是复在故地置县；①

新置 1 县：汉昌。宋乐史云：“本汉罗县地，后汉分其地为汉

① 李晓杰：《东汉政区地理》，济南：山东教育出版社 1999 年版，第 212 页。

昌县。"① 其地当今平江县一带。

到汉末，又新置刘阳（今浏阳市一带）、临烝（今邵东、衡阳县一带）2县，而昭陵1县别属零陵郡；献帝建安十五年（210年），长沙郡更析东北部置汉昌郡。②

（2）零陵郡。西汉已置。不过，《续汉书·郡国志》载该郡领"十三城"，较《汉书·地理志》零陵郡多出湘乡、昭阳、烝阳3县（侯国）。郡治泉陵，辖地在今湖南境者或大部分在今湖南境者为6县4侯国。

袭置4县1侯国：泉陵、营道、营浦、泠道诸县，夫夷侯国，皆西汉旧置；

改置1县2侯国：都梁县，由西汉都梁侯国改；重安侯国，永建三年（128年）由西汉钟武县更名；烝阳侯国，由西汉承阳县改；

新置1县1侯国：湘乡县，析西汉湘南县置，当今湘乡、双峰等县一带；昭阳侯国，析西汉昭陵县地置，当今邵东、新邵等县一带。

东汉末年，长沙郡昭陵县又改属本郡。

（3）桂阳郡。西汉已置。《续汉书·郡国志》载该郡领"十一城"，郡治郴县（今郴州市旧城区）。辖地在今湖南境者或大部分在今湖南境者为7县。

袭置6县：郴、便、耒阳、南平、临武、阴山，皆为西汉旧县；

新置1县：汉宁，永和元年（136年）析郴县地置，当今资

---

① 《太平寰宇记》（宋本）卷一百一十三《江南西道十一·岳州》"平江县"条。

② 李晓杰：《东汉政区地理》，济南：山东教育出版社1999年版，第212～213页。

兴、汝城、桂东等县一带。

（4）武陵郡。西汉已置。《续汉书·郡国志》载该郡领“十二城”，改治临沅（今常德市武陵区）。辖地在今湖南境者或大部分在今湖南境者为12县。

袭置9县：临沅、零阳、孱陵、充、沅陵、迁陵、酉阳、辰阳、镡成，皆为西汉旧置；

改名1县：汉寿，阳嘉三年（134年）由西汉索县更名。荆州刺史部治该地。索县由前代一郡之治所，上升为最高一级的地方行政机构刺史部治所；

并省2县：无阳，入镡成县；义陵，入辰阳县；

新置2县：沅南县，建武二十六年（50年）析西汉临沅县置，当今桃源、安化等县一带；作唐县，析西汉孱陵县置，当今安乡、津市等县（市）一带。到东汉末的建安十三年（208年），孱陵、作唐2县别属南郡。

（5）苍梧郡。西汉已置。《续汉书·郡国志》载该郡领“十一城”。该郡仅北部2县错入湖南境内。

袭置2县：谢沐、冯乘，皆为西汉旧县。

可见，东汉湖南政区的设置绝大部分是沿袭西汉的建置，变动不大。郡级政区完全没有变动，县级政区有所变动。从县级政区的变动情况看，新置县级政区8个：位于湘江流域的有汉昌、刘阳（下游）、湘乡（中游）、汉宁（上游）4县，位于资水流域的有临烝1县、昭阳1侯国（上游），位于沅水流域的有沅南1县（中下游），位于澧水流域的有作唐1县（下游）。联系到沅水流域还并省了前代设置位于中上游的无阳、义陵2县，可以看出，东汉在湖南的政区设置的主要特征是：其一，湘、资二水流域，沅、澧二水下游流域的统治力量在加强，而沅水中上游流域（所谓

“武谿”地区）的统治力量在削弱；其二，荆州刺史部治所设于洞庭平原，反映出当时洞庭流域在长江中游地区的重要地位和朝廷对湖南地区的重视。这显然与当时湖南地区的政治、军事、经济形势发展都是一致的。（参见地图4－2）

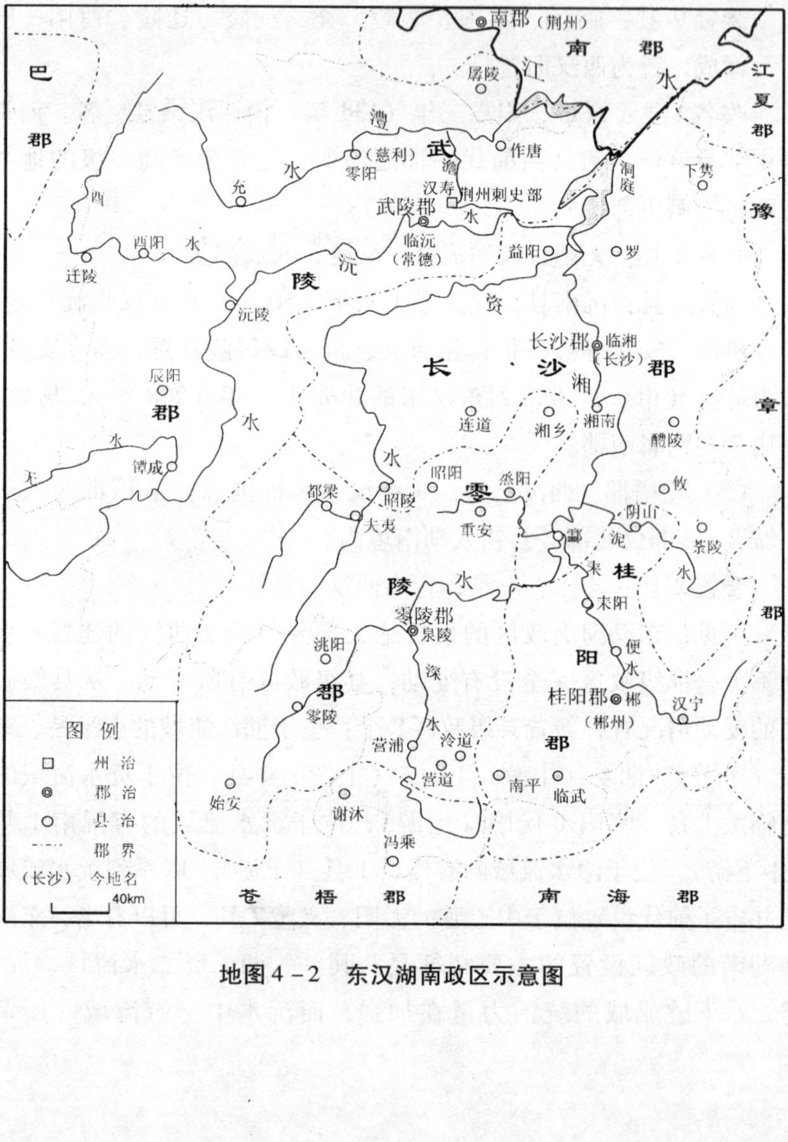

地图4－2　东汉湖南政区示意图

第五章　吴晋南朝时代的湖南政区

吴晋南朝时代包括三国时代的东吴、西晋、东晋，以及南朝时代的宋、齐、梁、陈四代，时间从220年到581年。此一时期，大部分时间南北分裂对峙，改朝换代不断，社会常常动荡不安。由于东吴、梁、陈等朝代为时不长，且现存正史中缺少地理志（州郡志），而其他相关资料又不足，使得此间的政区沿革研究长期以来问题较多。

第一节　东吴时代的州、郡、县

220—265年间，为魏、蜀、吴三国鼎立时期。总的来说，三国时期的地方行政制度基本上沿袭了东汉时期的州、郡（国）、县（邑、道、侯国）三级制。

东汉建安十三年（209年）赤壁之战后，荆州被分割为南北两部，魏有南郡之北，东吴得南郡以南。即所谓“南郡以南属吴，吴后遂与蜀分荆州。于是，南郡、零陵、武陵以西为蜀，江夏、桂阳、长沙三郡为吴，南阳、襄阳、南乡三郡为魏”。① 其后，孙权陆续获得荆州西部、交州、荆州南部。222 年孙权称帝后，东吴的疆域基本稳定下来。到三国中期，魏居中原，分辖域为 12 州，管郡、国 68 个；蜀居西南，置益、梁 2 州，辖郡 22 个；东吴偏安江南，置交、广、荆、郢、扬 5 州，辖郡 43 个。② 东吴以丹阳郡治建业（今江苏南京）为国都所在，北与曹魏对峙于江淮、江汉之间，西与蜀汉相邻于三峡、武陵山区，东及南至海，其中最南达于今越南中部。东吴对于一些辖区辽阔的郡，为加强管理，分置东、西、南、北部都尉，地位相当于县，有些后来甚至上升为郡。东吴末的天纪四年（280 年），东吴实领 4 州、43 郡、313 县。③。

湖南之地自然属南荆州。但是，赤壁之战后，南荆州之域并非全归东吴所有，如前所述，属东吴的仅长沙、桂阳 2 郡，武陵、零陵 2 郡西隶蜀汉。建安二十四年（219 年），东吴取得武陵、零陵 2 郡的绝大部分。吴太平三年（258 年），孙权析长沙郡东部为湘东郡、西部为衡阳郡，又析武陵郡北部置天门郡。甘露元年（265 年），孙皓析零陵郡南部置营阳郡。宝鼎元年（266 年），再析长沙郡西南部、零陵郡北部置昭陵郡。这样，东吴在湖南境内先后共置有 9 郡：长沙、桂阳、武陵、零陵、湘东、衡阳、天门、营阳、昭陵。此外，另有南郡、临贺郡部分地区错入湖南境内。

根据已有学者的相关研究④，荆州及于湖南境内诸郡所辖县情

---

① 《晋书》卷十五《地理志下》。

② 《通典》卷一百七十一《州郡一》。

③ 《三国志》卷四十八《吴书·三嗣主传》裴松之注引《晋阳秋》。

④ 陈健梅：《孙吴政区地理研究》，长沙：岳麓书社 2008 年版，第 149 ~ 244 页；胡阿祥：《六朝疆域与政区研究（增订本）》，北京：学苑出版社 2005 年版。

况可略考如下：

武陵郡①，治今常德市武陵区，领临沅、吴寿、沅陵、辰阳、酉阳、镡成、沅南、迁陵②、龙阳、舞阳10县；

天门郡，治今慈利县东，领零阳、充、溇中3县；

长沙郡③，治今长沙市旧城区，领临湘、攸、下隽、醴陵、刘阳、吴昌、罗、建宁、蒲圻9县，其中蒲圻不在湖南境内；

衡阳郡，治今湘潭县易俗河镇，领湘南、湘乡、重安、蒸阳、湘西、连道、益阳、衡阳、新阳、临蒸10县；

湘东郡，治今衡阳市城区东，领酃、茶陵、梨阳、新宁、阴山、新平6县；

零陵郡，治今永州市零陵区，领泉陵、零陵、洮阳、观阳、祁阳、永昌6县，其中零陵、洮阳、观阳3县不在湖南境内；

营阳郡，治今道县县城，领营浦、营道、舂陵、泠道4县；

昭陵郡，治今邵阳市城区，领昭陵、都梁、夫夷、昭阳、高

---

① 上揭胡阿祥《六朝疆域与政区研究》（增订本）（第412页）列黔阳、黚阳为武陵郡所辖二县，误。黔、黚乃音近异写，当为一县。上揭陈健梅《孙吴政区地理研究》（第182～183页）以吴时尚无黔阳县，可取。但这并不意味着三国时没有黔（黚）阳县，因为《水经注》卷三十六《延江水》云："酉水北岸有黚阳县"；卷三十七《沅水》亦云："酉水导源益州巴郡临江县，故武陵之充县酉源山，东南流，迳黚阳故县南，又东迳迁陵故县界，与酉乡溪合，即延江之枝津，更始之下流，谓之酉乡溪口。酉水又东迳迁陵县故城北，王莽更名曰迁陆也。"可见，三国时蜀汉境内当置有黚阳县，只是不在今湖南省境。

② 据《三国志》卷六十《吴书·钟离牧传》，谓永安六年（208年）"魏遣汉葭县长郭纯试守武陵太守，率涪陵民入蜀迁陵界，屯于赤沙"，则三国时期迁陵名义上属于东吴武陵郡，实际上当属于蜀汉益州牂牁郡。

③ 上揭胡阿祥《六朝疆域与政区研究（增订本）》（第412页）列巴丘为长沙郡辖县，当误。大约胡氏以为晋巴陵县乃东吴巴丘县所改名。查《水经注·湘水》有云："晋太康元年，立巴陵县于此。"《宋书·州郡志》亦谓："巴陵县，晋置。"知巴丘县必非巴陵县前身。又，陈健梅《孙吴政区地理研究》（第127页）考东吴时巴丘为庐陵郡辖县，甚详。

平、新城6县；

桂阳郡，治今郴州市旧城区，领郴、耒阳、便、临武、阳安、南平6县；

临贺郡，治临贺，今广西贺州市贺街，错入湖南的为谢沐、冯乘2县；

南郡，治江陵，今湖北荆州市，错入湖南的为孱陵、作唐2县。

上述11郡辖地在今湖南境者或大部分在今湖南境者计有61县。沿革情况如下。

袭置40县：临沅、沅陵、辰阳、酉阳、镡成、沅南、迁陵、零阳、充、临湘、攸、下隽、醴陵、刘阳、罗、湘南、重安、湘乡、连道、益阳、酃、阴山、泉陵、营浦、泠道、营道、舂陵、昭陵、都梁、夫夷、昭阳、郴、耒阳、便、南平、临武、谢沐、冯乘、孱陵、作唐，皆为东汉时期旧县或侯国。

改名6县：吴寿，由东汉汉寿改名；吴昌，由东汉汉昌改名；阳安，由东汉汉宁改名；茶陵，由东汉荼陵改名；临蒸，由东汉临烝改名；蒸阳，由东汉烝阳改名。

复置1县：舞阳，由西汉无阳县恢复。古无、舞音近同。

省并1县：容陵，废入阴山县。

新置13县：

龙阳，由东汉汉寿县析置，当今汉寿县一带；

溇中，由东汉充县、零阳县析置，当今张家界市永定区、武陵源区和慈利县一带；

新阳，由东汉益阳县析置，当今宁乡县一带；

高平，由东汉益阳县析置，当今冷水江及新化、新邵等县（市）一带；

新城，由东汉昭陵县析置，当今邵东县一带；

建宁，由东汉临湘、湘南 2 县析置，当今株洲市城区及株洲县、湘潭市城区及湘潭县一带；

湘西，由东汉临湘、湘南 2 县析置，当今湘潭、望城、湘阴 3 县一带；

衡阳，由东汉湘南县析置，当今衡山县一带；

梨阳，由东汉耒阳县析置，当今耒阳县一带；

新宁，由东汉耒阳县析置，当今常宁县一带；

新平，由东汉耒阳县析置，当今常宁县一带；

祁阳，由东汉泉陵县析置，当今祁阳、祁东二县一带；

永昌，由东汉泉陵县析置，当今祁阳、祁东二县一带；

由上述情况可知，东吴时期在湖南境内新置的郡、县级政区有大幅度增加：郡级政区由东汉时期的 4 ~ 5 个增加到 8 ~ 10 个，翻了一番；县级政区由东汉时期的约 45 个增加到 61 个，数目增加了三分之一以上。这在湖南政区建置史上是前所未有的。东吴在湖南的统治虽只有 40 余年，但无疑这是湖南政区发展史上政区数量扩张十分快速的一个时期，并为整个两晋南朝 300 余年的政区建置确定了基本格局。这种情况的出现，一方面反映了偏安江南的东吴政权当时对湖南地区军事、经济地位的重视，另一方面，也反映了三国鼎立的动荡时期东吴政权强化对地方控制和统治的需要。

从在湖南境内的郡级政区的变动情况来看，在湘江流域中游增置衡阳、湘东两郡，在资水流域新置昭陵郡，在澧水流域新置天门郡。从在湖南境内的县级政区的变动情况来看，新置、复置的约 14 县中，属于湘江流域的 8 县，上游有梨阳、新宁、新平、祁阳、永昌 5 县，中下游有建宁、衡阳、湘西、新阳 4 县；属于资水流域的 2 县，即上游的昭陵、中游的高平；属于沅水流域的 2 县，即上游的舞阳和下游的龙阳；属于澧水流域的有 2 县，上游的溇中和下游的南安。由此可知，东吴时代在湖南地区置县的主要区域位于湘江中上游、资水中上游、沅水上游、澧水上游和洞庭平原的西部与北部。与前代相比，湘江流域新置县的区域明显从流域的上游源头地区向中下游丘陵山区拓展——中下游丘陵山区在汉代本是不太被重视的。

地图5－1 三国湖南政区示意图

据《中国历史地图集》改绘

第二节 两晋时代的州、郡、县

265年，司马炎篡夺曹魏政权，建立西晋，定都洛阳。280年，晋武帝平定东吴，统一天下。

西晋统一中国以后，一方面，行政区划仍沿袭三国时期的州、郡（国）、县三级制，另一方面，晋武帝吸取曹魏因集权而被异姓篡位的教训，恢复西汉时代曾经实行的分封制。国初先封了27个同姓王国，后又陆续增封，使王国总数达到57个之多。这种大规模分封，埋下了晋惠帝时发生“八王之乱”的种子。

西晋初年，先从雍州分出秦州，又由益州分出宁州，再由幽州分出平州，复将南、北荆州合一，南、北扬州合一。于是，全国共有州19个，下统郡、国173个，县1232个。西晋后期，由于永平元年（291年）从荆、扬两州中分置江州，永嘉元年（307年）从荆、广两州中分置湘州，使得州的数量进一步增加。

西晋后期，由于八王之乱的发生和北方势力的侵扰，西晋统治重心逐渐南移，荆、湘地区的政治经济地位越来越重要。于是，荆、湘地区郡的建置随之增加。就湖南地区而言，299年，晋惠帝分长沙郡巴陵、下隽、蒲圻等县设立建昌郡；307年，将长沙、衡阳、湘东、邵陵、零陵、营阳、建昌、桂阳等8郡合为湘州，治临湘（今长沙市）。

根据《晋书·地理志》及有关其他记载，晋初在湖南境内置有武陵、天门、长沙、衡阳、湘东、零陵、邵陵、桂阳8郡，另有南平、临贺2郡部分地区错入湖南境内。具体情况如下。

（1）荆州。

武陵郡：领临沅、龙阳、汉寿、沅陵、黚阳、酉阳、镡成、沅南、迁陵、舞阳10县。

天门郡：领零阳、溇中、临澧、澧阳、溇阳5县。

南平郡：由东吴南郡分置，领江安、孱陵、南安、作唐4县，其中南安、作唐2县在今湖南境内。

（2）湘州。

长沙郡：领临湘、攸、下隽、醴陵、浏阳、建宁、吴昌、罗、蒲圻、巴陵10县，其中蒲圻不在湖南境内。

衡阳郡：领湘乡、重安、湘南、湘西、烝阳、衡山、连道、新康、益阳9县。

湘东郡：领酃、茶陵、临烝、利阳、阴山、新平、新宁7县。

零陵郡：领泉陵、祁阳、零陵、营浦、洮阳、永昌、观阳、营道、舂陵、泠道、应阳11县，其中零陵、洮阳、观阳3县不在湖南境内。

邵陵郡：领邵陵、都梁、夫夷、建兴、邵阳、高平6县。

桂阳郡：领郴、耒阳、临武、晋宁、南平、便6县。

（3）广州。

临贺郡：领临贺、谢沐、冯乘、封阳、兴安、富川6县，其中谢沐、冯乘2县在今湖南境内。

上述10郡所辖在湖南境内或大部分在今湖南境内者约计65县，沿革情况大略如下。

新置7县：

黚阳，由东吴沅陵县、酉阳县析置，当今永顺县、古丈县一带；

澧阳，由东吴零阳县析置，当今石门县南境、澧县、津市一带；

溇阳，由东吴零阳县析置，当今石门县北境一带；

巴陵，由东吴罗县析置，当今岳阳市及岳阳、临湘等县（市）一带；

南安，由东吴孱陵县析置，当今华容、南县一带①；

应阳，由东吴泉陵县析置，当今东安县一带；

建兴，由东吴都梁县析置，当今武冈市、洞口县一带。

改名9县：临澧，由东吴充县改②；汉寿，由东吴吴寿县改名；衡山，由东吴衡阳县改名；新康，由东吴新阳县改名；晋宁，由东吴阳安县改名；浏阳，由东吴刘阳县改名；利阳，由东吴梨阳县改名；临烝，由东吴临蒸县改名；蒸阳，由东吴烝阳县改名。

省并2县：新城，入邵陵县；辰阳，入沅陵县。

其余47县皆沿袭东吴旧置。

西晋统治湖南地区的时间较东吴略长，但政区的变动情况不大：郡级政区无变化，县级政区增加7个。新增加的7个县级政区主要位于澧水流域中上游（澧阳、溇阳）、下游（南安）和湘江流域下游（巴陵）、上游（应阳）。这说明，西晋时期的湖南地区，澧水上游和湘江上游的开发力度在加大，尤其是澧水上游，此间是其历史上新置县较多的一个时期。其他区域，置县不多，总体

---

① 《元和郡县图志》卷二十七“岳州”条、《太平寰宇记》卷一百一十三“岳州”条皆以孙吴分孱陵立南安（或作安南），较可信。《水经注》卷三十七《澧水》，晋太康元年（280年）分孱陵立南安；《宋书·州郡志》则谓孙吴分江安立南安，皆不取。

② 《水经注》卷三十七《澧水》云，晋太康四年（283年）置临澧县；又云，“充县废省，临澧即其地，县即充县之故治”。而《晋书》卷十五《地理志》中，充县与临澧县并为天门郡辖县。由于张家界古人堤出土的汉简文书中有“充长之印，兵曹掾猛使福以邮行”之内容（湖南文物考古研究所等：《张家界古人堤遗址与出土简牍概述》，《中国历史文物》2003年第2期，第66~71页），知汉充县治即在今张家界市城区。《晋书·地理志》充县与临澧县并列，当误。

上经济社会发展可能较为平稳。而洞庭湖口（传统意义上的湘江入江口）巴陵县设置，则反映了东吴以来该地军事地位的逐渐上升。

此间值得特别注意的是湘州的设立。湘州的设立，可以说是古代湖南政治军事发展过程中的一件大事。因为，在西汉文帝末年（前157年）吴氏长沙国被正式分割之后，400多年来湘江流域一直处于2个以上的同级行政单位管辖，而湘州的成立，使湘江流域基本上又重归于一体。此后，尽管随着全国政治军事形势的不断变化，湘州的置废有过反复，但总体说来建置的时间较长，废弃的时间较短。（参见地图5－2）

316年西晋灭亡后，司马睿依靠原西晋南逃的贵族建立新政权东晋，定都建业（后改名建康）。偏安江左的东晋王朝版图狭小，初期仅据有扬、荆、江、广、宁、交6州，加上徐、豫2州部分地区，共8州，但后期则领有扬、北徐、豫、江、北青、司、荆、北雍、东益、宁、交、广、北并、北冀、梁、徐、北兖等17州。显然，东晋的郡县行政建置总体呈现出由大变小、由少变多的趋势。

东晋时期地方行政系统的另一大变革，是侨置州、郡、县的出现。所谓侨置，是指政府为安顿南逃流民在新迁地仍沿用迁出地的州、郡、县名称。东晋后期，置有幽、冀、东秦、青、并、兖、秦、雍等8侨州。这样，东晋时期的政区存在实州郡县和侨州郡县之别。侨州郡县一般在迁出州郡名前加“南”、“北”等字以相区别。由于侨州郡县没有实土，往往迁徙不定、省置无常。侨州郡县的出现，相当程度上造成了南方地区地方行政区的混乱。此外，东晋时期还出现了双头州郡、左郡左县、僚郡、俚郡等名目。所谓双头州郡，主要指的是两州、两郡同治一处，一人兼任两州刺史、两郡太守的情形。左郡左县和僚郡、俚郡则设置于边地少数民族聚居区。

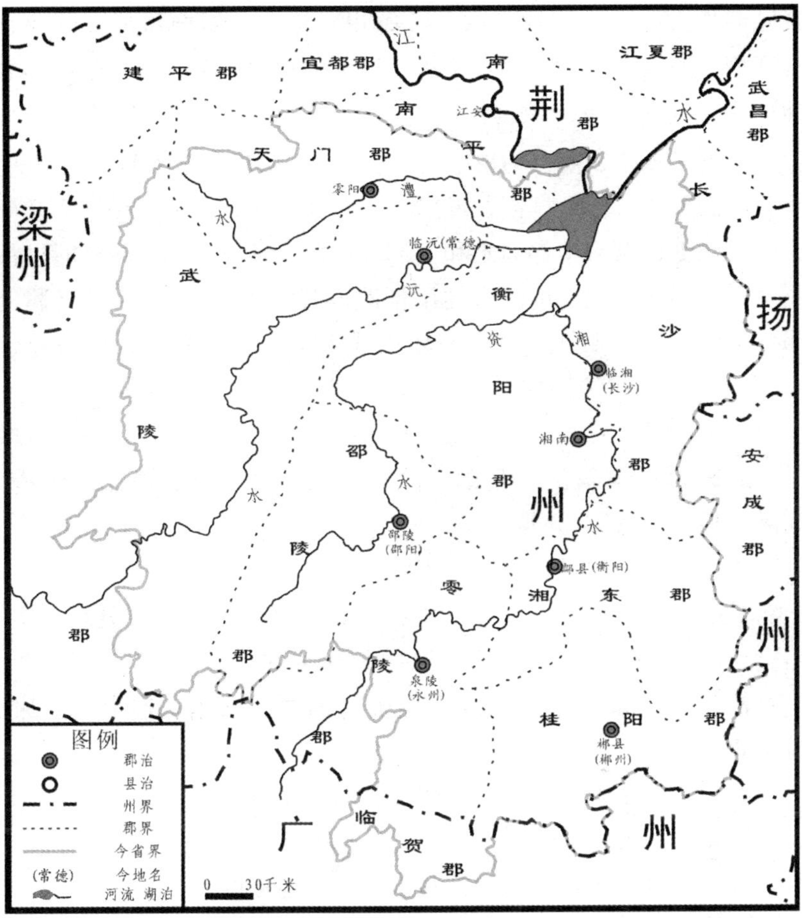

地图 5－2　西晋湖南政区示意图

据《中国历史地图集》改绘

东晋时期还出现了建于州以上的一级准行政区——都督区。此前，都督只管军事，不理民政。自东晋以至南朝，由于都督常兼任州的刺史，可以总揽军民政事，于是都督辖区俨然成为一级地方行政区。东晋都督区大致分为州之上的都督区与郡之上的都督区两类。前者为朝廷常设，区域相对稳定。如荆州都督区通常统辖荆、益、宁、雍、梁等5州。后者为临时设置，多置于冲要之地，区域颇有伸缩。

东晋义熙十四年（418年），湖南地区设有实土郡11个，其中天门、武陵、长沙、衡阳、湘东、零陵、邵陵、桂阳、南平等9郡为西晋旧郡；营阳1郡为永和（345—356年）年间析零陵郡复置；临贺郡仍错入湖南境内。除桂阳郡改属江州外，其余10郡皆属荆州。诸郡所辖实土县在今湖南境内或大部分在今湖南境内者总计62县。大致辖属情况如下。

（1）荆州。

武陵郡：领临沅、龙阳、汉寿、沅陵、黚阳、酉阳、沅南、迁陵、舞阳、辰阳10县。

天门郡：领澧阳、临澧、零阳、溇中、溇阳5县。

长沙郡：领临湘、攸、下隽、醴陵、浏阳、建宁、吴昌、罗、蒲圻、巴陵10县，其中蒲圻不在今湖南境内。

衡阳郡：领湘南、湘乡、重安、湘西、衡山、连道、新康、益阳8县。

湘东郡：领临蒸、茶陵、阴山、新宁4县。

零陵郡：领泉陵、祁阳、零陵、洮阳、永昌、观阳、应阳7县，其中零陵、洮阳、观阳3县不在今湖南境内。

邵陵郡：领邵陵、夫夷（扶）、建兴、邵阳、高平、都梁、武刚7县。

营阳郡：领营浦、营道、春陵、泠道4县。

南平郡：领江安、孱陵、南安、作唐4县，其中南安、作唐2县错入湖南境内。

（2）江州。

桂阳郡：领郴、汝城、平阳、耒阳、临武、晋宁、南平、阳山8县，其中阳山不在今湖南境内。

（3）广州。

临贺郡：领临贺、谢沐、冯乘、封阳、兴安、富川6县，其中谢沐、冯乘2县错入今湖南境内。

上述诸县的沿革情况如下：

新置3县：汝城，由西晋晋宁县析置，当今汝城、桂东2县一带；平阳，由西晋郴县析置，当今桂阳、嘉禾2县一带；武刚，由西晋都梁县析置①，当今武冈、城步、邵阳等市（县）一带。

复置1县：辰阳，为东吴旧置。

省并6县：镡成，并入舞阳；充县，并入临澧；烝阳（由蒸阳改），并入重安；酃县，并入临烝（由临蒸改）；便县，并入郴县；新平，并入新宁；利阳，并入耒阳。

其余诸县仍袭西晋旧置。

侨置郡县，在湖南境内者仅有南义阳1郡，领厥西、平氏2侨县，均当今安乡县一带。

由上可见，与西晋相比，东晋在湖南的郡级政区（实土）总数没有变化，县级政区（实土）总数还略有减少。新置的3个实土县汝城、平阳位于湘江支流的耒水上游和资水上游，而省并的6县，除镡成1县位于沅水上游支流沅水流域（但实际上可控制渠江、巫水流域），其余5县基本上位于湘江中游流域。这说明当时沅水上游流域朝廷的统治区域在萎缩，甚至相当大的区域可能已经不在东晋朝廷的控制之下；而湘江中游流域某些地区的县级政

① 据《元和郡县图志》卷二十九《江南道五·邵州》“武冈县”条，武刚县开置有二说：一谓吴宝鼎元年（266年）改都梁县为武冈县，一谓晋武帝分都梁县置。《宋书·州郡志》亦云“武刚令，晋武分都梁立”。可是，《晋书·地理志》邵陵郡仅领都梁县，无武刚县。因此，疑“晋武帝”为“晋孝武帝”之误。东晋孝武帝司马曜，373—396年在位。

区设置过密，超出了区域军事利用、经济发展的需要，进行合并调整是必然的。

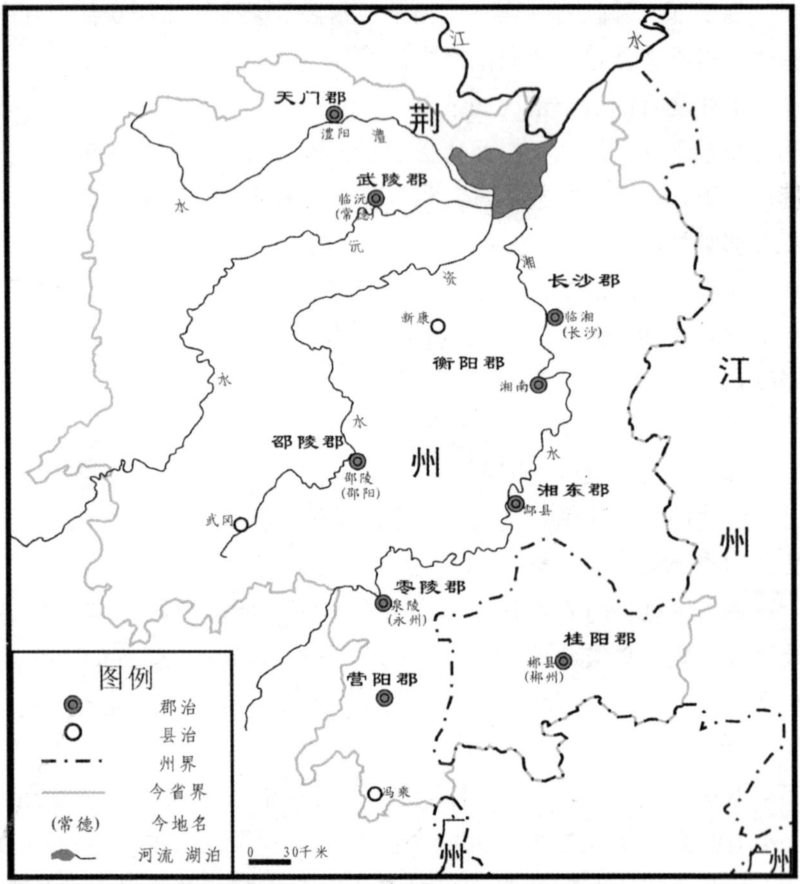

地图5－3　东晋湖南政区示意图

据《中国历史地图集》改绘

此间政区变化出现的新情况——侨州郡县，在湖南地区也有所反映，这就是南义阳郡及其所领厥西、平氏2县的设置。这似乎表明，一方面，东晋时期从北方区域集团性南迁湖南且固定一地居住的人口数量不多，他们主要来源于今河南、湖北二省交界的桐柏山区（原义阳郡及厥西、平氏2县区域）；另一方面，洞庭平原西北部的今安乡县一带应该存在大片的空旷地区，虽然该区域一直以来受洪水的影响比较严重、频繁，但到此时，显然已经能够进行经常性的农业生产了。当然，湖南地区侨州郡县不多，只能说明固定居住的侨人可能不多，并不能说明从北方南迁湖南地区的人口总数就很少。事实上，当时的侨人更多的可能成为“不乐州县编户”①，“朝为零（陵郡）、桂（阳郡）之士，夕为庐（陵郡）、九（真郡）之民，去来纷扰，无暂止息”② 的流民。（参见地图5－3）

第三节　南朝时代的州、郡、县

南朝包括东晋之后的宋、齐、梁、陈四朝。总体上，其时的地方政区仍是沿袭前代，实行州、郡、县三级制。

一、宋在湖南的政区建置

420年，东晋大将刘裕废除东晋恭帝，建立宋朝。新立的刘宋，在政区制度上基本沿袭东晋旧制，仍实行州、郡（国）、县三级，同时，侨置制度与之并行。据统计，大明八年（464年），全国分为22州，下辖238郡、1179县。③

刘宋时期，湖南地区分属于湘州、郢州和荆州三州，州下共

① 《隋书》卷二十四《食货志》。
② 《宋书》卷十一《志序》。
③ 《通典》卷一百七十一《州郡一》。

辖13郡（国）。其中临庆郡、南平国（郡）仅部分错入，郡（国）下共辖60县2侨县。宋初，曾分荆州立湘州，后废立无常。13郡（国）中，武陵、长沙、衡阳、桂阳、零陵、湘东、邵陵、南平、南义阳等12郡（国），或为东晋旧置，或为改置，唯巴陵郡乃439年分长沙郡新置。

据《宋书·州郡志》和当代学者的有关研究成果①，大明八年与今湖南相关诸州、郡（国）、县的建置情况大体如下。

（1）湘州。为宋永初三年（422年）复置，治临湘，领郡（国）10，辖地在湖南境内或主要在湖南境内者42县。

长沙国：领临湘、醴陵、浏阳、吴昌、罗、湘阴、攸、建宁8县。

衡阳国：领湘西、湘南、益阳、湘乡、新康、重安、衡山7县。

桂阳郡：领郴、耒阳、南平、临武、汝城、晋宁6县。

零陵国：领泉陵、洮阳、零陵、祁阳、应阳、观阳、永昌7县，其中洮阳、零陵、观阳3县不在湖南境内。

湘东郡：领临烝、新宁、茶陵、阴山4县。

邵陵郡：领邵陵、武刚、建兴、高平、都梁、邵阳、扶7县。

营阳郡：领营浦、营道、舂陵、泠道4县。

临庆国：领临贺、冯乘、富川、封阳、兴安、谢沐、宁新、开建、抚宁9县，其中仅冯乘、谢沐2县在今湖南境内。

（2）郢州。刘宋孝建元年（454年）分荆、湘、豫3州地新置，治夏口，领郡6，辖地在今湖南境内或主要在今湖南境内者共三郡16县。

武陵郡：领临沅、龙阳、汉寿、沅南、迁陵、辰阳、舞阳、酉阳、黚阳、沅陵10县。

---

① 胡阿祥：《六朝疆域与政区研究（增订本）》，北京：学苑出版社2005年版，第449～450页。

巴陵郡：领巴陵、下隽、监利、州陵、绥安5县，其中监利、州陵、绥安不在今湖南境内。

天门郡：领澧阳、临澧、零阳、溇中4县。

（3）荆州。治江陵，领郡（国）12，属地在今湖南境内或及于湖南境内者1国1郡4县。

南平国：领江安、孱陵、作唐、安南4县，其中作唐、安南2县在今湖南境内。

南义阳郡：领厥西、平氏2县，为侨郡侨县。

上述诸县的沿革情况如下：

新置1县：湘阴，由益阳、罗、湘西3县析置。

改置1县：安南，由东晋南安县改名。

省并2县：连道，并入湘乡县；澧阳，并入澧阳县。

其余诸县一仍东晋之旧。

可见，刘宋时期在湖南除增加了州一级建制，其他政区的变化极小。值得重视的变化，一是湘阴县的设置。《宋书·州郡志》系湘阴县于湘东郡下，谓“元徽二年（474年）分益阳、罗、湘西及巴、硖流民立”。由于从地理形势上看该县与湘东郡地域分隔，谭其骧、胡阿祥皆以此湘阴为侨县①，惜无明确依据。因《南齐书·州郡志》系该县于长沙郡，且该县析自益阳、罗、湘西3县，知《宋书·州郡志》系该县于湘东郡下必为错简。湘阴县既然为益阳、罗、湘西3县析置，其地自然在湘、资二水交汇一带，也就是相当于今湘阴、望城2县一带的洞庭平原区域。之所以在该区域新置该县，除了安置流民的需要，应该也与该区域此间洪水频率降低，出现的大片平陆可以开展大规模的农业活动有关。二

① 胡阿祥编著：《宋书州郡志汇释》，合肥：安徽教育出版社2006年版，第196页。

是连道县的省并。连道县始置于汉代，县域辖今湘中新化、涟源一带。该县的裁并，可能与其时湘西苗瑶少数民族的东进有关。（参见地图5－4）

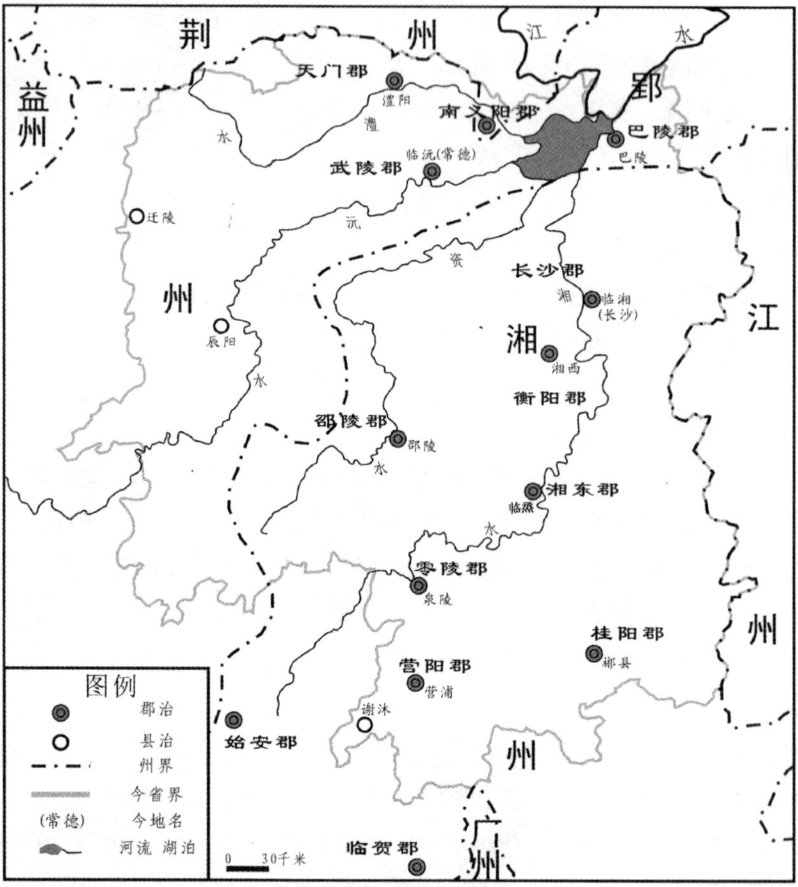

地图5－4 南朝（宋）湖南政区示意图

据《中国历史地图集》改绘

二、齐在湖南的政区建置

479年，刘宋禁军首领萧道成政变成功，建号齐，定都建康。齐统治区西及四川盆地，东到东海，北抵淮滨，南达南海。齐州郡建置，初有扬、南徐、豫、南豫、南兖、北兖、北徐、青、冀、江、广、交、越、荆、巴、郢、司、雍、湘、梁、秦、益、宁23州，辖395郡、1474县。①

萧齐承刘宋，湖南地区仍分属湘州、郢州和荆州3州，辖有武陵、长沙、衡阳、桂阳、零陵、平阳、营阳、临贺、湘东、邵陵、天门、巴陵、南平等13郡，郡名均同宋。各郡分隶于郢、湘、荆3州。郡下共辖有59县2侨县。

据《南齐书·州郡志》，萧齐建武四年（497年）与今湖南相关诸州、郡（国）、县的建置情况大体如下。

（1）湘州。治临湘，领郡10，辖地在今湖南境内或主要在今湖南境内者41县。

长沙郡：领临湘、罗、湘阴、醴陵、浏阳、建宁、吴昌7县。

桂阳郡：领郴、临武、南平、耒阳、晋宁、汝城6县。

零陵郡：领泉陵、洮阳、零陵、祁阳、观阳、永昌、应阳7县，其中洮阳、零陵、观阳3县不在今湖南境内。

衡阳郡：领湘西、益阳、湘乡、新康、衡山5县。

营阳郡：领营道、泠道、营浦、舂陵4县。

湘东郡：领茶陵、新宁、攸、临蒸、重安、阴山6县。

邵陵郡：领都梁、邵陵、高平、武刚、建兴、邵阳、扶7县。

临贺郡：领临贺、冯乘、富川、封阳、谢沐、兴安、宁新、

---

① 《通典》卷一百七十一《州郡一》。

开建、抚宁9县，其中冯乘、谢沐2县在今湖南境内。

（2）郢州。治江夏，领郡6，辖地在湖南境内或主要在湖南境内者12县。

武陵郡：领沅陵、临沅、零陵、辰阳、酉阳、沅南、汉寿、龙阳、潕阳、黚阳10县。

巴陵郡：领巴陵、下隽、监利、州陵4县，其中监利、州陵2县不在今湖南境内。

（3）荆州。治江陵，领郡12，辖地在湖南境内或主要在湖南境内者8县。

天门郡：澧阳、临澧、零阳、溇中4县。

南义阳郡：厥西、平氏2县，为侨郡县。

南平郡：孱陵、作唐、江安、安南4县，其中作唐、安南2县在今湖南境内。

上述诸县的沿革情况如下。

改置3县：零陵，由刘宋迁陵县改；潕阳，由刘宋舞阳县改；临蒸，由刘宗临烝县改。

省并1县：湘南，并入湘西。

其余诸县仍从刘宋之旧。

显然，萧齐统治湖南的20余年中，其政区建置基本上是无为而治。

三、梁在湖南的政区建置

梁的行政区划沿袭前代的州、郡、县三级制，以州辖郡，以郡辖县。天监十年（511年），萧梁有州23个、郡350个、县1025个。[①]

---

① 《通典》卷一百七十一《州郡一》。

后来，随着版图的扩大，萧梁境内州郡设置越来越多，逐渐形成了州郡同级体制。其时州郡名目繁多，或大或小，甚至有一人领二三郡太守者。到梁武帝后期的中大同元年（546 年），据学者考证①，共有州 109 个、郡 405 个。

梁时仍于湖南境内置郢、湘、荆 3 州，由于《梁书》缺乏《州郡志》，故其下辖郡（州）县一直不太明确。现参考《湖南省志·地理志》② 编者的相关论证和当代学者的有关研究成果③，略考湖南梁时（中大同元年，546 年）政区建置如下。

（1）湘州。治临湘，辖地在今湖南境内或及于湖南境内者 10 郡 1 州：长沙郡、岳阳郡（治岳阳，今汨罗东。分长沙郡置）、零陵郡、永阳郡（治营道，今道县一带。由营阳郡改名）、邵陵郡、桂阳郡、衡阳郡、湘东郡、平阳郡（治平阳，今桂阳县一带。由桂阳郡分置）、临贺郡、罗州（治罗县，今汨罗市。分长沙郡置）。

（2）郢州。治夏口，辖地在今湖南境内或及于湖南境内者 6 郡 1 州：巴陵郡、上隽郡（治下隽，今湖北通城西。分巴陵郡置）、武陵郡、药山郡（治药山，今鼎城区、汉寿县北境一带。分武陵郡、长沙郡置）、南阳郡（治建昌，今辰溪县西南。分武陵郡置）、夜郎郡（治夜郎，今新晃县、芷江县一带。分武陵郡置）、卢州（今泸溪县、吉首市一带。分武陵郡置）。

（3）荆州。治江陵，辖地在今湖南境内或及于湖南境内者 4 郡：天门郡、南平郡、南义阳郡、南安湘郡（治安南，今华容县一带。由南平郡分置）。

---

① 胡阿祥：《六朝疆域与政区研究（增订本）》，北京：学苑出版社 2005 年版，第 489 ~ 490 页。

② 《湖南省志》第二卷《地理志》（上），长沙：湖南人民出版社 1982 年，第 440 ~ 535 页。

③ 胡阿祥：《六朝疆域与政区研究（增订本）》，北京：学苑出版社 2005 年版，第 489 ~ 490 页。

三州下辖22郡（州），统67县2侨县。诸县沿革如下。

增置8县：岳阳，由罗县析置，当今汨罗、平江2县一带；

玉山，由罗县析置，当今湘阴、汨罗2县一带；

湘滨，由湘阴县、罗县析置，当今湘阴县一带；

重华，由益阳县析置，当今沅江市一带；

夜郎，由潕阳县析置，当今新晃、芷江2县一带；

大乡，由黚阳县析置，当今永顺、古丈2县一带；

盐泉，由黚阳县析置，当今永顺、龙山2县一带；

湘潭，由阴山县析置，当今衡东、衡山、株洲等县一带。

改置6县：建昌，由辰阳县改名；药山，汉寿县改置；龙檦，由潕阳县改名；武强，由武刚县改名；扶阳，由扶县改名；迁陵，由零陵县回改。

并省1县：黚阳县。

其余诸县一仍萧齐之旧。

可见，萧梁在半个多世纪的统治中，在湖南的政区建置动作颇大。一是郡级政区的数量大幅度增加，达到20个左右。这较此前萧齐的郡级政区增加了8～10个。二是县级政区也增加了一批。增加的8个县级政区较集中于湘、资、沅三水下游洞庭平原区（玉山、湘滨、重华）和沅水中上游流域（夜郎、盐泉），这说明这两个区域在此间的开发力度加大。

四、陈在湖南的政区建置

557年，陈霸先取代萧梁，建号陈。陈朝疆域较之前代，史称“土宇弥蹙，西亡蜀、汉，北丧淮、肥，威力所加，不出荆、扬之域”①。然地虽狭而州益多。到陈朝末的祯明二年（588年），据学

① 《隋书》卷二十九《地理志上》。

者统计，陈共辖（设置）有43州、145郡、579县。①

陈朝在今湖南境内所置郡县（含错入者）共20郡70县，分隶于郢、湘、武（沅）、荆、东衡、西衡6州。陈所置20郡中，长沙、衡阳、湘东、零陵、永阳、邵陵、桂阳、平阳、巴陵、岳阳、药山、武陵、南阳、夜郎、南平、南义阳、临贺、上隽等18郡，为梁旧置；此外，又废汝城县置庐阳郡，治庐阳（今汝城县南一带）；析武陵郡置沅陵郡，废卢州并入，治沅陵。

其时，北周在今湖南西北境置有2郡州。一为石门郡，本为西魏时废天门郡改置，治澧阳（今石门市一带）；一为北衡州，为废临澧、溇中二县所置，治崇义（今张家界市区一带）。

参考当代学者的有关研究结果②，笔者以为，陈祯明二年（588年）今湖南境内政区建置情况大略可考如下。

（1）郢州。治夏口。辖地及于湖南境内者2郡2县。

上隽郡：下隽、沙阳、蒲圻、乐化4县，其中下隽县部分错入今湖南境内。

巴陵郡：巴陵。

（2）湘州。治临湘。领郡10，辖地在今湖南境内或及于湖南境内者8郡40县。

长沙郡：领临湘、醴陵、浏阳、建宁4县。

衡阳郡：领湘西、益阳、湘乡、新康、重安、衡山6县。

邵陵郡：领邵陵、都梁、扶夷、高平、邵阳、武强6县。

湘东郡：领临蒸、茶陵、耒阳、攸水、新城、阴山、新宁、湘潭8县。

① 胡阿祥：《六朝政区》，南京：南京出版社2008年版，第91页。

② 胡阿祥：《六朝疆域与政区研究（增订本）》，北京：学苑出版社2005年版，第494～502页。

岳阳郡：领岳阳、湘阴、玉山、湘滨、吴昌、罗6县。

零陵郡：领泉陵、洮阳、零陵、祁阳、观阳、永昌、应阳7县，其中洮阳、零陵、观阳三县不在湖南境内。

永阳郡：领营浦、泠道、营道、舂陵4县。

临贺郡：领临贺、冯乘、谢沐、富川、封阳、兴安6县，其中仅冯乘、谢沐2县在湖南境内。

（3）武州。天嘉间分荆、郢二州置武州，太建间改名沅州。治临沅。领5郡12县。

武陵郡：领临沅、沅南、龙阳3县。

南阳郡：领辰阳、龙檦2县。

沅陵郡：领沅陵、盐泉、大乡、零陵4县。

药山郡：领药山、重华2县。

夜郎郡：领夜郎1县。

（4）荆州。治江陵。辖地在今湖南境内或及于湖南境内者3郡8县。

南平郡：领作唐、孱陵、公安、安南、永安5县，作唐、安南2县在今湖南境内。

天门郡：领澧阳、临澧、零阳、溇中4县。

南义阳郡：领平氏、厥西2县。

（5）东衡州。治庐阳。领1郡1县。

庐阳郡：领庐阳1县。分桂阳郡置。

（6）西衡州。治郴。领1郡5县。

桂阳郡：领郴、临武、南平、便、晋宁5县。

北周、陈在湖南境内诸县沿革情况如下：

新置1县：新城，由临蒸析置，当今衡南县一带。

改置5县：改建昌为辰阳，改攸县为攸水，改扶阳为扶夷，改汝城为卢阳，复改迁陵为零陵。

省并6县：并建兴入都梁；并邵陵、高平2县入邵阳；并溇中、临澧为崇义；并酉阳入零陵。

复置1县：便县。

其余诸县一仍萧梁旧置。

陈朝统治时间仅20余年，其湖南境内的政区变动并不大。值得注意的是，此间资水上游流域省并了3县，这似乎可以说明此间湘西南地区的统治力量有所收缩。此外，在湘江中游及其支流耒水流域新置、恢复各一县，或可反映该区域其时人口的增长和经济的发展。

第六章 隋唐五代的湖南政区

隋唐五代时期（581—960 年），是中国历史上一个国家较长时间保持统一局面的阶段。此间，南方地区较为安定的政治局面，促进了区域经济、文化的较快发展。

第一节 隋代的州（郡）、县

南北朝后期，州、郡、县三级行政区划制度已经十分混乱，居中的郡一级政区已形同虚设。581 年，杨坚（隋文帝）废周而立隋后不久，即“罢天下诸郡”五百有余①，开始实行以州直领县的两级行政区划制度。开皇九年（589 年），隋灭陈，结束了南北分裂局面。于是，隋文帝又将州县二级制推广到南方各地。至此，东汉末年以来一直为魏晋南北朝统治者沿用的州、郡、县三级制，就演变为简单的州、县二级制。地方行政机构的简化，虽然一定程度上可以减少行政开支，提高行政效率，加强中央政府对地方的控制力度，但同时也会增加中央政府对地方的管理难度。这样，隋朝的地方行政制度的变革，为唐以降新的地方政区三级制乃至

① 《隋书》卷一《高帝纪上》。

四级制的出现创造了条件。

从583年起，隋朝实行州县制24年。到隋炀帝大业三年（607年），始改州为郡，以郡统县，名义上恢复了秦朝的地方行政制度——郡县制。

据《隋书·地理志》载，北周末年，计有州211个、郡508个、县1124个；隋文帝平陈后，又得南朝42州、109郡、438县。因此，隋初共有州253个、郡617个、县1562个。《隋书·地理志》所载为大业五年（609年）的行政区划，其时有郡190个，县1255个。显然，二十余年中，州郡县并省规模甚为巨大。

隋郡在今湖南境内或及于今湖南境者有长沙、衡山（衡阳改）、桂阳、巴陵、零陵、武陵、澧阳（石门改）、沅陵8郡，原陈朝所置天门、永阳、邵陵、平阳、岳阳、药山、南阳、夜郎、南平、南义阳、庐阳等郡俱被废并。据《隋书·地理志》等所载，诸郡情况略如下。

沅陵郡：开皇九年（589年）置辰州，后改称沅陵郡，治沅陵。领沅陵、大乡、盐泉、龙檦、辰溪5县。

武陵郡：隋平陈，改名朗州，后又改称武陵郡，治武陵。领武陵、龙阳2县。

澧阳郡：隋平陈，置松州，后改澧州，复改称澧阳郡，治所澧阳。领澧阳、石门、孱陵、安乡、崇义、慈利6县。

巴陵郡：隋平陈，改岳州，大业初年改称罗州，复改称巴陵郡，治巴陵。领巴陵、华容、沅江、湘阴、罗5县。

长沙郡：隋平陈，改长沙郡为潭州；大业初潭州总管府废，再改称长沙郡，治长沙（旧名临湘，今长沙市）。领长沙、衡山、益阳、邵阳4县。

衡山郡：隋平陈，置衡州，后改衡山郡，治衡阳（今衡阳市城区）。领衡阳、湘潭、耒阴、新宁4县。

零陵郡：隋平陈之初，置永州总管府，后府废，改称零陵郡，治零陵（旧名泉陵，今永州市零陵区）。领零陵、湘源、永阳、营道、冯乘5县，其中，湘源不在湖南境内。

桂阳郡：隋平陈，置郴州，后改桂阳郡，治郴。领郴、临武、卢阳、晋兴4县。

诸郡所领34县的沿革情况如下。

袭置8县：新宁、卢阳、巴陵、冯乘、澧阳、沅陵、龙檦、盐泉。

改置9县：长沙（临湘改）、耒阴（耒阳改）、晋兴（晋宁改）、湘阴（岳阳改）、华容（安南改）、沅江（重华改安乐，再改）、慈利（零阳改）、武陵（临沅改）、辰溪（辰阳改）。

省并37县：浏阳、醴陵2县并入长沙，湘乡、湘西2县并入衡山，新康并入益阳，邵陵、都梁、扶夷、高平、武强5县并入邵阳，临蒸、新城、重安3县并为衡阳，便县并入郴县，南平并入临武，茶陵、攸水、阴山、建宁4县并入湘潭，吴昌、湘滨2县并入罗县，玉山并入湘阴，应阳、永昌、祁阳3县并入零陵，营浦、谢沐2县并入永阳，泠道、舂陵2县并入营道，沅南并入临沅，汉寿（部分）并入龙阳，酉阳、迁陵2县并入大乡，作唐、厥西、平氏并为安乡，孱陵并入公安（属南郡）。

新置1县：石门，由澧阳县析置。

可见，与此前诸代政区沿袭为主、革新为辅的传统完全不同，隋廷对政区的整肃可谓大刀阔斧：沿袭者少，省并者多。省并的37县中，湘江流域占了绝大部分，达24个；澧水流域下游平原并了4个，沅水支流酉水流域并了2个。显然，隋朝统治者全国性整肃行政区划的政策在湖南地区得到了切实施行。这样的政区整肃，虽然不一定十分合理，甚至有些矫枉过正，例如，有些县合并后的规模十分庞大，管理起来可能相当麻烦，但是，无疑使前代在湖南地区滥置政区的混乱局面得到了一定程度的改善。（参见地图6－1）

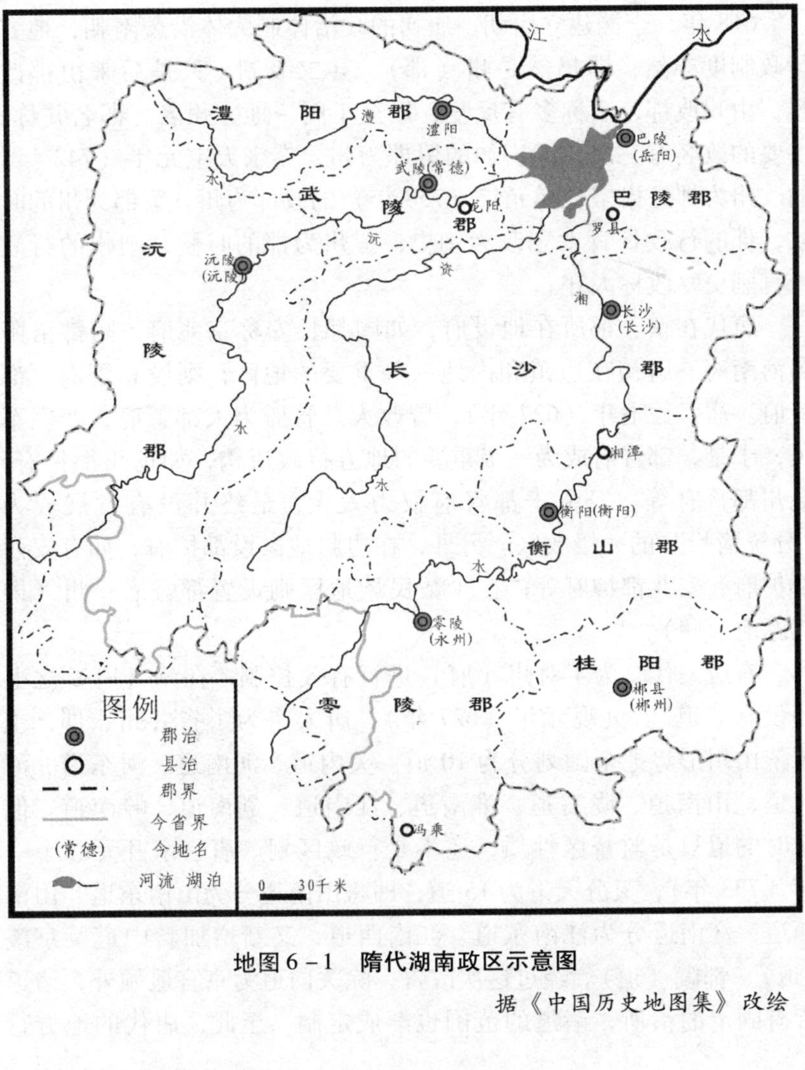

地图6－1　隋代湖南政区示意图

据《中国历史地图集》改绘

第二节　唐代的道与州（郡）、县

618 年，李渊建立唐朝。唐初的政治体制大体沿袭隋朝，地方行政制度亦然，即仍然是州（郡）、县二级制。只是后来由郡改州，由州改郡，名称多有反复，以至于同一地方州名、郡名并称。主要的改名有三次，即唐初的罢郡为州，玄宗天宝元年（742 年）的改州为郡，肃宗乾元元年（758 年）的改郡为州。罢郡为州的时候，郡的行政长官太守改为刺史；罢州为郡的时候，则州的行政长官刺史复改称太守。

唐代在京、都所在地设府，如国都长安称京兆府，陪都洛阳名河南府。唐初在边镇和内地一些重要的地区，则设总管府、都督府。唐武德七年（627 年），曾改大总管府为大都督府，兼理军民，于是，都督府成为一级重要的地方行政机构，如扬州都督府、益州都督府等。但由于都督府权力太大，最终并没有发展成为“分统诸州”的一级政区。另外，在边疆地区设都护府，如有安西都护府、安北都护府等；在少数民族地区则设置都督府、州（即羁縻府、州）。

有唐一代，为了对州（府）进行有效控制，在州（府）之上还设有“道”。贞观元年（627 年），唐太宗为了省并州、郡，主要依山川形势把全国划分为 10 道：关内道、河南道、河东道、河北道、山南道、陇右道、淮南道、江南道、剑南道、岭南道。但此时的道只是监督区性质，还不是行政区划。唐玄宗开元二十一年（733 年），又分天下为 15 道，即将山南道分为山南东道、山南西道，江南道分为江南东道、江南西道，又新增加黔中道及京畿（道）、都畿（道）。经过这次改置，除关内道为京官遥领外，诸道皆有固定的治所，诸道的范围也渐成定制。至此，唐代的地方行政体系演变为道—府（州）—县三级制。贞观十三年（639 年），10 道统领府、州 358，县 1551；[①] 开元二十八年（740 年），15 道统领府、州（郡）328，县 1573，羁縻府州尚不在其列[②]。

唐中期，为加强边防，于边境地区设置节度使、经略使。至唐玄宗开元间，全国已有 9 个节度使 1 个经略使。安史之乱以后，节度使建置被滥用于内地，凡冲要大郡，皆置节度使，使节度使辖区成为事实上的最高一级地方行政单位，而节度使（或观察使）也就上升为一道的最高行政长官。据《旧唐书·地理志》载，唐肃宗（756—761 年）时节度使已有 44 个；又据李吉甫《元和郡县图志》所载，宪宗元和年间（806—820 年）唐全国有节度使 47 个。这样，唐代的地方行政体系又演变为名义上的道—节度使—府（州）—县四级制。不过，由于唐初的“道”自安史之乱后逐渐虚化，故实际上还是三级制。

另外值得注意的是，从唐代开始，州（郡）、县政区有等第之分，即根据政治、经济、社会等方面的因素综合确定诸州县的地位高下，如赤、畿、望、紧、上、中、下等名目。地方政区地位的类似评定方式，一直延续到清代。

唐初贞观十道时，今湖南地区分属江南道。唐中期开元十五道时，今湖南地区复分属江南西道（治洪州，今江西南昌市）、黔中道（治黔州，今四川彭水县）。玄宗天宝后，今湖南地区分属江南西道、山南东道、黔中道。试主要据《旧唐书·地理志》、《新唐书·地理志》、《元和郡县图志》、《通典·州郡典》等相关记载，略述今湖南地区唐代行政建置变化情况。

开元、天宝年间，今湖南地区分别属于江南西道、黔中道辖域，下共领 14 州（郡）和 2 个羁縻州。江南西道所领者为岳州巴

① 《旧唐书》卷三十八《地理志一》。

② 《新唐书》卷三十七《地理志一》。

陵郡、潭州长沙郡、衡州衡阳郡、澧州澧阳郡、朗州武陵郡、永州零陵郡、道州江华郡、郴州桂阳郡、邵州邵阳郡等9州（郡），除道州江华郡、邵州邵阳郡外，皆为隋时旧置。黔中道在今湖南地区辖辰州（治沅陵）、锦州（治卢阳，今麻阳县锦和镇）、巫州（治龙标，今洪江市洪江管理区）、奖州（治峨山，今新晃县波州镇一带）、溪州（治大乡，今永顺县芙蓉镇）5州和充州、晃州（今新晃县）2羁縻州，皆系从隋代沅陵郡析置。诸州郡所领在今湖南境内或及于今湖南境者共58县，沿革情况大体如下。

岳州巴陵郡：隋旧置。武德四年（621年），平萧铣，称巴州，领巴陵、华容、沅江、罗、湘阴5县。六年（623年），改为岳州，省罗县。天宝元年（742年），改为巴陵郡。乾元元年（758年），复为岳州。天宝年间，领巴陵、华容［垂拱二年（686年），去“华”字，曰容城。神龙元年（705年），复为华容］、沅江、湘阴、昌江［神龙三年（707年），分湘阴县置］5县。

潭州长沙郡：隋旧置。武德四年（621年），平萧铣，称潭州，领长沙、衡山、醴陵、湘乡、益阳、新康6县。七年（624年），省新康县。天宝元年（742年），改为长沙郡。乾元元年（758年），复为潭州。天宝间，领长沙、湘潭［隋衡山县地。天宝八年（749年），析衡山县地置湘潭县①，治于洛口］、湘乡、益阳［武德四年（621年），分置新康县。七年（624年），省入］、醴陵［旧县，隋废。武德四年（621年），分长沙复置］、浏阳［旧县，

---

① 据《旧唐书》卷四十《地理志三》“湘潭县”条下，天宝八年改隋衡山县名湘潭县；据《元和郡县图志》卷二十九《江南道五》“衡山县”条下，天宝八年改隋湘潭县为衡山县。两种记载矛盾。考隋衡州衡山郡所辖湘潭县，前身系梁武帝天监年间分阴山县立，当今湘江东面的衡东等县一带；而隋潭州长沙郡所辖衡山县，系并湘乡、湘西县而成，当今湘江西面的衡山、湘潭、湘乡等县（市）一带。由于唐时衡山、湘潭二县并存，且分属衡州衡阳郡、潭州长沙郡，故知其实际情况应是析衡山县北部新置湘潭县，仍属长沙郡，而衡山县改属衡州衡阳郡。

隋废。景龙二年（708 年），复置］6 县。

衡州衡阳郡：隋衡山郡。武德四年（621 年），平萧铣，置衡州，领临蒸、湘潭、耒阳、新宁、重安、新城 6 县。七年（624 年），省重安、新城 2 县。贞观元年（627 年），以攸县来属。天宝元年（742 年），改为衡阳郡。乾元元年（758 年），复为衡州。天宝间，领衡阳［隋罢湘东郡为衡州，改临蒸为衡阳县。武德四年（621 年），复为临蒸。开元二十年（732 年），复为衡阳］、常宁［神龙二年（706 年），移治麻州。开元九年（721 年），治宜江。天宝元年（742 年），改为常宁］、攸、茶陵［旧县，隋废。圣历元年（698 年），分攸县复置］、耒阳［隋改为耒阴。武德四年（621 年），复为耒阳］、衡山（旧属潭州，后割属衡州）6 县。

澧州澧阳郡：隋旧置。武德四年（621 年），平萧铣，置澧州，领孱陵、安乡、澧阳、石门、慈利、崇义 6 县。贞观元年（627 年），省孱陵县。天宝元年（742 年），改为澧阳郡。乾元元年（758 年），复为澧州。天宝初，割属山南东道。天宝间，领澧阳、安乡［贞观元年（627 年），废孱陵并入］、石门、慈利［麟德元年（664 年），省崇义并入］4 县。

朗州武陵郡：隋旧置。武德四年（621 年），平萧铣，置朗州。天宝元年（742 年），改为武陵郡。乾元元年（758 年），复为朗州。天宝初，割属山南东道。领武陵、龙阳 2 县。

永州零陵郡：隋旧置。武德四年（621 年），平萧铣，置永州，领零陵、湘源、祁阳、灌阳 4 县。七年（624 年），省灌阳县。贞观元年（627 年），省祁阳县，四年（630 年）复置。天宝元年（742 年），改为零陵郡。乾元元年（758 年），复为永州。领零陵、祁阳［隋并入零陵。武德四年（621 年），复从零陵分置。贞观元年（627 年）省，四年（630 年）又置］、湘源、灌阳 4 县，其中湘源、灌阳不在今湖南境内。

道州江华郡：隋零陵郡之永阳县。武德四年（621 年），平萧铣，置营州，领营道、江华、永阳、唐兴 4 县。五年（622 年），改为南营州。贞观八年（634 年），改为道州，并省永阳县。十七年（644 年）废，并入永州。上元二年（675 年），复析永州置。天宝元年（742 年），改为江华郡。乾元元年（758 年），复为道州。领弘道［隋永阳县。武德四年（621 年），于县置营州，改为营道县。五年（622 年），又加“南”字。贞观八年（634 年），改为道州。天宝元年（742 年），改营道为弘道］、延唐［隋营道县。武德四年（621 年），移营道县于州城，于旧营道置唐兴县。长寿二年（693 年），改名武盛。神龙元年（705 年），复为唐兴。天宝元年（742 年），改为延唐］、江华［武德四年（621 年），析贺州冯乘县置江华县。贞观十七年（643 年），改属永州。上元二年（675 年），还道州。文明元年（684 年），改为云溪县。神龙元年（705 年），复为江华］、永明［唐初移永阳之名于州西南 110 里置。贞观八年（634 年），省入营道。天授二年（691 年），析营道复置。天宝元年（742 年），改为永明县］、大历［大历二年（767 年），湖南观察使韦贯之奏请析延唐县，于道州东南 220 里、春陵侯故城北 15 里置，因以大历为名］5 县。

郴州桂阳郡：隋旧置。武德四年（621 年），平萧铣，置郴州，领郴、卢阳、义章、临武、平阳、晋兴 6 县。七年（624 年），废义章、平阳 2 县。八年（625 年），省晋兴。天宝元年（742 年），改为桂阳郡。乾元元年（758 年），复为郴州。天宝间领郴、义章［隋大业末年，萧铣分郴置。武德七年（624 年）省，八年（624 年）复置。长寿元年（692 年），分义章南界置高平县。开元二十三年（735 年），废高平，仍移义章治高平废县］、义昌［隋卢阳县。天宝元年（742 年），改为义昌］、平阳［旧县，隋萧铣复分郴置。武德七年（624 年）省，八年（625 年）复置］、资兴［隋晋兴县。贞观八年（634 年）省，咸亨三年（672 年）复置，改名资兴］、高亭［开元十三年（725 年），宇文融析郴县北界四乡置安陵县。天宝元年（634 年），改为高亭］、临武、蓝山［旧南平县，隋废。咸亨二年（671 年），复置南平县。天宝元年（742 年），改为蓝山］8 县。

邵州邵阳郡：隋潭州长沙郡之邵阳县。武德四年（621 年），平萧铣，置南梁州，领邵陵、邵阳、建兴、武冈 4 县。七年（624 年），省建兴入武冈，省邵陵入邵阳。贞观十年（636 年），改名邵州。天宝元年（742 年），改为邵阳郡。乾元元年（758 年），复为邵州。领邵阳、武冈［旧武刚县，隋废。武德四年（621 年），分邵阳复置］2 县。

辰州卢溪郡：隋沅陵郡地。武德四年（621 年），平萧铣，置辰州，领沅陵等 5 县。五年（622 年），分辰溪置溆浦县。贞观九年（635 年），分大乡置三亭县①。天授二年（691 年），分大乡、三亭 2 县置溪州。景云二年（711 年），置都督府，督巫、奖、锦 3 州。开元二十七年（739 年），罢都督府。天宝元年（742 年），改为卢溪郡。乾元元年（758 年），复为辰州。天宝年间领沅陵、卢溪［武德三年（620 年），分沅陵县置］、溆浦、麻阳［垂拱四年（688 年），分沅陵、辰溪 2 县置龙门县，寻改为麻阳②］、辰溪

① 据《旧唐书》卷四十《地理志》，贞观九年大乡分置之前，尚有“（武德）九年，分大乡置大乡五县”之文。由于此文句不合逻辑和表达习惯，当误，不取。

② 据《旧唐书》卷四十《地理志三》，唐武德三年（620 年），分沅陵、辰溪二县置麻阳县；垂拱四年（688 年），分置龙门县，寻废。而据《元和郡县图志》卷三十《江南西道六》“麻阳县”条云：垂拱四年置龙门县，寻改为麻阳。二处记载不同。由于唐武德四年始平萧铣，置辰州，故《旧唐书·地理志》当误，不取。

5县。

锦州卢阳郡：隋沅陵郡地。垂拱三年（687年），分辰州地并开山洞置锦州[①]及卢阳、招谕、渭阳、常丰4县。天宝元年（742年），改锦州为卢阳郡。乾元元年（758年），复为锦州。天宝间领卢阳、招谕、渭阳、常丰、洛浦［天授二年（691年），分辰州之大乡置，属溪州。长安四年（704年），改属锦州］5县。其中，常丰在今贵州铜仁境内。

叙州潭阳郡：隋沅陵郡地。贞观八年（634年），分辰州龙标县置巫州，又置夜郎、朗溪、思征3县。九年（635年），废思征县。天授二年（691年），改为沅州，分夜郎置渭溪县。先天二年（713年），又置潭阳县。开元十三年（725年），改沅州为巫州。天宝元年（742年），改为潭阳郡。乾元元年（758年），复为巫州。大历五年（770年），更名叙州。领龙标［武德七年（624年）置，属辰州。贞观八年（634年），置巫州］、朗溪［贞观八年（634年）置］、潭阳［先天二年（713年），分龙标置］3县。

奖州龙溪郡：隋沅陵郡地。长安三年（703年），割沅州夜郎、渭溪二县置舞州。开元十三年（725年），改为鹤州。二十年（732年），又改为奖州。[②] 天宝元年（742年），改龙溪郡。[③] 乾元元年（758年），复为奖州。领峨山［贞观八年（634年），置夜郎

---

① 据《旧唐书》卷四十《地理志》，作“垂拱二年，分辰州麻阳县地并开山洞置锦州及四县”。而《元和郡县图志》卷三十《江南西道六》“锦州”条则作“垂拱三年，以（辰州）地界阔远，分置锦州”。因麻阳县置于垂拱四年（688年），故《旧唐书·地理志三》所载当有误。此据《元和郡县图志》改。

② 《元和郡县图志》卷三十、《新唐书·地理志五》等作“奖州”，《旧唐书·地理志三》作“业州”，不一。据《元和郡县图志》卷三十“奖州”条云：“（开元）二十年，又改（鹤州）为业州，大历五年又改为奖州。”是业州、奖州为一地异名。

③ 《太平寰宇记》卷一百二十二作“龙溪郡”，从之。《旧唐书·地理志三》、《新唐书·地理志五》皆作“龙标郡”，疑因旧龙标县而致讹，不从。

县，属巫州。长安四年（704 年），置舞州。开元二十年 732 年，改夜郎为峨山县］、渭溪［天授二年（691 年），分夜郎置，属沅州。长安四年（704 年），改属奖州］、梓姜［旧属充州。天宝三年（744 年），以充州荒废，改属奖州］3 县。

溪州灵溪郡：隋沅陵郡地。旧辰州之大乡。天授二年（691 年），分置溪州，又分置洛浦县。长安四年（704 年），以洛浦属锦州。天宝元年（742 年），改溪州为灵溪郡。乾元元年（742 年），复为溪州。领大乡［旧属辰州，天授二年（691 年）改属溪州］、三亭［贞观九年（635 年）分大乡置，属辰州。天授二年（691 年），改属溪州］2 县。

充州：羁縻州。隋沅陵郡地。

晃州：羁縻州。隋沅陵郡地。

所属 57 县中，袭置和改名者 30 县：即长沙、衡山、益阳、衡阳、常宁（新宁改）、耒阳（涞阴改）、巴陵、华容、湘阴（省罗县并入）、沅江、澧阳、安乡、石门、慈利、武陵、龙阳、郴、义昌（卢阳改）、临武、资兴（晋兴改）、邵阳、宏道（永阳改）、延唐（营道改）、零陵、沅陵、辰溪、梓姜、龙标（龙檦改）、大乡、峨山（夜郎改）皆隋故置。

新增和复置 27 县：醴陵（今市地）、湘乡（今市地）、浏阳（今市地）、湘潭（今县地）、攸（今县地）、茶陵（今县及炎陵县地）、昌江（今平江县地）、义章（今宜章县地）、平阳（今桂阳、嘉禾县地）、高亭（今永兴县地）、蓝山（今县地）、武冈（今市及洞口、新宁、城步县地）、江华（新置，今县地）、永明（新置，今江永县地）、大历（今新田县地）、祁阳（今祁阳、祁东县地）、卢溪（新置，今泸溪、花垣县及吉首市地）、溆浦（今县地）、麻阳（新置，今县及凤凰县地）、卢阳（今麻阳县地）、洛浦（新置，今保靖、花垣、凤凰县地）、渭阳（今凤凰县地）、招谕（今麻阳县西北及凤凰县地）、朗溪（新置，今洪江市及靖州、会同、通道县地）、潭阳（新置，今中方县、怀化市及芷江县地）、渭溪（新置，今新晃、芷江县地）、三亭（新置，今保靖、龙山县地）。

从上面的情况可知，新置两州郡中，一郡属于湘江上游（道州江华郡），一郡属于资水上游（邵州邵阳郡）；新增和复置的27县中，醴陵、湘乡、浏阳、衡山、攸、茶陵、昌江、义章、平阳、高亭、蓝山、江华、永明、大历、祁阳等15县属于湘江流域，且基本上属于中上游丘陵山区；武冈1县属于资水上游源地一带；卢溪、溆浦、麻阳、卢阳、洛浦、渭阳、招谕、朗溪、潭阳、渭溪、三亭等11县皆属于沅水中上游地区。这样的地域分布特征，很明显地反映出唐代湖南地区区域开发的新动向。对丘陵山区垦辟力度的加大和对少数民族地区政治控制的强化，应是这些新政区设置的直接动因。

唐后期在湖南的州（郡）县建置并无大的变化，变化主要体现于凌驾于州县之上的诸“使”的设置，即观察使、节度使等的设置。同湖南有关的有4个观察、节度使。

湖南观察使：主要管辖湖南东南部湘、资二水流域一带。肃宗至德二年（757年），先于衡州置防御使，后废。代宗广德二年（764年），改置湖南都团练守捉观察处置使，简称湖南观察使，领衡、潭、邵、永、道5州。大历五年（769年），湖南观察使徙治潭州。唐末僖宗中和三年（883年），湖南观察使升为钦化军节度使；光启元年（885年），又改为武安军节度使。

澧、朗、叙都团练使：乾元二年（758年）置，治澧州，主要管辖湖南西北部沅、澧下游流域一带。两年后废。唐末昭宗光化元年（898年），升为武贞军节度使，仍治澧州，领澧、朗、叙3州。

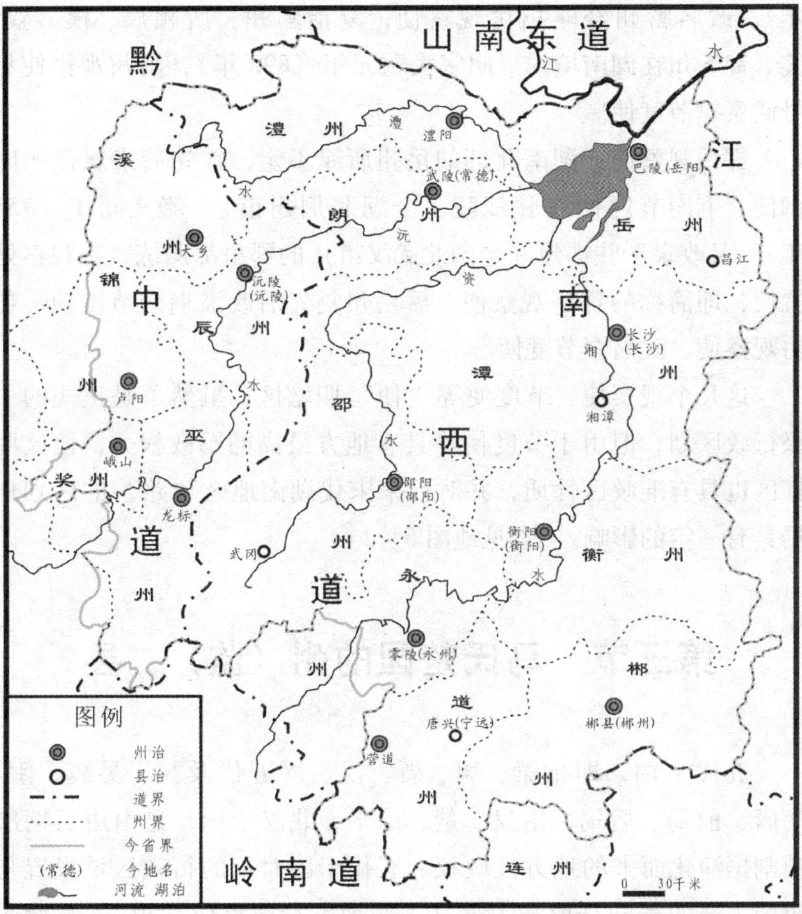

地图6-2　唐代湖南政区示意图

据《中国历史地图集》改绘

五溪诸州经略使：玄宗开元二十六年（735年）置，治黔州，以加强对湖南西部少数民族聚居区的控制。天宝十四年（755年），五溪经略使增领守捉使。大历四年（769年），升为辰、溪、巫、锦、奖五州都团练守捉观察处置使，移治辰州。大历十二年（777

年)，改名黔州经略招讨观察使，复治黔州，所领辰、溪、叙、奖、锦5州在湖南境内。昭宗大顺元年（890年)，黔州观察使易号武泰军节度使。

鄂岳观察使：湖南北部的岳州所属不定，曾先后隶属衡州防御使、荆南节度使（驻江陵，今湖北荆州市)。乾元元年（758年)，又改隶于驻鄂州（今湖北武汉市）的鄂岳都团练守捉观察处置使，即简称的鄂岳观察使。后岳州复先后改隶荆南节度使、鄂岳观察使、武昌军节度使。

这几个观察使、节度使等“使”职辖区，虽然不是正式的一级行政区划，但由于节度使等具有地方最高的军政权力，使这些辖区也具有准政区性质，并对后来宋代湖南地区“路”的区划格局具有一定的影响。(参见地图6－2)

第三节　马氏楚国的州（监）、县

五代十国，即指梁、唐、晋、汉、周五代及吴、吴越、闽、南唐、前蜀、后蜀、南汉、楚、南平、北汉十国，是由唐后期藩镇割据演化而来的地方性政权。五代十国时期的行政区域设置与唐朝主要的不同是取消了最高一级地方行政单位“道”，只设州(府)、县二级。

十国之一的楚国，是我国历史上唯一以湖南为中心建立的地方性王朝，史称马楚，又称南楚，建立者为马殷。光化元年（898年)，马殷被唐昭宗升为武安军节度使。907年，后梁封马殷为楚王。927年，后唐又册封马殷为楚国王，楚国正式成立。于是，马殷效仿唐廷制度，改潭州为长沙府，以为国都。马楚极盛时，辖域包括潭、衡、永、道、郴、邵、岳、朗、澧、辰、叙、连、昭、宜、全、桂、梧、贺、蒙、龚、富、严、柳、象、容共20余州，并设武安（治潭州，今长沙市）、武平（治朗州，今常德市）、静江（治桂州，今广西桂林市）、宁远（今宁远县）等5个节度使，相当于今湖南全境和广西大部、贵州东部和广东北部。马楚通过战争，消灭了湖南境内的割据势力，实现了湖南地区的统一，在湖南历史上产生了重要影响。史有称，马殷“土宇既广，乃养士息民，湖南遂安”。①

自898年马殷作节度使开始，到951年马希崇投降南唐，马楚政权共延续53年。根据《太平寰宇记》等文献考察，马楚后期，在湖南地区置有13州、1监、48县、3场。13州为潭州（又置长沙府）、衡州、澧州、朗州、岳州、永州、郴州（一度改名敦州）、道州、邵州、辰州、锦州、溪州、叙州，皆为唐代旧置。其中，到马楚末年，溪州曾又析为誓下州、上溪州、保静州等3州。1监即桂阳监（治今桂阳县），936年马楚改置，辖平阳、临武2县，当今桂阳、临武、蓝山、嘉禾4县一带。“监”为与州平级的以矿冶生产管理为主的特别行政区。马楚时期还在重要的地方土特产输纳地设置“场”，场属于与县平级的特别行政区。当时，湖南境内有王朝场（936年置）、东安场、安仁场3场，分别相当于今临湘市、东安县、安仁县地。

诸县（场）沿革情况大致如下。

新置5县（场）：龙喜县，析长沙县置，今长沙县一带；武阳县，初置寨，后改置徽州（羁縻州），今绥宁县一带；王朝场，东安场，安仁场。

① 《资治通鉴》卷二百六十七《后梁纪二》。

改置4县：昌江改名平江，沅江改名桥江，延唐改名延喜，昌义改名郴义。

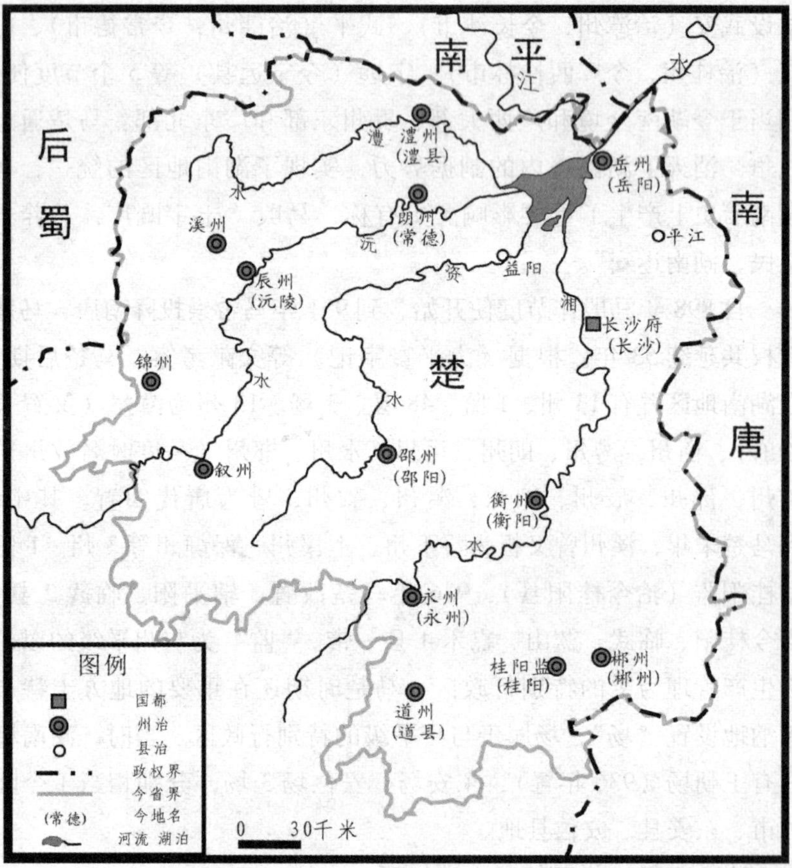

地图6－3　马氏楚国时期湖南政区示意图

据《中国历史地图集》改绘

并省12县：锦州所领卢阳、招谕、洛浦、渭阳4县；叙州所领龙标1县；奖州所领峨山、渭溪2县；溪州所领大乡、三亭2县；郴州所领资兴1县；桂阳监所领蓝山1县；道州所领大历

1县。

羁縻2县：潭阳，先改置懿州（羁縻州），又改称洽州（羁縻州），当今洪江市、绥宁县一带；朗溪，改置诚州（羁縻州），今靖州、通道、会同县一带。

其余39县沿袭唐时旧置不变。

可见，马楚时期政区建设的主要特征表现在两方面：一是通过改县为羁縻州，以维持政权对湘西沅水流域少数民族地区名义上的控制；一是通过在重要矿产地、特产地设置特别政区，以加强政权对矿产品、特产的生产和贸易环节控制。例如，作为掌矿冶铸铜钱机构的桂阳监，始置于唐贞元二十年（804年），当时并不是一级行政区，属平阳县。唐末天祐元年（904年），马楚撤平阳县并入桂阳监，才逐渐使其正式成为与州平级的以矿冶生产管理为主的特别行政区。这样的政区建置，无疑为马楚割据政权稳定在湖南地区统治近半个世纪奠定了一定的政治与经济基础。而监的设置，对后世王朝进行矿冶生产区的管理也提供了重要经验。（参见地图6-3）

第七章 宋代的湖南政区

960年，北周重臣赵匡胤通过“陈桥兵变”，获得帝位，建立宋朝。在前代基础上，宋代南方的经济、文化获得了进一步的发展。

第一节 路与府（州、军、监）、县

尽管唐中叶以降，由于节度使权力的坐大，作为最高一级政区的“道”已名存实亡，但因宋初废止了方镇领州之制，朝廷与众多的州之间还必须有一级政区才便于管理，于是，唐朝前期的道制在宋初仍然沿袭下来。当时，全国分为13道，即河南道、关西道、河北道、河东道、淮南道、江南东道、江南西道、陇右道、山南东道、山南西道、剑南东道、剑南西道、岭南道。到淳化四年（993年），又一度把诸道合并为两京（东京、西京）10道。但很快，道制即为路制所取代。

“路”是北宋新创的地方行政区划名，为最高一级地方行政建置。但是，北宋时期设置的路的数目多变。主要的变化有如下几次。宋太宗太平兴国四年（979年）置21路，不久并为19路，端拱二年（989年）复并为17路，淳化三年（992年）变为16路；

到至道三年（997 年），天下分为 15 路，即京西路、京东路、河北路、河东路、陕西路、淮南路、江南路、两浙路、福建路、荆湖南路、荆湖北路、广南东路、广南西路、四川路、峡西路。宋真宗天禧四年（1020 年）又增至 18 路，即把四川路和峡西路析为益州、梓州、利州、夔州 4 路，江南路析为江南东路和江南西路。这是北宋一代维持时间最长的路制。到神宗熙宁七年（1074 年），复增至 23 路，即分淮南路为东、西两路，分陕西路为永兴军、秦凤两路，分京西路为南、北两路，分河北路为东、西两路，分京东路为东、西两路，国都所在的开封府则不在 23 路之列。崇宁四年（1105 年），宋徽宗将开封府置为京畿路，合称为 24 路。南宋仅有南方半壁江山，绍兴十二年（1142 年）置 16 路，即两浙东路、两浙西路、江南东路、江南西路、淮南东路、淮南西路、荆湖南路、荆湖北路、京西南路、广南东路、广南西路、福建路、成都府路、潼川府路、利州路、夔州路。嘉定元年（1208 年），宋宁宗增为 17 路，即把利州分为东、西两路。

“府”、“州”是仅次于路的二级行政建置。府虽与州同级，但地位要略高于州。当时，东、南、西、北 4 京，皇帝诞生、居住和巡游过的地方，以及地位重要、规模较大的州，都升格为府。府的长官多称知府，州的长官则称知州。州有上、中、下三级。宋代也称郡，但已不是实际的行政区名，而是作为唐以来州的习称。据《元丰九域志》记载：元丰八年（1085 年）时，全国有府 14、州 240。

“军”是宋代新出现的行政区划单位。军始于唐，为边区镇、戍之称，只管军队不管民政。至宋代，军则演变为地方行政区划名。“监”在唐后期时已开始出现，先是国家经营的矿冶、铸钱、牧马、制盐等专业性的生产管理机构，五代时演变成地方行政区划单位。宋代继承了前代政区单位“监”的建置。宋代的军、监有两类：领县的和不领县的。领县的军监与府、州同级，隶属于路，但实际地位要略低于府和州；不领县的军、监与县同级，隶属于府或州，但实际地位有略高于县者。军的长官称知军，监的长官称知监。据《元丰九域志》记载，北宋全国有军 37 个、监 4 个。

宋代的县分赤、畿、望、紧、上、中、中下、下八级。县的长官称知县。《元丰九域志》记有北宋县名 1255 个。除县外，宋代尚有城、寨、堡、镇、关之置。城、寨、堡、镇、关是两宋设在边地的驻军单位，具有军政功能，隶属于府州的与县同级，隶属于县的则为县的下级。

可见，宋代地方行政隶属关系主要有如下诸形式：

（1）路—府/州/军/监—县

（2）路—府/州—军/监

（3）路—府/州—城/寨/堡/镇/关

第二节　宋代在湖南的政区建置

北宋初年，湖南隶江南西道。后由于道改路，湖南隶于荆湖路。咸平二年（999 年），荆湖路分割为荆湖南路、荆湖北路，湖南地区也因此一分为二。据《元丰九域志》所载，其时两路在今湖南境内共辖潭、衡、道、永、郴、邵、鼎、澧、岳、辰、沅、诚 12 州，桂阳 1 监，领 52 县。其中，辖于荆湖南路的有 6 州 1 监 32 县，情况如下。

潭州（长沙郡、武安军节度）：上，治长沙（今长沙市城区）。领长沙、衡山、安化、醴陵、攸、湘乡、湘潭、益阳、浏阳、湘阴、宁乡11县。

衡州（衡阳郡）：上，治衡阳（今衡阳市城区）。领衡阳、茶陵、耒阳、常宁、安仁5县。

道州（江华郡）：中，治营道（今道县）。领营道（弘道改）、江华、宁远（延喜改）3县。

永州（零陵郡）：中，治零陵（今永州市城区）。辖零陵、祁阳、东安3县。

郴州（桂阳郡）：中，治郴县（今郴州市城区）。领郴、桂阳（郴义改）、宜章（义章改）、永兴（高亭改）4县。

邵州（邵阳郡）：中，治邵阳（今邵阳市城区）。领邵阳、新化、武冈、莳竹4县。

桂阳监：同下州，治平阳（今桂阳县）。领平阳、蓝山2县。

辖于荆湖北路的有6州20县，情况如下：

鼎州（武陵郡）：上，治武陵（今常德市城区）。领武陵、桃源、龙阳3县。

澧州（澧阳郡）：上，治澧阳（今澧县）。领澧阳、安乡、石门、慈利4县。

岳州（巴陵郡）：下，治巴陵（今岳阳市城区）。领巴陵、华容、平江、临湘、沅江5县。

辰州（卢溪郡）：下，治沅陵（今沅陵县）。领沅陵、溆浦、辰溪、卢溪4县，会溪1城，池蓬、镇溪、黔安3寨。

沅州（潭阳郡）：治卢阳（今麻阳锦和镇）。领卢阳、麻阳、黔阳3县，安江、托口2寨。

诚州：下，治渠阳（今会同县）。领渠阳1县。

上述潭、衡、永、郴、道、邵、岳、澧、辰等9州和桂阳1监，为马楚旧州（监）；而鼎州系马楚朗州改名，沅州系并马楚

锦、叙2州改置，诚州为析马楚叙州置。（参见地图7－1）

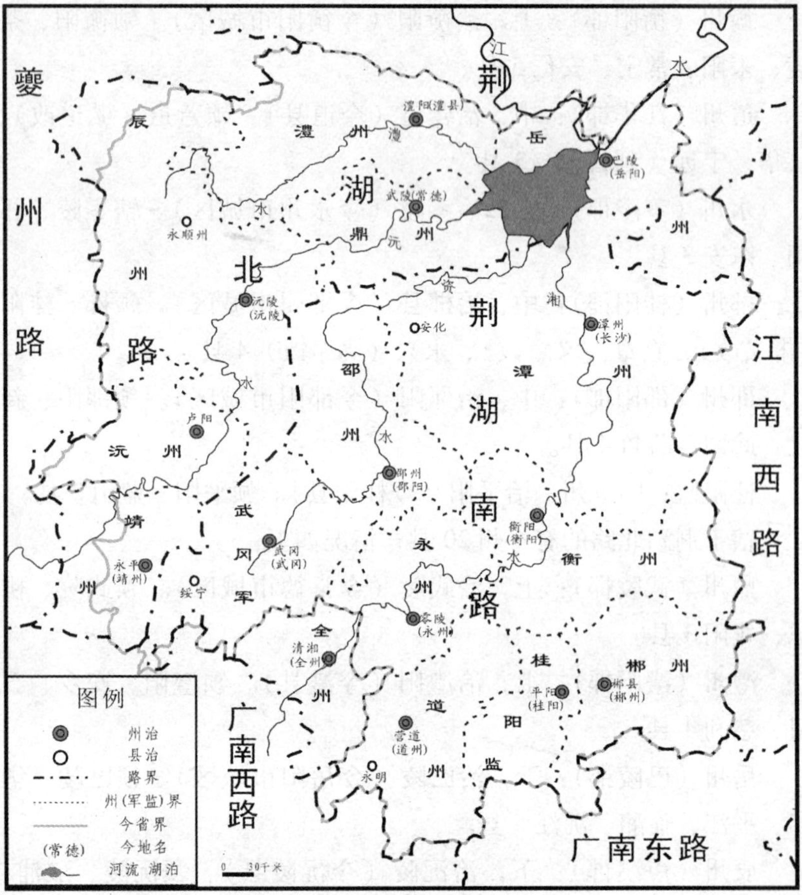

地图7－1　北宋湖南政区示意图

据《中国历史地图集》改绘

较之北宋，南宋时期的行政区划建置有过一定的反复。宋高宗绍兴元年（1131年），以鄂、岳、潭、衡、永、郴、道州、桂阳军为荆湖东路，鄂州置安抚司；鼎、澧、辰、沅、靖、邵、全州、武冈军为荆湖西路，鼎州置安抚司。绍兴二年（1132年），罢荆湖东、西路，仍分荆湖南、北路安抚司，南路治潭州；北路治鄂州，不久移治江陵。

荆湖南路，在今湖南境内领宝庆1府，潭、衡、道、永、郴5州，武冈、茶陵2军，桂阳1监，共领38县。大致情况如下。

潭州：上。领长沙、衡山、安化、醴陵、攸、湘乡、湘潭、益阳、浏阳、湘阴、宁乡、善化［元符元年（1098年），以长沙县五乡、湘潭县两乡为善化县］12县。

衡州：上。领衡阳、耒阳、常宁、安仁4县。

道州：中。领营道、江华、宁远、永明4县。

永州：中。领零陵、祁阳、东安3县。

郴州：中。领郴、桂阳、宜章、永兴、兴宁［嘉定二年（1209年），析郴县资兴、程水2乡置资兴县，后改今名］、桂东［本郴县地。嘉定四年（1211年），析桂阳之零陵、宜城2乡置］6县。

宝庆府：本邵州，宝庆元年（1225年），以宋理宗未登位时在此为邵州防御使，升为府。淳祐六年（1246年），升宝庆军节度。领邵阳、新化2县。

茶陵军：绍兴九年（1139年），升县为军，仍隶衡州。嘉定四年（1211年），析康乐、云阳、常平3乡置酃县，曾一度西隶衡州。领酃县1县。

桂阳军：本桂阳监，同下州。绍兴三年（1133年），升军。领平阳、蓝山、临武［旧置，绍兴十一年（141年）复置］3县。

武冈军：崇宁五年（1106年），以邵州武冈县升为军。领武冈、绥宁［本邵州莳竹县地。崇宁元年（1212年）废，崇宁五年（1216年）复置①］、新宁3县。

① 据《宋史》卷八十八《地理志四》绥宁县下云："本邵州莳竹县地。熙宁九年废，崇宁九年复。"而《元丰九域志》卷六《荆湖路》邵州下则云："元丰四年以溪洞徽州为莳竹县，隶州。"是《宋史·地理志》误，当正作"本邵州莳竹县地。（熙）［崇］宁（九）［元］年废，崇宁（九）［五］年复。"

荆湖北路，在今湖南境内领常德1府，澧、岳、辰、沅、靖5州，共领22县。大致情况如下。

常德府：本鼎州，政和七年（1117年），升为军。建炎四年（1130年），升鼎、澧州镇抚使。绍兴元年（1131年），置荆湖北路安抚使，治鼎州，领鼎、澧、辰、沅、靖五州；三十二年（1162年），罢。乾道元年（1165年），以宋孝宗未登位时在此为藩王，升为府。八年（1172年），依旧统领5州。领武陵、桃源、龙阳、沅江4县。

澧州：领澧阳、安乡、石门、慈利4县。

岳州：领巴陵、华容、平江、临湘4县。

辰州：领沅陵、溆浦（或作叙浦）、辰溪、卢溪4县，会溪1城，池蓬、镇溪、黔安3寨。

沅州：领卢阳、麻阳、黔阳3县，安江、托口、竹滩、洪江、若溪、便溪6寨。①

靖州：本诚州。崇宁二年（1103年），改为靖州。领永平（本渠阳县）、会同［本三江县，崇宁二年（1103年）改］、通道［本罗蒙县，崇宁二年（1103年）改］3县，狼江、收溪、贯保、罗蒙4寨，石家、多星、大由、天村等5堡。

合计南宋时荆湖南、北路在今湖南境领有60县，另有相当于县的寨、堡18个。

总观起来，与前代相比，宋时期诸县主要的沿革情况大略如下。

---

① 据《宋史》卷八十八《地理志四》，沅州领有卢阳、麻阳、黔阳、渠阳4县和安江、托口、贯保、渠阳、竹滩、洪江、若溪、便溪8寨，而下之靖州系崇宁二年（1103年）析沅州之贯堡寨改置为渠阳县。故知，《宋史·地理志》沅州所系县、寨，乃崇宁二年前之情况。此既与靖州并列，当改。

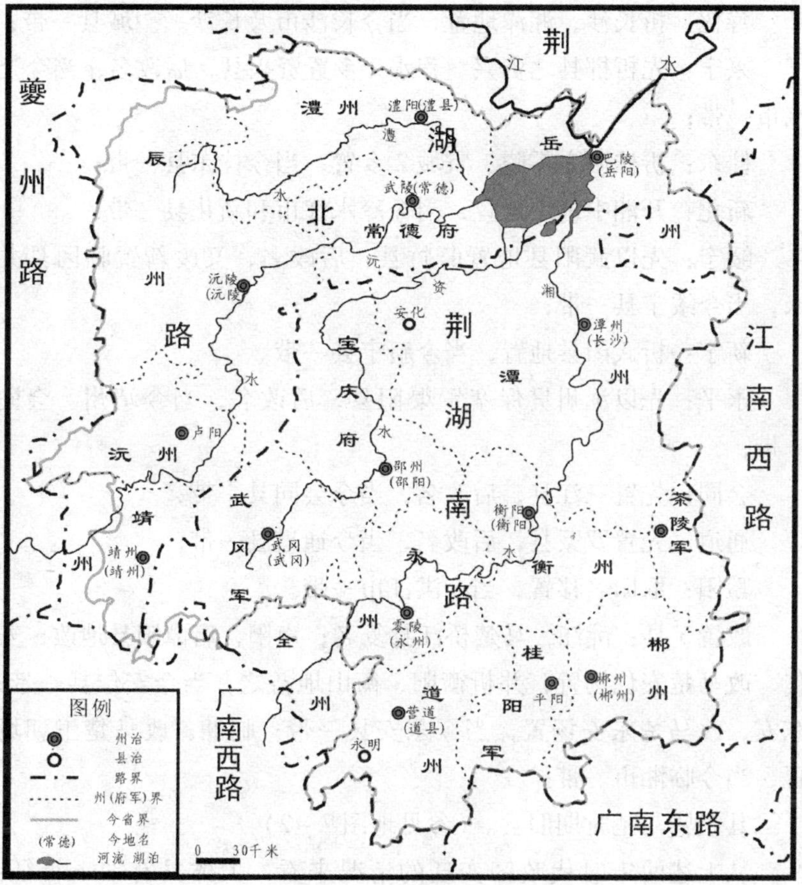

地图 7－2　南宋湖南政区示意图

据《中国历史地图集》改绘

升格 2 县：武冈，升为武冈军；茶陵，升为茶陵军。

新置 13 县：

桃源：析武陵县置，当今桃源县一带；

宁乡：析益阳、长沙 2 县置，当今宁乡县一带；

安化：开湘中梅山地置，当今娄底市及安化、涟源县一带；

善化：析长沙、湘潭地置，当今长沙市及长沙、望城县一带；

兴宁：先析郴县之资兴、程水2乡置资兴县，后改名，当今资兴市一带；

桂东：析桂阳之零陵、宜城2乡置，当今桂东县一带；

新化：开湘中梅山地置，当今冷水江市和新化县一带；

绥宁：先以武阳县地置莳竹县，后改名，又废新置临冈县并入，当今绥宁县一带；

新宁：析武冈县地置，当今新宁县一带。

永平：先以沅州贯保寨置渠阳县，后改名，当今靖州、会同一带；

会同：先置三江县，后改名，当今会同县一带；

通道：先置罗蒙县，后改名，当今通道县一带；

黔阳：取旧名移置，当今洪江市一带。

改置5县：沅江，马楚桥江县复名；卢阳，唐潭阳县地改；安仁，改马楚安仁场置，并析衡阳、衡山地益之，当今安仁县一带；东安，改马楚东安场置，当今东安县一带；临湘，改马楚王朝场置，当今临湘市一带。

其余皆马楚时期旧县。（参见地图7－2）

从上述两宋时代政区变迁的情况来看，大体具有如下特征：其一，湖南主体部分被重新分割为两大块。自唐以来，湖南主体部分基本上属于一个最高一级行政区划管辖，但到宋代，经过几次变化，最终被分割为东南部分（荆湖南路，主要辖湘、资二水流域）、西北部分（荆湖北路，主要辖沅、澧二水流域）两块。这种政区格局，与楚秦时期湖南郡级政区的划分颇为类似。这说明，在古代以水运为主的交通条件下，“山河形便”的政区划分原则对湖南地区政区格局的形成具有十分深远的影响。其二，新政区设置的区域仍然集中于流域的中上游地区。新设置的13县中，除善化、宁乡、桃源3县靠近流域下游外，其他10县皆属于流域的中上游地区，尤其是过去一直没有大力开发的湘江支流耒水上游东江流域、资水中上游地区、沅水上游支流渠江流域，分别设置了兴宁、桂东2县，安化、新化、绥宁、新宁4县和永平、会同、通道、黔阳4县。这无疑促进了这些区域的经济、文化发展。

第八章　元代的湖南政区

元世祖忽必烈至元八年（1271 年），蒙古定国号大元，以大都（今北京）为都。1276 年灭宋，统一全国。元朝的疆域，《元史·地理志》称“北逾阴山，西极流沙，东尽辽左，南越海表”，十分辽阔，在中国历代王朝中，可谓无出其右者。

第一节　行省的建立与路、府、州、县

为了有效统治不断拓展的疆土，元朝统治者很是重视地方行政组织建置。

元代最高一级行政建置是行省。行省即行中书省的简称，是由中书省派出机构发展而形成的地方行政组织。早在 1231 年，蒙古就建立了中书省。1260 年，元世祖忽必烈改置行中书省。其后，行省在数量上虽有增加，但设置和辖区都不很固定。直到 13 世纪末、14 世纪初的元成宗时期，行省才开始逐步形成为较稳定的行政区划。行省制度的确立，是我国古代地方行政制度的又一大变革。因为，行省制度为后来明清时期的“省”制格局奠定了相当的基础。

元英宗至治时（1321—1323 年），全国划分为 12 个一级行政区：1 个中书省、11 个行中书省。中书省为中央机构中书省的直

辖地区，又称都省、腹里，包括今北京、天津、山西、河北、山东以及河南和内蒙的部分地区。中央机构宣政院则直接管辖“吐蕃之境”，即今西藏及其周围的部分地域。其余地方则分设行中书省管辖。11个行中书省为岭北、辽阳、陕西、河南、江浙、江西、湖广、云南、四川、甘肃、征东。元末，又分出一些新的行省，如中书省分出山东行省，江浙行省分出福建行省；有些行省由于区域过大或事务繁复，为便于管理，又划置“分省”，如福建行省内置建宁、汀州、泉州分省。可见，元末行省制已出现变化。

元代行省以下的行政区划名义上略同于宋，即置路、府、州、县。一般来说，行省下辖路，路领府、州，府、州辖县。但也有直隶于行省不隶于路的府、州和不辖县的路、府、州。直隶于行省的府、州称为直隶府、直隶州；隶于路的府、州，称为散府、散州。但元的路、州建置实际上并不同于宋。如在江南地区，一般是“升江南军州为路，壮邑为州”，几乎达到“每州皆为路”的程度。① 又，路、州有上、中、下三等，以户数多寡而定。

在中书省和行中书省之下、路（府、州）之上，还有“道”的建置，地位相当于宋代的“路”，属于中书省和行中书省的派出机关，分宣慰司和肃政廉访司两种，亦对路、府、州进行管辖。另外，在两京设警巡院；路、府治所在二千户以上者，置录事司，以管理“城中户民之事”②。有学者认为，设置录事司的城市属于当时的建制城市③，是有道理的。在边境地区和某些少数民族地

---

① 张金铣：《元代地方行政制度研究》，合肥：安徽大学出版社2001年版，第203～205页。

② 《元史》卷九十一《百官志》。

③ 韩光辉：《元代中国的建制城市》，《地理学报》1995年第4期，第324～334页。

区，有军和安抚司、宣抚司、宣慰司等类建置，这些建置有少部分甚至还下辖数个路、府、州。有些边地和少数民族地方并不设州、县，而是使用百户所、千户所之类的组织形式。

因此，元代的政区体系很不统一，大致可以归结为以下诸种隶属形式：

（1）中书省或行省—（道）—路—府—州—县

（2）中书省或行省—（道）—路—府—县

（3）中书省或行省—（道）—路—州—县/不领县

（4）中书省或行省—（道）—路—警巡院/录事司/县

（5）中书省或行省—（道）—府—县

（6）中书省或行省—（道）—州—县/不领县

（7）中书省或行省—（道）—军—县

（8）中书省或行省—（道）—安抚司—县

第二节　元代在湖南的行政建置

元代湖南绝大部分地区属湖广行省，小部分隶于四川行省。

湖广行省，为湖广等处行中书省的简称，始设于至元十一年（1274 年），治鄂州（后改名武昌，今湖北武汉），十四年（1277 年）改治潭州（今湖南长沙），十八年（1281 年），复迁鄂州。湖广行省分置江南湖北道、岭北湖南道、岭南广西道、海北海南道，辖路 30、州 13、府 3、安抚司 15、军 3，属府 3，属州 17，属县 150，管番民总管一。所及地域包括现今湖北、湖南、广东、广西、贵州（大部）等省、自治区。

据《元史・地理志》等载元至顺元年（1330 年）政区，湖南地区分隶江南湖北道和岭北湖南道，共置有14路、3直隶州，领47县、12州，在“诸溪峒”则另设长官司（土司）。14路均依宋代州、军改置。隶江南湖北道（肃政廉访司）者6路，即岳阳路（宋岳州）、常德路（宋鼎州常德府）、澧州路（宋澧州）、辰州路（宋辰州）、沅州路（宋沅州）、靖州路（宋靖州）；隶岭北湖南道（肃政廉访司）者8路，即天临路（宋潭州）、衡州路（宋衡州）、道州路（宋道州）、永州路（宋永州）、郴州路（宋郴州）、宝庆路（宋宝庆府）、武冈路（宋武冈军）、桂阳路（宋桂阳军）。3直隶州为茶陵州（宋茶陵军改置）、耒阳州（升县为州）、常宁州（升县为州），均隶岭北湖南道。

属于江南湖北道肃政廉访司的6路建置情况如下：

岳州路，上。元至元十三年（1276年），立岳州路总管府。治所巴陵，置有录事司。领巴陵、临湘、华容3县，平江州。

常德路，上。元至元十二年（1275年），置常德府安抚司。十四年（1277年），改常德路总管府。治所武陵，置有录事司。领武陵县、桃源州、龙阳州（领沅江县）。

澧州路，上。元至元十二年（1275年），立安抚司。十四年（1277年），改澧州路总管府。治所澧阳，置有录事司。领澧阳、石门、安乡3县，慈利、柿溪2州。

辰州路，下。领沅陵、辰溪、卢溪、溆浦4县。

沅州路，下。元至元十二年（1275年），立沅州安抚司。十四年（1277年），改沅州路总管府。领卢阳、黔阳、麻阳3县。

靖州路，下。元至元十二年（1275年），立安抚司；次年，改靖州路总管府。领永平、会同、通道3县。

属于湖南道宣慰司并岭北湖南道肃政廉访司的8路3直隶州建置情况如下：

天临路，上。元至元十三年（1276年），立安抚司。十四年（1277年），立行省，改潭州路总管府。十八年（1281年），迁行省于鄂州，徙湖南道宣慰司治潭州。文宗天历二年（1329年），以登位前曾路过此地，改天临路。治所长沙，置有录事司。领长沙、善化、衡山、宁乡、安化5县，醴陵、浏阳、攸、湘乡、湘潭、益阳、湘阴7州。

衡州路，上。元至元十三年（1276年），置安抚司。十四年（1277年），改衡州路总管府。十五年（1278年），置湖南宣慰司，以衡州为治所。十八年（1281年），移宣慰司于潭州，衡州属之。治所衡阳，置有录事司。领衡阳、安仁、酃县3县。

道州路，下。元至元十三年（1276年），置安抚司。十四年（1277年），改道州路总管府。治所营道，置有录事司。领营道、宁远、江华、永明4县。

永州路，下。元至元十三年（1276年），置安抚司。十四年（1277年），改永州路总管府。治所零陵，置有录事司。领零陵、东安、祁阳3县。

郴州路，下。元至元十三年（1276年），置安抚司。十四年（1277年），改郴州路总管府。治所郴阳，置有录事司。领郴阳、宜章、永兴、兴宁、桂阳、桂东6县。

宝庆路，下。元至元十二年（1275年），立安抚司。十四年（1277年），改宝庆路总管府。治所邵阳，置有录事司。领邵阳、新化2县。

武冈路，下。元至元十三年（1276年），置安抚司。十四年（1277年），升武冈路总管府。治所武冈，置有录事司。领武冈、新宁、绥宁3县。

桂阳路，下。元至元十二年（1275年），置安抚司。十四年

（1277 年），升桂阳路总管府。治所平阳，置有录事司。领平阳、临武、蓝山 3 县。

茶陵州，下。宋为军。元至元十九年（1282 年），升为州。

耒阳州，下。宋为县。元至元十九年（1282 年），升为州。

常宁州，下。宋为县。元至元十九年（1282 年），升为州。

在湘西少数民族区域，置有 2 安抚司①：

属于湖广行省的思州军民安抚司（治贵州凤冈县）：辖五寨长官司。

属于四川行省的永顺等处军民安抚司（治永顺县老司城）：元至元中，置永顺路，后改永顺保靖南渭安抚司。至大三年（1310 年），改永顺等处军民安抚司。至正十一年（1351 年），升宣抚司。辖南渭州、白崖、上桑植、下桑植、保靖州、麦著土村、会溪、施溶、腊惹洞、驴迟洞等长官司。

上述诸路所辖 47 县中，有 46 县为宋代旧县，即巴陵、临湘、华容、武陵、沅江、澧阳、石门、安乡、沅陵、辰溪、卢溪、溆浦、卢阳、黔阳、麻阳、永平、会同、通道、长沙、善化、衡山、宁乡、安化、衡阳、安仁、酃、营道、宁远、江华、永明、零陵、东安、祁阳、宜章、永兴、兴宁、桂阳、桂东、邵阳、新化、武冈、新宁、绥宁、平县、临武、蓝山，郴阳一县则为宋郴县改名。诸路所辖 12 州中，有平江州、桃源州、龙阳州、慈利州、醴陵州、

① 据《元史》卷六十三《地理志六》、卷六十《地理志三》，与湖南地域相关的有 3 安抚司，即湖广行省的思州军民安抚司（治今贵州凤冈），辖五寨、麦著土村、会溪、施溶、腊惹洞、驴迟洞；湖广行省的新添葛蛮安抚司（治今贵州贵定），辖南渭州、白崖、上桑植、下桑植、保靖州；四川行省的永顺等处军民安抚司，无具体辖地。根据元至元中永顺等处军民安抚司改置永顺路、后又改永顺保靖南渭安抚司等情况，以及新添葛蛮安抚司距南渭州、白崖、上桑植、下桑植、保靖州等地十分遥远的情况，知《元史·地理志》所载应有误。如下所录为依据安抚司名称和辖地的地理位置及《明史·地理志》相关内容所作调整后的情形。

浏阳州、攸州、湘乡州、湘潭州、益阳州、湘阴州等11州为宋旧县改置，仅柿溪州为析慈利县新置。此外，元末于衡州路尝置有新城县。

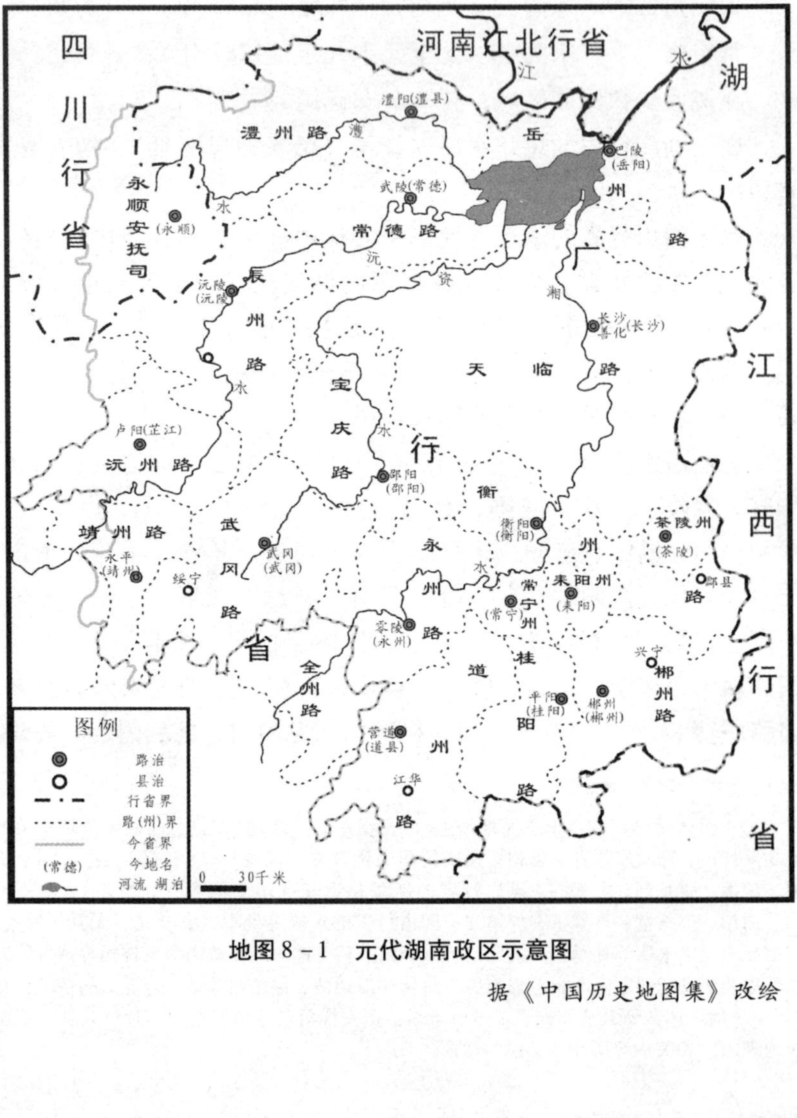

地图8－1　元代湖南政区示意图

据《中国历史地图集》改绘

可见，元代无论是县（州）上政区的道，还是基层地方政区的县（州），都基本沿袭宋代格局，无大变化。有明显变化的，一是行政区的升格。平江、桃源、龙阳、慈利、醴陵、浏阳、攸、湘乡、湘潭、益阳、湘阴等地由县、军升州，反映了这些地方是当时湖南地区人口数量较多的区域。据元朝制度，这些州的人口应该都在万户以上。二是对于湘西少数民族地区的管理。宋代采取的基本上是与内地同样的州县制，而元代设置安抚司直属于行省，显然与内地主要的管理体制行省—路—县不同。这对后来明朝和清朝初年的湘西少数民族地区管理体制有直接影响。（参见地图8-1）

第九章　明代的湖南政区

1368 年，朱元璋称帝，国号“明”，年号“洪武”，建都应天府（今江苏南京）。同年，遣大军北伐，会师大都，元朝灭亡。明成祖继位后，于永乐十九年（1421 年）正式迁都北京。

第一节　布政使司（省）与府、州、县

明初，承元旧制，仍置中书省、行中书省，只是废除了元朝的中书省，分其辖境属河南行省和山东行省，而改国都应天府南京所在的江南行省为中书省；元代中书省、行省下辖的路，则逐渐改为府。由于元末行省制已出现混乱，改革势在必行。于是，到洪武九年（1376 年），朱元璋决定“改行中书省为承宣布政使司”。承宣布政使司简称布政使司，由布政使总领行政大权。由于布政使司的机构性质仍同行省，因而，习惯上还是简称为“省”。到洪武十三年（1380 年），朱元璋为加强皇权，又罢中书省，中书省所辖的旧江南行省地区，因国都南京所在，改称为“京师”或“直隶”。当时，全国分为 1 直隶和 12 布政使司（即北平、山东、山西、河南、陕西、四川、湖广、江西、浙江、广东、广西、福建。）

明成祖朱棣永乐年间，改北平为北京，并迁都顺天府（治北京），改称直隶或京师，而原直隶改称南直隶，又称南京。自宣德三年（1428 年）以后，全国统分为 2 京、13 布政使司。2 京是京师（即北直隶）和南京（即南直隶）；13 布政使司简称 13 司，又称 13 省，为山东、山西、河南、陕西、四川、湖广、江西、浙江、广东、广西、云南、贵州、福建。因直隶区相当于一省，所以，又有“15 省”之俗称。布政使司的行政长官为布政使，有左、右二人。布政使司是明代最高一级政区。

府是明代的二级政区，辖于南、北直隶和 13 布政使司。府的行政长官，二京的称府尹，其余的称知府。府有上、中、下三等，以税粮为差。相应的，知府的品秩有从三品、正四品、从四品之异。

州是明代的三级政区。一般来说，府下领州，州下领县。州有两种：隶于直隶布政使司的称直隶州，隶于府的称属州或散州。直隶州下领县，地位与府相当；属州或散州或领县，或不领县，地位与县相当。州的长官皆称知州，品秩皆从五品，无高低。

县是明代的四级政区。县上统于府、州，下辖里、社、屯、甲。县的行政长官称知县，一般秩正七品。县有上、中、下三等，亦以税粮为差。

据《明史 · 百官志》，明前期的宣德三年（1428 年），全国计有府 159 个、州 234 个、县 1171 个。而据《明史 · 地理志》的统计，谓终明之世，两直隶和 13 布政司共辖有府 140 个、州 193 个、县 1138 个，另有羁縻府 19 个、羁縻州 47 个、羁縻县 6 个。

明代在布政使司与府（直隶州）之间也设有“道”，属于监察区性质。如洪武二十五年（1392 年）明朝划定全国为 48 道。

此外，明代还有都指挥使司（简称“都司”）、行都司、留守司及卫、所之置。都司、行都司、留守司分隶左、右、中、前、后五军都督府，卫、所则隶都司。这些名目本是属于一定区域的军事建置，但有一部分都司、卫、所拥有实土辖区，兼理民政，故具有一定的行政功能。在边远和少数民族地区，通常设立军民府、军民宣慰使司、宣慰司、宣抚司、安抚司、招讨司、长官司、蛮夷长官司（夷官司）等，上可直属布政使司，下可辖土属州、县、卫等。

明代开始出现了总督、巡抚之置。总督节制巡抚，巡抚名义上统辖布政使、按察使、都指挥使3司。总督、巡抚由明中央都察院、兵部派遣，多因事而置，设置时有一定辖区，并兼理军民事务，但事毕即罢①，具有临时性，所以，并不是稳定的一级地方行政区。

可见，明代的地方（性）行政隶属关系大致有以下诸种形式：

（1）京师或布政使司（省）—（道）—府—州—县

（2）京师或布政使司（省）—（道）—府—州

（3）布政使司（省）—（道）—府/直隶州—县

（4）布政使司（省）—（道）—直隶州

---

① 靳润成：《明朝总督巡抚辖区研究》，天津：天津古籍出版社1996年版，第1～11页，第21～146页。靳著认为，“至明后期，最高一级地方行政区划事实上已不是两京十三布政使司，而是几十个总督、巡抚辖区”。此说虽出自谭其骧《中国历代政区概述》（见氏著《长水集（续编）》，第39～50页）一文，但存在明显问题。因为政区设置的基本原则是高一级政区少而辖区广，低一级政区多而辖区小，可此高一级的“几十个总督、巡抚辖区”的平均规模必然比两京十三布政使司辖区的平均规模小，如何能成为最高一级行政区划？由于这些总督、巡抚辖区不一定覆盖全国，且随各总督、巡抚的任免而存废，故不应该视为一级地方行政区，而只是一个以军事职能为主、民事职能为辅的临时性高级地方机构。正因为其设置具有临时性、强目的性，所以辖区很不稳定，甚至出现重叠的情况。像清人所谓“明之巡抚多寡无定，有一布政司之地而多至数巡抚者，有事则设，无事则罢，但为持节奉使之臣”（《皇朝文献通考》卷二百六十九《舆地考·直隶省》）的总结，是符合明朝巡抚的实际情况的。

(5) 布政使司（省）—府/军民府/军民宣慰使司—（土）州—（土）县/长官司

(6) 布政使司（省）—府/军民府/军民宣慰使司—长官司/（土）县/（土）卫

(7) 布政使司（省）—军民府/军民宣慰使司—宣慰司/宣抚司/安抚司/招讨司/夷官司

(8) 布政使司（省）—宣慰司/宣抚司/安抚司/长官司/御夷府/御夷州/御夷长官司

(9) 都司（实土）—军民宣慰使司—（土）州/长官司

(10) 都司（实土）—卫/千户所/堡—所

明代还存在建藩封王制度。有明一代，封王很多，但所封诸王多无实权。

第二节 明代在湖南的行政建置

明初置湖广行中书省，治武昌府。洪武九年（1376年），改湖广行中书省为湖广承宣布政使司，下领15府、2直隶州、17属州、108县、2宣慰司、4宣抚司、5安抚司、21长官司、5蛮夷长官司。其中湖南地区有7府、8州、56县。7府为岳州府（治巴陵）、常德府（治武陵）、长沙府（元天临路改，治长沙）、衡州府（治衡阳）、永州府（治零陵）、宝庆府（治邵阳）、辰州府（治沅陵）。8州为澧州（隶岳州府）、茶陵州（隶长沙府）、桂阳州（隶衡州府）、道州（隶永州府）、武冈州（隶宝庆府）、沅州（隶辰州府）、郴州（直隶布政司）、靖州（直隶布政司）。

据《明史·地理志》等书所载，诸府、州的沿革情况大体如下。

岳州府：元岳州路，1364 年朱元璋改为岳州府。洪武九年（1376 年）降为州，直隶于布政司。十四年（1381 年）复为府。领巴陵、临湘、华容、平江 4 县及澧州［元澧州路，1364 年为府，洪武九年（1376 年）降为州，属常德府，1397 年改属岳州府］。澧州又领安乡、石门、慈利 3 县。

长沙府：元天临路，1364 年朱元璋改为潭州府。洪武五年（1372 年）更名长沙府。领长沙、善化、湘阴（元湘阴州。洪武初降为县）、湘潭［元湘潭州。洪武三年（1370 年）降为县］、浏阳［元浏阳州。洪武二年（1369 年）降为县］、醴陵［元醴陵州。洪武二年（1369 年）降为县］、宁乡、益阳（元益阳州。洪武初降为县）、湘乡（元湘乡州。1364 年降为县）、攸［元攸州。洪武三年（1370 年）降为县］、安化 11 县，及茶陵州［元直隶州，1364 年降为县。成化十八年（1182 年），复为州］。

常德府：元常德路，1364 年朱元璋改为府。领武陵、桃源［元桃源州，洪武二年（1369 年）降为县］、龙阳［元龙阳州，洪武三年（1370 年）降为县］、沅江［元属龙阳州，洪武三年（1370 年）州废，改属本府。十年（1377 年）省入龙阳县，十三年（1380 年）复置］4 县。

衡州府：元衡州路，1364 年朱元璋改为府。领衡阳、衡山（元属天临路，洪武间改属本府）、耒阳［元为直隶州，洪武三年（1370 年）降为县］、常宁［元为直隶州，洪武三年（1370 年）降为县］、安仁、酃 6 县和桂阳州［元桂阳路，洪武元年（1368 年）改为府，九年（1376 年）降为县，十三年（1380 年）升为州］。桂阳州又领临武、蓝山、嘉禾［崇祯十二年（1639 年），以桂阳州之仓禾堡置，并析临武县地益之］3 县。

永州府：元永州路，洪武元年（1368 年）改为府。领零陵、祁阳、东安 3 县和道州［元道州路，洪武元年（1368 年）为府。九年（1376 年）复降为州，以州治营道县省入，改属本府］。道州又领宁远、江华、永明、新田 4 县。

宝庆府：元宝庆路，洪武元年（1368 年）改为府。领邵阳、新化、城步 3 县和武冈州［元武冈路，洪武元年（1368 年）改为府。九年（1376 年）降为州，以州治武冈县省入，改属本府］。武冈州又领新宁县。

辰州府：元辰州路，1364 年改为府。领沅陵、卢溪、辰溪、溆浦 4 县和沅州［元沅州路，1364 年改为府。洪武九年（1376 年）降为州，以州治卢阳县省入，改属本府］。沅州又领黔阳、麻阳 2 县。

郴州直隶州：元郴州路，洪武元年（1368 年）为府。九年（1376 年）降为州，以州治郴阳县省入，直隶布政司。领永兴、宜章、兴宁、桂阳、桂东 5 县。

靖州直隶州：元靖州路，1365 年改为靖州军民安抚司。洪武元年（1368 年）降为州。三年（1370 年）升为府。洪武九年（1376 年）复降为州，以州治永平县省入，直隶布政司。领会同、通道、绥宁［元属武冈路。洪武元年，属武冈府。三年（1370 年）改属本州］、天柱 4 县。其中，天柱县不在今湖南境内。

永顺军民宣慰使司：治今永顺县以东。元永顺等处军民宣抚司，属四川行省。洪武二年（1369 年），改置永顺军民安抚司。六年（1373 年），升军民宣慰使司，直隶湖广行省。不久，改属湖广都司。领南渭州［元置，后废。洪武二年（1369 年）复置州］、施溶州［元会溪施溶等处长官司，后废。洪武二年（1369 年）改置州］、上溪州［洪武二年（1369 年）置］3 州，腊惹洞长官司、麦著黄洞长官司、驴迟洞长官司、施溶溪长官司、白崖洞长官司、田家洞长官司［洪武三年（1370 年）置］等6长官司。

保靖州军民宣慰使司：治今保靖县。元保靖州，1366 年置保靖州军民安抚司。洪武元年（1368 年）改宣慰司。六年（1373 年），升军民宣慰使司，直隶湖广行省。不久，改属湖广都司。领五寨长官司［元置，洪武七年（1374 年）因之］、筸子坪长官司［1364 年置筸子坪洞元帅府，后废。永乐三年（1405 年）改置］等2长官司。

上述诸府、州所辖56县的沿革情况略如下：

降格13县：平江、慈利、桃源、龙阳、湘阴、湘潭、浏阳、醴陵、益阳、湘乡、攸、耒阳、常宁等县，元为州，皆降为县；

新置3县：嘉禾（析桂阳州和临武县地置，今嘉禾县地）、新田（析宁远县置，今新田县地）、城步（析武冈州和绥宁县地置，今城步县地）；

省并7县：澧阳（省县为澧州州治）、新城（并入衡阳县）、平阳（并入桂阳州）、营道（并入道州）、永平（省县为靖州州治）、卢阳（省县为沅州州治）、柿溪（部分省入慈利县），诸县本元旧县（州）；

其余均袭元旧置不变。

可见，经过明代的调整，湖南地区的基层政区——县，可以说，已基本上构成了清代县级乃至今天县（市）级政区的大致格局。

另外，洪武二十五年（1392 年）所置的48道中，属于湖广布政使司的有5道，分别为蕲黄道、江陵道、汉江道、湖南道、湖北道。四年后，合并为4道，即武昌道、荆南道、湖南道、湖北道。其中，湖南道、湖北道所辖皆在今湖南境内。湖南道分领长沙、衡州、宝庆、永州四府，桂阳、郴州 2 直隶州；湖北道分领常德、辰州 2 府，靖州、沅州 2 直隶州。

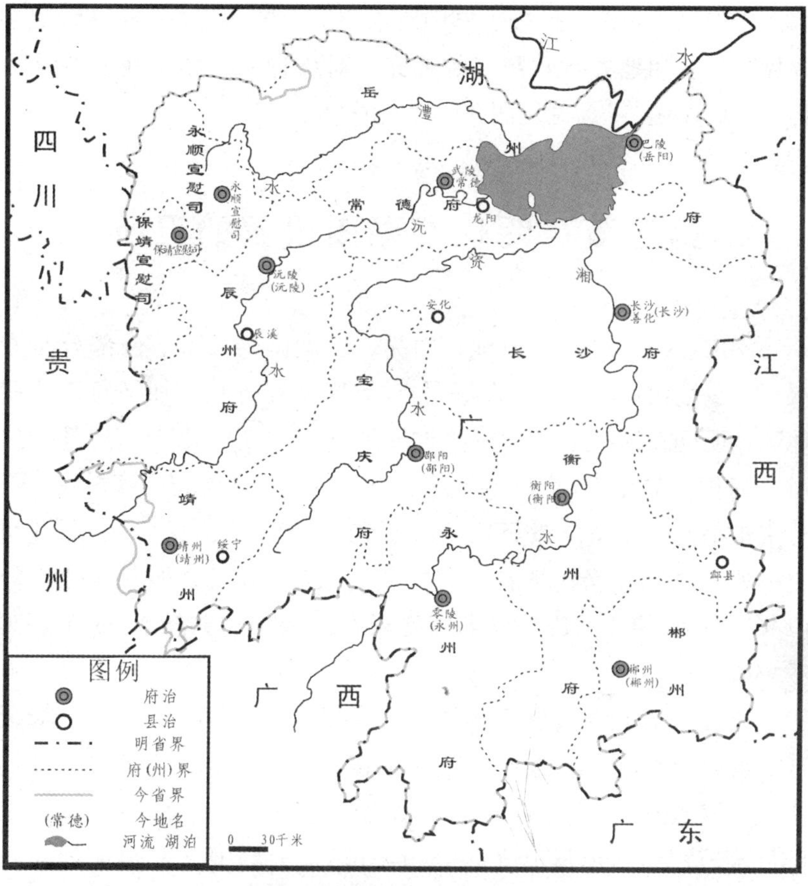

地图 9－1　明代湖南政区示意图

据《中国历史地图集》改绘

附带说明的是，湖南是明分封藩王的主要地区，先后共达 51 人之多。其中，有太祖朱元璋 3 子，英宗朱祁镇 1 子（就藩长沙）、宪宗朱见深 1 子（就藩常德）、神宗朱翊钧 1 子（就藩衡州)。从地域看，先后开府武冈州的共 11 个藩王；封于湘南、湘西边远少数民族地区，如宜章、宁远、江华、绥宁、祁阳、常宁、永兴、安仁、卢溪、沅陵、麻阳、永明等地的藩王，共有 15 人。①分封制是明朝地方行政制度的补充，对维护明在湖南地方的统治具有一定作用。(参见地图 9 – 1)

第三节　明代在湖南设置的卫所

湖南在明代是军事重地，因为，在湖南的西部、南部分布着众多的少数民族。为了在军事上有效控制和行政上加强管理这些地区，明朝在这些地区的一些冲要所在设置了统辖于湖广都指挥司（简称“湖广都司”）的卫所、巡检司等。由于湖广都司属于部分实土都司，因而，部分卫所也具有实土和准实土意义②。据《明史·地理志》和当代学者的有关研究成果③统计，明代成化年间(1465—1487 年)，湖广都指挥使司在湖南境内共辖有 13 卫、20 千户所。

13 卫为永州卫（驻今永州市）、岳州卫（驻今岳阳市）、辰州卫（驻今沅陵县）、沅州卫（驻今芷江县）、常德卫（驻今常德市）、宝庆卫（驻今邵阳市）、长沙卫（驻今长沙市）、茶陵卫（驻今茶陵县）、衡州卫（驻今衡阳市）、九谿卫（驻今慈利县）、

---

① 伍新福主编：《湖南通史·古代卷》，长沙：湖南出版社 1994 年版，第 524 页。

② 郭红、靳润成：《中国行政区划通史·明代卷》，上海：复旦大学出版社 2007 年版，第 604 ~ 606 页。

③ 郭红、靳润成：《中国行政区划通史·明代卷》，上海：复旦大学出版社 2007 年版，第 562 ~ 604 页。

永定卫（驻今张家界市）、靖州卫（驻今靖州）、宁远卫（驻今道县）。此外，洪武十一年（1378 年）曾置崇山卫，驻地在今花垣县，后裁革。

20 千户所为澧州守御千户所（直隶都司，驻今澧县）、郴州守御千户所（隶茶陵卫，驻今郴县）、桂阳守御千户所（隶茶陵卫，驻今桂阳县）、宜章守御千户所（隶茶陵卫，驻今宜章县）、广安守御千户所（隶茶陵卫，驻今汝城县）、宁溪守御千户所（隶茶陵卫，驻今蓝山县）、安福守御千户所（隶九谿卫，驻今桑植县）、麻寮守御千户所（隶九谿卫，驻今慈利县）、武冈守御千户所（隶靖州卫，驻今武冈市）、大庸守御千户所（隶永定卫，驻今张家界市）、添平守御千户所（隶九谿卫，驻今石门县）、常宁守镇中千户所（隶衡州卫，驻今常宁市）、镇溪军民千户所（隶辰州卫，驻今吉首市）、桃川守御千户所（隶永州卫，驻今江永县）、枇杷守御千户所（隶永州卫，驻今江永县）、守镇东安百户所（隶永州卫，驻今东安县西南）、锦田守镇前千户所（隶宁远卫，驻今江华县）、宁远守御千户所（隶宁远卫，驻今宁远县）、江华守镇右千户所（隶宁远卫，驻今江华县）、崇山千户所（隶辰州卫，驻今花垣县）。

除卫所外，明在一些水陆要冲和少数民族聚居区还设有巡检司。据《明史·地理志》统计，湖南先后设有 82 个巡检司。

第十章　清代的湖南政区

1644 年，清廷迁都北京，随后发兵征服南方，攻取台湾，统一全国。从此，一个疆域辽阔的帝国逐渐成形。

第一节　“省”的定制与府（州、厅）、县

“省”是清代最高一级行政区划。清朝初年，为了对明朝故土进行有效统治，清世祖顺治帝仍沿用明代的 2 直隶 13 布政使司体制，只是改北直隶为直隶，南直隶为江南布政使司，形成 1 直隶 14 布政使司的局面，俗称为 15 省。到康熙初，以湖广、江南、陕西辖区过大事繁，又分湖广为湖南、湖北两省，分江南为江苏、安徽两省，分陕西为陕西、甘肃两省。这样，全国就演变而为所谓内地 18 省，即直隶、山东、山西、河南、陕西、甘肃、四川、湖南、湖北、江苏、安徽、江西、浙江、广东、广西、云南、贵州、福建。在边疆，清王朝则施行与内地不同的行政区划，即由中央设置特别辖区，委派重臣进行管理，如在东北地区设奉天（盛京）、吉林、黑龙江三个将军辖区，在外蒙古设乌里雅苏台将军辖区，在新疆设伊犁将军，在西藏、西宁设办事大臣。清光绪年间，新置新疆省和台湾省，又改奉天、吉林、黑龙江三个将军

辖区为省。于是，清初的18省演变为23省。清初，与明一样，“省”（布政使司）的最高行政长官是左、右布政使。康熙以降，随着总督或巡抚辖区的稳定并逐渐与布政使辖区的合一，总督、巡抚逐渐演变为布政使之上的最高地方行政长官。康熙初年分省后，全国内地18省共设有8个总督，15个巡抚。总督、巡抚驻地即为省会（首府）。清朝的省级政区，是中国现代省级政区划分的基础。

清初，内地省以下的各级行政区划单位基本上沿用明制，即由省（布政使司）统辖府、州、县。一般来说，州、县皆隶于府，但也有隶于散州的县，隶于省的直隶州。康熙初以降，清代的地方行政体制出现了一些变化，主要表现于六方面：（1）确立了督抚体制。巡抚辖区为一省，每省设一员，为一省的最高行政长官；总督则统辖二、三省的军务民事，并节制巡抚。个别省只设总督，兼管巡抚事。（2）形成了“道”一级行政机构。明代大部分时间的道（守道、巡道），为地方的小监察区，官员无品级。清乾隆十八年（1753年），定道员为四品，成为实官。除无具体辖区的专职道员外，守、巡各道（后守、巡合一）实际上成为省之下、府州之上的一级行政区域。清代道制对民国年间的政区建置产生了相当影响。（3）设立了新的政区单位——厅。厅一般设置在新开发地区，有直隶厅和散厅之分。直隶厅与府、直隶州地位基本平行，上隶于省（道），绝大多数不领县；散厅隶属于府，与散州、县平行，属于基层政区单位。厅的行政长官称同知或通判。（4）实行“改土归流”。从清初开始，逐步将元、明时期在南方少数民族聚居地区所设的土司大部分予以废除，改土官为流官。根据原土司所辖区域大小，分别设立道、府、厅、州、县等，进行直接管理。① （5）

① 四川省地方志编纂委员会：《四川省志·地理志（上）》，成都：成都地图出版社1996年版，第47页。

建立盟旗管理系统。清代在内蒙古等蒙古族地区建立盟、旗单位。盟相当于内地的府，旗相当于内地的县。（6）取消了散州领县体制。元、明、清初的直隶州、散州皆可领县。康熙初以降，只有直隶州才领县，而散州则不领县。州、县的行政长官分别称知州、知县。

通过这样的变革，改变了政区层级关系。明、清初的地方行政区划是以省—（道）—府—州—县为主的虚五级实四级体系。康熙初以降，逐渐形成了以省—道—府（直隶州）—县为主的四级政区体系。据《清史稿·地理志》的统计：光绪年间全国23省，辖有府、厅、州、县1700多。县以下基层组织是乡里保甲制。清初沿袭明制不变，自乾隆中期起，规定改为十户为一牌，十牌为一甲，十甲为一保，各分设牌、甲头、保长，负责所辖区域事宜。

综上，清代绝大部分时间里，地方政区的组织主要存在如下几种隶属关系：

（1）中央—“省”（布政使司）—道—府—散州/散厅/县/土州/土县/土司/长官司/副长官司

（2）中央—“省”（布政使司）—道—直隶州—县

（3）中央—“省”（布政使司）—道—直隶厅—县/土县/土司/长官司/副长官司/旗

（4）中央—边疆特别辖区（内蒙古、察哈尔等）—盟—旗

（5）中央—边疆特别辖区（西藏）—城/营/胡图克图

（6）中央—边疆特别辖区（青海、唐努乌梁海）—部—旗

（7）中央—边疆特别辖区（青海）—土司

（8）中央—边疆特别辖区（阿尔泰）—旗

第二节　“湖南省”的建立

湖南省的成立，在湖南政区发展史上无疑是一件十分重要的事情。众所周知，湖南省是在清朝成立的。但是，对于湖南省是在清朝什么时间成立，学术界却一直没有定论。根据学者们的相关研究，主要可以排出如下诸说。

（1）康熙三年（1664 年）说。之所以说湖南建省于该年，是因为该年清廷“命湖广右布政使移驻长沙，辖长、宝、衡、永、辰、常、岳等七府，郴、靖二州”①。此说为多种清代文献所采用，如乾隆《大清一统志》卷二五七湖北省、卷二七五湖南省，《皇朝文献通考》卷八五布政使司、卷二八一湖南省，《清朝通志》卷二六湖广湖北省，《历代职官表》卷五二司道，以及清代湖南多个州县地方志中，如康熙二十三年（1684 年）《宝庆府志》②、康熙五十八年（1719 年）《郴州总志》③ 等。钱实甫④、谭天星⑤、龚胜生⑥、张建民⑦等亦多认同此说，虽然所据有异，认识有差。

（2）康熙六年（1667 年）说。之所以说湖南建省于该年，是

① 《清圣祖实录》卷十一，康熙三年四月癸巳条，北京：中华书局 1985 年影印，第 175 页。

② 康熙《宝庆府志》卷二《沿革表》。

③ 康熙《郴州总志》卷一《封域》。

④ 钱实甫：《清代职官年表》第三册《布政使年表》，北京：中华书局 1980 年版，第 1777 页。

⑤ 谭天星：《湖广分省时间小议》，《江汉论坛》1987 年第 5 期，第 19 页。

⑥ 龚胜生：《清代两湖农业地理》，武汉：华中师范大学出版社 1996 年版，第 7 ~ 9 页。

⑦ 张建民：《湖广分省问题述论》，《江汉论坛》2003 年第 12 期，第 76 ~ 80 页。

因为该年实录有载："吏部题：'议政王、贝勒、大臣、九卿、科道等会议裁官一疏，应将河南等十省俱留布政使各一员，停其左、右布政使之名。至江南、陕西、湖广三省，俱有布政使各二员，驻扎各处分理，亦应停其左、右布政使之名，照驻扎地名称布政使。其各省守、巡道一百零八员，推官一百四十二员，具照议一并裁去。'得旨允行。"① 此说为《皇朝文献通考》卷二八〇湖北省、《清朝通典》卷九三湖北省，以及少数清代湖南方志采用。赵泉澄②、牛平汉③等持此说。

（3）雍正元年（1723年）说。此说见于清代乾隆间湖南部分地方志。如乾隆二十年（1755年）的《桂阳县志》编纂者认为："雍正元年，分立贡院于长沙，湖南与湖北遂为两省。"④ 乾隆二十一年（1756年）《宜章县志》编纂者的看法略同。⑤ 类似的看法，尚见于乾隆二十四年（1759年）的《桂东县志》⑥、乾隆三十六年（1771年）的《直隶郴州总志》⑦ 等。

（4）雍正二年（1724年）说。此说见于个别湖南地方志。如同治年间纂修的《酃县志》，在雍正二年"湖南巡抚"下云："改偏沅巡抚为湖南巡抚，遂分省。"⑧ 即将偏沅巡抚改为湖南巡抚的时间作为湖广分省的时间。

---

① 《清圣祖实录》卷二十三，康熙六年七月甲寅条，北京：中华书局1985年影印本，第315页。

② 赵泉澄：《清代地理沿革表》，北京：中华书局1955年版，第91页。

③ 牛平汉主编：《清代政区沿革综表》，北京：中国地图出版社1990年版，第228、247页。

④ 乾隆《桂阳县志》卷二《舆地·沿革》。

⑤ 乾隆《宜章县志》卷二《舆地志》。

⑥ 乾隆《桂东县志》卷二《方舆志·沿革》。

⑦ 乾隆《直隶郴州总志》卷三《沿革志》。

⑧ 同治《酃县志》卷二《沿革表》。

（5）雍正七年（1729年）说。刘范弟认为，雍正三年（1725年）湖南学政设立后，湖南已经具备了行使民政、财政、刑政、教育等职能的行政机构，基本上有了完整的省政。但直到雍正七年（1729年）五月，雍正发出关于湖广等地官员回避的上谕，湖广分省才宣告完成。①

（6）康熙三年（1664年）分治说。真水康树基于康熙二十三年（1684年）的《湖广通志》使用湖北、湖南布政使的名称，省名仍然是"湖广省"，雍正十一年（1733年）的《湖广通志》还是一样，于是，认为康熙三年（1664年）的历史事实不是"分省"，而只是由两个巡抚与布政使的"分治"。②

（7）四步骤分省说。傅林祥认为，清初江南、湖广、陕西三分六，第一步是从顺治十八年（1661年）开始，将原先同管一省、同驻一城的左、右布政使司分驻，分别管理相应的区域；第二步是添设3个按察使司，使按察使司辖区与布政使司辖区得到统一；第三步是裁撤该布按辖区内的多余巡抚，只保留一位巡抚，由该巡抚下辖布按两司，巡抚辖区与布按辖区统一，分省基本完成；第四步是康熙六年（1667年）布政使司以驻在地命名，实际上是为新省命名，达到"名正言顺"的效果。③

（8）无明确时间说。段伟认为，从湖广左、右布政使司分驻到改名，再到分闱，巡抚改名，湖广分省经历了漫长的过程，直到乾隆中后期，地方志与中央官修史书开始重新构建湖北、湖南

---

① 刘范弟：《湖南建省考疑》，《湖南社会科学》1992年第2期，第50～54页。

② （日）真水康树：《康熙初江南、湖广、陕西的"分省"与清朝十八省体制》，载刘乃和主编：《历史文献研究》，北京：北京师范大学出版社1996年版，177～186页。

③ 傅林祥：《江南、湖广、陕西分省过程与清初省制的变化》，《中国历史地理论丛》2008年第2期，第126～128、147页。

两省形成的标准和时间。因此，湖北、湖南两省的形成时间不能简单地以某个时间点来断定。①

（9）未分省说。侯杨方认为，清代的分省问题仅是后人以自己的观念建构而成的概念，并非历史事实。②

由此可见，分省问题看似不是一个复杂的问题，引起的争论却历久弥新。之所以会产生这么多的说法，除了史料方面存在的差异，主要是由于人们对于分省标准所存在的不同认识。应该说，分省是实实在在存在的历史事实，因为早在康熙年间，从朝廷到地方就已经存在这样的共同认识了。需要解决的只是分省的时间问题。众所周知，确定分省的时间点不但要有一个标准，而且，这个标准应该是一个科学、合理的标准。那么，什么样的标准是科学、合理的标准？笔者以为，当时官方习惯的分省标准就是科学、合理的标准。可是，我们今天的一些学者正是在这个分省标准的认定上出了问题。

由元、明二代政区设置情况可知，作为最高一级地方政区的“省”，其名号开始于元朝的行省。明代虽然改行省为 13 个承宣布政使司，但承宣布政使司仍然俗称为省。按明朝制度，各承宣布政使司设左、右布政使各一人，负责本地区的行政、民政及赋役征收。与此同时，明朝还设立了提刑按察使司和都指挥使司，分别管理司法、军事。布、按、都三司不相统属，各自直属朝廷，管辖范围也不一致。

众所周知，清朝初年的地方行政区划设置是基本上沿袭明代

---

① 段伟：《清代湖北、湖南两省的形成——兼论分闱与分省的关系》，《清史研究》2009 年第 2 期，第 32 ~ 39 页。

② 侯杨方：《“安庆省”考——兼论清代的省制》，《历史地理》第二十三辑，上海：上海人民出版社 2008 年版，第 88 ~ 92 页。

的。例如，明所置山东承宣布政使司，清初因之[①]；明所置陕西等处左、右承宣布政使司，清初亦因之。[②] 与明代一样，清初的所谓“省”，也是对各承宣布政使司的习称。因此，承宣布政使的分驻，也就意味着新“省”（承宣布政使司）的设立——这应该就是清初期分省的唯一标准。以往之所以出现分省时间的争论，就是因为学者们大多没有充分认识到这一关键之点。傅林祥曾认识到弄清管辖一个“省”域的行政长官、行政机构有哪些是解决分省问题的关键，清初的省制有新、旧之别[③]，但是，遗憾的是，他仍然错误地把乾隆年间每一个“省”的行政长官和行政机构的标准配备，即两个长官（总督和巡抚）、两个行政机构（布政使司、按察使司），以及多个省级专业官员（盐捕等专业道员）和派出官员（分守分巡道员），拿来讨论清朝初年的政区制度，自然无法获得正确的结论。清朝初年，总督、巡抚并不是一个“省”行政长官的标准配备。例如，清顺治二年（1645 年），改南直隶为江南省，置凤阳巡抚及安庐池太巡抚，兼理操江军务，并统于淮阳总督；至顺治六年（1649 年），所置巡抚、总督俱罢。[④] 很明显，这与明朝总督、巡抚皆因事而设、事毕即裁的情形完全一致。至于按察使司，也不是清初一省行政机构的标准配备，其设置不但可以与布政使司不同步，而且管辖区域与布政使司有很大出入，驻地也不一定与布政使司同治。如顺治十八年（1661 年）江南左布政使司驻江宁府（今南京），辖安、徽、宁、池、太、庐、凤、淮、扬九府和

① 《清史稿》卷六十一《地理志八》。

② 《清史稿》卷六十三《地理志十》。

③ 傅林祥：《江南、湖广、陕西分省过程与清初省制的变化》，《中国历史地理论丛》2008 年第 2 期，第 126 ~ 128、147 页。

④ 《清史稿》卷五十九《地理志六》。

徐、滁、和、广德 4 州；而康熙三年（1664 年）五月所设江北按察使司，驻泗州（今江苏盱眙），辖安庆、庐、凤、淮、扬 5 府以及徐、滁、和 3 州。[①] 这与明朝都指挥使司、布政使司、按察使司三权分立、辖域不一的情形又基本一致。

基于上述的认识，湖南省的建立时间也就必然是康熙三年（1664 年），因为，该年发生了标志性的事件：清廷令原与湖广左布政使同驻武昌的湖广右布政使移驻长沙，“设湖南布、按二司，粮驿盐道”[②]，并分辖长、宝、衡、永、辰、常、岳等七府，郴、靖二州。后来加入的其他相关军政建置只是对明以来旧省制的一个改革或完善过程。至于有学者以湖广左右布政使司分别改名为湖北布政使司和湖南布政使司的时间可能要到康熙六年（1667 年），而认为湖南省应建于该年，笔者以为并不合理。不要说康熙六年（1667 年）才使用“湖南布政使司”之名的看法并无明确依据[③]，即使确实如此，也仅仅是从形式上进行的规范，并不影响其实际上的情形，例如“省”域的改变。“湖南”之名自唐代已有，明中期以来，尤其是到清初，把洞庭湖以南称湖南的地域概念已经相当明确[④]。因此，右布政使移驻长沙新建的布政使司，人们习称之为“湖南省”十分自然。若斤斤计较于名称的变化，那么，将无法解释清初江南、陕西、湖广分省后文献中还长期延续的“江南省”、“湖广省”等曾有名称，以及事实上根本没有存在过的“偏沅省”、“西安省”、“安庆省”之类名称。之所以出现这样的名称

① 傅林祥：《江南、湖广、陕西分省过程与清初省制的变化》，《中国历史地理论丛》2008 年第 2 期，第 126 ~ 128，147 页。

② 康熙《郴州总志》卷一《封域》。

③ 据康熙二十三年《湖广通志》卷一《沿革》，湖广省布政使司职衔全称应为“湖广湖北等处承宣布政使司布政使”和“湖广湖南等处承宣布政使司布政使”。

④ 张建民：《湖广分省问题述论》，《江汉论坛》2003 年第 12 期，第 76 ~ 80 页。

混乱情况，主要是因为清代的“省”，不但是省级行政区划的俗称，也往往是总督、巡抚、布政使司等省级官员和衙门的通称。[①] 至于康熙三年（1664 年）稍迟偏沅巡抚由偏桥镇移驻长沙府［雍正二年（1724 年）才改名为湖南巡抚］，为因袭明偏沅巡抚，其主要任务在于“节制各镇”，事属军务，无论如何都不影响湖南地区称省。可见，清康熙以降绝大部分文献所认定的康熙三年（1664 年）湖南建省说是正确的。最为权威的康熙朝《大清会典》实际上也确是以布政司的分驻作为分省标准的。[②]

顺便说，根据上述建省标准，江苏、安徽的建省时间应为顺治十八年（1661 年），陕西、甘肃的建省时间应为康熙二年（1663 年），皆早于湖南建省的康熙三年（1664 年）。

第三节　“湖南省”的行政区划

随着康熙三年（1664 年）湖广右布政使从武昌移驻长沙，湖南从此独立建“省”，成为中国内地 18 省之一。当时，全省辖长沙、宝庆、衡阳、永州、辰州、常德、岳阳 7 府和郴州、靖州 2 直隶州。后来，雍正七年（1729 年）置永顺府，升岳州府属澧州为直隶州。雍正十年（1732 年），升衡州府属桂阳州为直隶州，均直隶布政使司。乾隆元年（1736 年）升辰州府属沅州为府。嘉庆二年（1797 年）升辰州府属乾州、凤凰、永绥 3 厅为特别行政区。嘉庆二十二年（1817 年），析沅州府芷江县地置晃州直隶厅。光绪

① 傅林祥：《江南、湖广、陕西分省过程与清初省制的变化》，《中国历史地理论丛》2008 年第 2 期，第 126～128，147 页。

② 《大清会典》（康熙朝）卷十八《户部二·州县一》。

二十一年（1895年），又割华容、巴陵、安乡、武陵、龙阳、沅江6县地，增设南洲直隶厅。至此，清代湖南行政区划基本固定下来。清末，全省计有4道、9府、4直隶州、5直隶厅、68县（散州、散厅）。试根据《嘉庆重修一统志·湖南统部》等相关史料和当代学者的有关研究成果①，略述如下。

4道为：

长宝道：治长沙，今长沙市。辖长沙、宝庆2府。

岳常澧道：治巴陵，今岳阳市。辖岳州、常德2府及澧州直隶州、南洲直隶厅。

辰沅永靖道：治凤凰，今凤凰县。辖辰州、沅州、永顺3府，靖州1直隶州，乾州、凤凰、永绥、晃州4直隶厅。

衡永郴桂道：治衡阳，今衡阳市。辖衡州、永州2府，郴州、桂阳州2直隶州。

9府为：

长沙府：治今长沙市。袭明旧置。领长沙、善化、湘阴、湘潭、浏阳、醴陵、宁乡、益阳、湘乡、攸县、安化11县和茶陵州。

宝庆府：治今邵阳市。袭明旧置。领邵阳、新化、新宁、城步4县和武冈州。

岳州府：治今岳阳市。先袭明旧置。雍正七年（1729年）后，领巴陵、华容、临湘、平江4县。

常德府：治今常德市。袭明旧置。领武陵、桃源、龙阳、沅江4县。

衡州府：治今衡阳市。先袭明旧置。乾隆二十一年（1756年）后，领衡阳、清泉、衡山、耒阳、常宁、安仁、酃县7县。

---

① 牛平汉主编：《清代政区沿革综表》，北京：中国地图出版社1990年版，第247～264页。

永州府：治今永州市零陵区。袭明旧置。领零陵、祁阳、东安、宁远、江华、永明、新田7县和道州。

辰州府：治今沅陵县。先袭明旧置。嘉庆元年（1796年）后，领沅陵、泸溪、辰溪、溆浦4县。

沅州府：治今芷江县。先袭明旧置。乾隆元年（1736年）后，领芷江、黔阳、麻阳3县。

永顺府：治今永顺县。先袭明旧置为永顺宣慰司。雍正四年（1726年），改流官，置永顺厅，属辰州府。雍正七年（1729年），改厅置永顺府。清末，领永顺、龙山、保靖、桑植4县和古丈坪厅。

4直隶州为：

澧州：治今澧县。先袭明旧置，属岳州府。雍正七年（1729年），升直隶州。领安乡、石门、慈利、安福、永定5县。

桂阳州：治今桂阳县。先袭明旧置，属衡阳府。雍正十年（1732年），升直隶州。领临武、蓝山、嘉禾3县。

郴州：治今郴州市。袭明旧置。领永兴、宜章、兴宁、桂阳、桂东5县。

靖州：治今靖州县。先袭明旧置。乾隆七年（1742年）后，领会同、通道、绥宁3县。

5直隶厅为：

南洲厅：治今南县。光绪二十年（1894年），以华容县属乌咀地置南洲直隶厅，以洞庭湖涨沙地并析华容、安乡等县地隶之。

乾州厅：治今吉首市。明为镇溪军民千户所，隶辰州府泸溪县。康熙三十九年（1700年）改为乾州。康熙四十七年（1708年），置乾州厅，属辰州府。嘉庆元年（1796年），升为直隶厅。

永绥厅：雍正八年（1730年）于吉多坪（今花垣县吉卫镇）置永绥厅，属辰州府。嘉庆元年（1796年）升直隶厅。七年（1802年），徙厅治于花园寨（今花垣县城）。

晃州厅：治今新晃西南老晃城。嘉庆二十一年（1816 年）置。

凤凰厅：治今凤凰。康熙四十三年（1704 年）改流官，置通判，属辰州府。乾隆五十二年（1787 年）改厅，升通判为同知。嘉庆元年（1796 年）升直隶厅。

上诸府、直隶州所属共 68 县（州、厅），其沿革情况如下。

袭置 58 县（散州）：长沙、善化、湘潭、湘阴、宁乡、浏阳、醴陵、益阳、湘乡、攸县、安化、茶陵州、邵阳、新化、城步、新宁、武冈州、巴陵、临湘、华容、平江、武陵、龙阳、桃源、沅江、石门、安乡、慈利、衡阳、衡山、耒阳、常宁、安仁、酃县、零陵、祁阳、东安、宁远、永明、江华、新田、道州、临武、蓝山、嘉禾、永兴、宜章、兴宁、桂阳、桂东、沅陵、辰溪、溆浦、黔阳、麻阳、会同、通道、绥宁。

新置 9 县（厅）：

安福县：由慈利、澧州地析置，当今临澧县一带。

永顺县：由明永顺宣抚司治地改置，当今永顺县一带。

永定县：由慈利永定卫地析置，当今大庸市一带。

芷江县：乾隆元年（1736 年）沅州升府后，以州治所在置县，当今芷江县和怀化市一带。

龙山县：由明白崖洞长官司地改置，当今龙山县一带。

保靖县：由明保靖军民宣慰使司地改置，当今县保靖一带。

桑植县：先袭明为桑植安抚司。雍正四年（1726 年），改流官置厅，隶岳州府。七年（1729 年）改为县，析慈利县安福所地益之。乾隆元年（1736 年），复省上峒、下峒、茅冈 3 土司地入县。当今桑植县一带。

清泉县：由衡阳东南境析置，当今衡阳市及衡南县一带。

古丈坪厅：道光二年（1822 年）于古丈坪地置古丈坪厅，当今古丈县一带。

改名1县：卢溪改名为泸溪。

可见，清代湖南的行政区划建置，为当代湖南政区的建置提供了直接依据。（参见地图10－1）

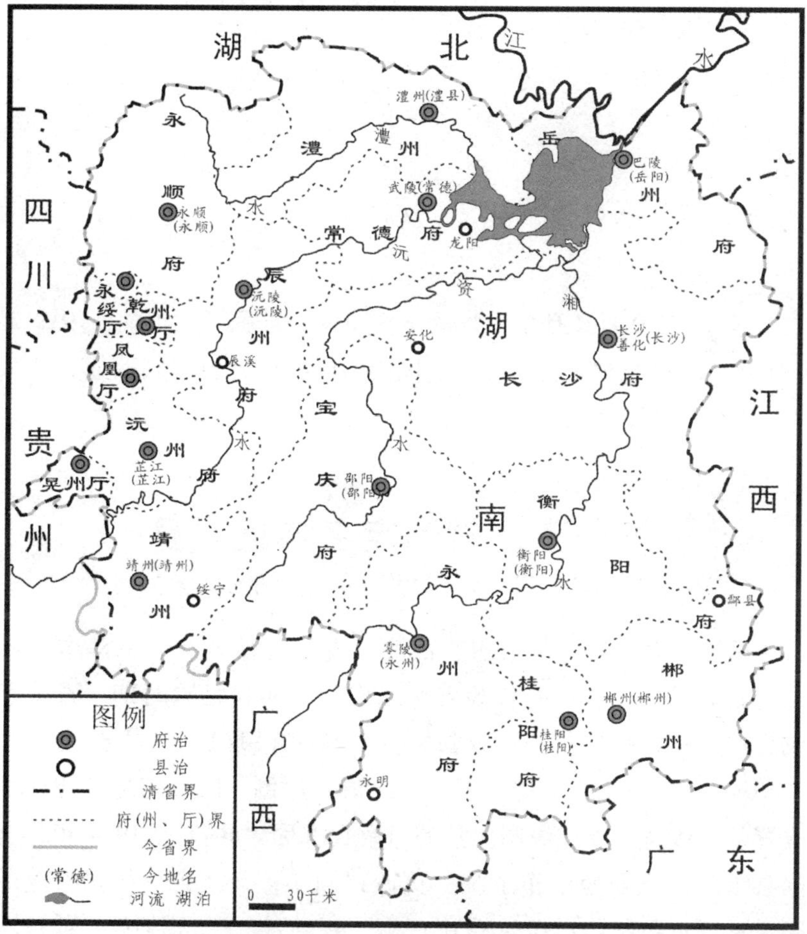

地图10－1　清代湖南政区示意图

据《中国历史地图集》改绘

第十一章　民国时代的湖南省政区

1911 年 10 月，孙中山发动辛亥革命，推翻了清王朝。1912 年 1 月 1 日，中华民国建立。中华民国历时不长，但军阀混战，外敌入侵，社会十分动荡。

第一节　省的定名与道、县

民国初年，各省及蒙古、西藏、青海等地方区划，基本上沿袭清制。不过，清代的省为习称或俗称，而到民国时期，省终于成为正式的名称。省级行政长官先后称“民政长”、“巡按使”、“省长”、“省主席”。省之下，废除府州厅制，府直辖地及州、厅改置县，成省、县二级制。县的行政长官称“县长”。1914 年，全国县级以上重复地名作了统一更改；同年，又在省、县间恢复道级，重行三级制。道级行政长官称“观察使”、“道尹”。到 1928 年春，又废道制，恢复二级制。1936 年以后，各省在县之上又普遍设有“行政督察区”。“行政督察区”建有专署，配备专员，具有相当的行政职能，但并不是一级地方政府。

民国初年，划内蒙古和川西地区置绥远、热河、察哈尔、川边特别区，其中，川边特别区于1939年正式改置西康省，其余各特别区皆于1928年改置省；同时，又改置青海地区为省，析甘肃省部分地区置宁夏省；直隶、奉天2省分别更名为河北省和辽宁省。此外，国民政府还在这一时期划置若干直属中央的行政区：京兆地方（今北京市）、阿尔泰地区、东省特别行政区、威海卫行政区，均属省级单位。

民国初年，除县之外，还有与县同级的过渡性县级建置，如设治局、招垦局、管理局、实验局等。

民国时期出现了新的地方行政单位——“市”。市出现于20世纪20年代，有中央直辖市与省辖市之分。前者先称特别市，1930年后也称市，为省级；后者称市，同县级。

1945年9月，抗日战争胜利后，台湾回归祖国，仍置台湾省。东北各省，在1931年到1945年的日本占领期间，建立了傀儡政权伪满洲国，被划分为18省，其下亦置道、县。抗日战争胜利以后，即将该18省合并为辽宁、辽北、安东、吉林、合江、松江、嫩江、黑龙江、兴安9省。1946年1月，国民政府宣布承认外蒙古独立。

到1948年，全国共辖35省：江苏、浙江、安徽、江西、湖北、湖南、四川、西康、福建、台湾、广东、广西、云南、贵州、河北、山东、河南、陕西、山西、甘肃、宁夏、青海、绥远、察哈尔、热河、辽宁、辽北、安东、吉林、合江、松江、嫩江、黑龙江、兴安、新疆；1个相当于省的地方：西藏；12个中央行政院辖市：南京、上海、北平、青岛、天津、重庆、大连、哈尔滨、汉口、广州、西安、沈阳；各省下辖209个行政督察区，2016个县，57个省辖市，40个设治局，1个管理局，132个旗。

另外，中国共产党在革命根据地和解放区建立过工农革命政权。如在江西瑞金建立过工农苏维埃政府，在陕北延安建立过陕甘宁边区政府，在华北建立过晋察冀边区政府、华北人民政府，等等。这些政权往往也领有若干个县。

因此，中华民国大部分时间主要的地方行政辖属体系如下：

（1）中央—省—道—县/旗

（2）中央—省—（行政督察区）—县/旗

（3）中央—特别市（直辖市）

（4）中央—省—市/设治局/招垦局/管理局/实验局（县）

第二节　湖南省的政区建置

1911 年 10 月 10 日武昌首义爆发后，10 月 22 日，湖南新军响应，“中华民国湖南军政府”成立，次日改名为“中华民国军政府湖南都督府”。湖南各地亦相继“光复”。民国元年（1912 年）9 月 13 日，湖南都督府置民政长，为全省最高行政长官；民国三年（1914 年），改民政长为巡按使；民国五年（1915 年），改巡按使为省长。从此，省长作为本省最高行政长官沿用至今。1912 年 1 月至 1913 年，境内废长沙、宝庆、永州、衡阳、岳州、常德、永顺、辰州、沅州 9 府，存长沙、邵阳（后改名宝庆）、零陵、衡阳、岳阳、常德、永顺、沅陵、芷江 9 县；废州、厅，成茶陵、武冈、道县、郴县、桂阳（原桂阳县更名为汝城）、南县、澧县、古丈（原古丈坪厅）、永绥、乾县、凤凰、晃县、靖县 13 县；裁撤善化、清泉 2 县及株洲直隶厅。

1912 年，龙阳更名汉寿。1914 年，兴宁、安福、永定、乾县等 4 县，分别更名为资兴、临澧、大庸、乾城。同年，省、县之间恢复设道，全省初设长宝、衡永郴桂、岳常澧、辰沅永靖4道，后分别更名为湘江、衡阳、武陵、辰沅4道。湘江道治长沙县，辖16县；衡阳道治衡阳县，辖24县；武陵道治常德县，辖15县；辰沅道治凤凰县，辖20县。全省共辖75县。1916年7月，裁武陵道，所属15县中，11县划归湘江道，4县划归辰沅道。当时全省分为3道75县。1926年废道，各县直辖于省。

1935年，设湘西绥靖处于沅陵，把湘西地区19个县划属5个行政督察区，即：

慈石庸区，专署驻慈利县，辖慈利、石门、大庸县。

永保龙桑区，专署驻永顺县，辖永顺、保靖、龙山、桑植县。

乾永凤古区，专署驻乾城县，辖乾城、永绥、凤凰、古丈县。

沅泸辰溆区，专署驻沅陵县，辖沅陵、泸溪、辰溪、溆浦县。

芷黔麻晃区，专署驻芷江县，辖芷江、黔阳、麻阳、晃县。

1936年1月，省政府把行政督察区建置在全省推行，分全省为9区。此后，行政督察区的数量及其辖县数有变化，或8区，或9区，或10区，而以10区的划分维持时间略长。如1938年，复分全省为10区，情况如下。

第一区，专署驻浏阳县，后迁驻岳阳县。辖浏阳、长沙、醴陵、湘潭、平江、湘阴、岳阳、临湘8县。

第二区，专署驻衡阳县，1942年6月，迁驻茶陵县。辖衡阳、常宁、耒阳、安仁、酃县、茶陵、攸县、衡山8县。

第三区，专署驻郴县，辖郴县、宜章、汝城、临武、蓝山、嘉禾、桂阳、永兴、资兴、桂东10县。

第四区，专署驻常德县，辖常德、桃源、慈利、石门、临澧、澧县、安乡、华容、南县9县。

第五区，专署驻益阳县，辖益阳、宁乡、湘乡、安化、沅江、汉寿6县。

第六区，专署驻邵阳县，辖邵阳、新化、武冈、新宁、城步5县。

第七区，专署驻零陵县，辖零陵、祁阳、东安、新田、宁远、道县、江华、永明8县。

第八区，专署驻永顺县，辖永顺、古丈、保靖、大庸、桑植、龙山6县。

第九区，专署驻沅陵县，1943年9月，迁驻乾城县所，辖沅陵、溆浦、泸溪、乾城、永绥、凤凰、辰溪、麻阳8县。

第十区，专署驻会同县洪江镇，辖会同、芷江、黔阳、晃县、绥宁、靖县、通道7县。1942年4月，增领怀化县。

抗战胜利后，全省行政督察区一度改划为8个；长沙、衡阳2市和长沙、湘潭、醴陵、浏阳、平江、临湘、岳阳、益阳、宁乡、湘阴等10县由省政府直辖。1948年，全省又重新划为10个行政督察区，下辖77县，但各区辖县有所调整。情况如下。

第一区：专署驻岳阳县，辖岳阳、长沙、浏阳、醴陵、湘潭、平江、湘阴、临湘8县。

第二区，专署驻衡阳市，辖衡阳、茶陵、衡山、耒阳、攸县、常宁、安仁、酃县8县。

第三区，专署驻郴县，辖郴县、桂阳、永兴、宜章、临武、桂东、汝城、蓝山、嘉禾、资兴10县。

第四区，专署驻常德县，辖常德、澧县、桃源、石门、慈利、南县、华容、安乡、临澧9县。

第五区，专署驻益阳县，辖益阳、湘乡、安化、汉寿、宁乡、沅江6县。

第六区，专署驻邵阳县，辖邵阳、新化、隆回、武冈、新宁、城步6县。

第七区，专署驻零陵县，辖零陵、祁阳、宁远、新田、东安、永明、江华、道县8县。

第八区，专署驻永顺县，辖永顺、保靖、龙山、大庸、桑植、古丈6县。

第九区，专署驻沅陵县，辖沅陵、辰溪、溆浦、泸溪、凤凰、麻阳、永绥、乾城8县。

第十区，专署驻会同县洪江镇，辖会同、芷江、绥宁、黔阳、晃县、靖县、通道、怀化8县。

民国初年的75县，到民国末年，裁并或改名的有27县：长沙县（并长沙、善化2县）、茶陵县（茶陵州改）、宝庆县（邵阳县改）、武冈县（武冈州改）、岳阳县（巴陵县改）、常德县（武陵县改）、汉寿县（龙阳县改）、澧县（澧州直隶州改）、临澧县（安福县改）、南县（南洲直隶厅改）、衡阳县（衡阳、清泉2县合并）、零陵县（永州府治改）、道县（道州改）、郴县（郴州直隶州改）、资兴（兴宁县改）、汝城（桂阳县改）、桂阳县（桂阳直隶州改）、芷江县（沅州府治改）、凤凰（凤凰直隶厅改）、沅陵县（辰州府治改）、永顺县（永顺府治改）、古丈县（古丈坪厅改）、靖县（靖州直隶州改）、乾城县（乾州直隶厅改）、永绥（永绥直隶厅改）、晃县（晃州直隶厅改）、大庸（永定县改）。

民国年间新置2县：

怀化：1942年4月，由辰溪、芷江、黔阳、麻阳4县析置；

隆回：1947年6月，由邵阳、武冈、新化3县析置。

建而复撤1县（区）：1928年，析零陵、宁远、祁阳、桂阳、新田、常宁6县部分地方置阳明县；1931年，改为阳明特别区（县级）。不久，阳明特别区被撤销。

其余皆为清代旧置。

最后，特别需要提及的是，湖南省省会长沙县城区于1933年8月置市。1943年4月，又划衡阳县城区置市。市的设置，标志着湖南政区的发展进入到一个新的阶段。今天湖南省的市辖县政区体制，其基础设置即可寻源于此。（参见地图11－1）

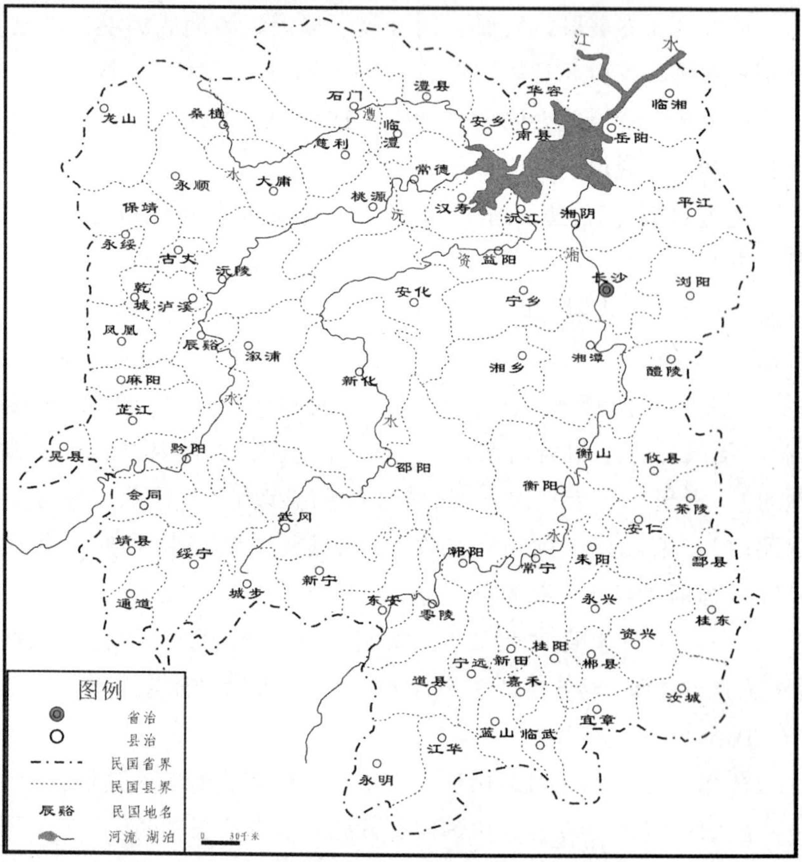

以1935年为准

地图11－1　民国湖南省政区示意图

下　篇

湖南市县建置沿革

第一章 湘东北区

湘东北区范围包括今长沙市、岳阳市和益阳市及其所辖县（市、区）。

第一节 长沙市（含长沙县、望城县）

战国时属楚国。大约春秋晚期，楚人势力进入今长沙市一带。楚悼王后期（前389—前381年），始置苍梧郡，下辖长沙县（治今市旧城区）。今市境属长沙县。

秦始皇灭楚，袭置苍梧郡及长沙县，今市仍属之。约公元前219年，改苍梧郡名长沙郡，并改长沙县名临湘县（治今市旧城区），为郡治。今市境属临湘县。

汉立，公元前202年刘邦封吴芮为长沙王，改秦郡为长沙国，临湘县为国都。公元前156年吴氏长沙国传五世而撤封，刘氏长沙国继之。至公元7年，刘氏长沙国国除。今市境属临湘县。

王莽篡位，改长沙国名填蛮郡，改郡治临湘名抚睦县。今市境属抚睦县。

东汉初，复汉郡县名。建武二年（26年），光武帝刘秀遥封西汉末代长沙王刘舜之子刘兴为长沙王，复建长沙国。37年，废长沙国为长沙郡，改封刘兴为临湘侯。后废侯国为县。今市境属临湘侯国（县）。

三国东吴仍置临湘县，属长沙郡，为郡治。吴太平二年（257年），分湘南、临湘二县立湘西县（治今湘潭县石潭镇古城村）。三年（258年），又析长沙郡西部为衡阳郡，湘西县往属之。皆隶荆州。今市境分属临湘、湘西二县。

晋因之。307年湘州成立，长沙、衡阳二郡改隶之，临湘、湘西二县各随之，临湘县兼为湘州州治。今市境分属临湘、湘西二县。

南朝宋仍置临湘县，属湘州长沙国；仍置湘西县，隶衡阳郡。齐、梁、陈三代，置临湘、湘西二县不改，临湘县兼为长沙郡郡治、湘州州治。今市境分属临湘、湘西二县。

隋平陈，改长沙郡为潭州总管府，治临湘县；开皇九年（589年），并湘西入临湘县。大业初潭州总管府废，复改称长沙郡，郡治临湘县亦改名长沙县。今市境先后属临湘县、长沙县。

唐武德四年（621年），平萧铣，复改长沙郡称潭州，治长沙；天宝元年（742年），又为长沙郡。乾元元年（758年），再改潭州。州、郡治所仍前。潭州长沙郡先属江南道，开元二十一年（733年）后属江南西道。大历五年（770年），湖南观察使又移治潭州。今市境属长沙县。

五代初，马楚仍置长沙县。后汉乾祐二年（949年），析长沙县东部置龙喜县（治今长沙县黄兴镇鹿芝岭一带）。长沙为潭州（长沙府）治、武安军节度使治，并楚国国都。今市境分属长沙、龙喜二县。

北宋初，废龙喜县入长沙县。长沙仍兼潭州、长沙郡、武安军节度治，属江南道。后隶荆湖路，再隶荆湖南路，长沙为荆湖南路安抚司治。元符元年（1098年），析长沙县五乡、湘潭县两乡为善化县（治今长沙旧城南）。今市境分属长沙、善化二县。

南宋因之。今市境分属长沙、善化二县。

元至元十三年（1276年），于潭州立安抚司。次年，改为潭州路总管府，为湖广行省治所。十八年（1281年），迁行省治鄂州（今湖北武汉市），徙湖南道宣慰司治潭州。天历二年（1329年），因元文宗登位前曾路过潭州，改名天临路。路治长沙，置有录事司。今市境分属长沙、善化二县及录事司。

1364年，朱元璋改天临路为潭州府。洪武五年（1372年），更名长沙府，仍治长沙县，隶湖广布政使司。今市境分属长沙、善化二县。

清朝康熙三年（1664年），湖广右布政使移驻长沙，湖南独立建"省"（布政司），长沙县为湖南省省会，并兼长宝道、长沙府治。今市境分属长沙、善化二县。

民国初，裁善化县入长沙，长沙县仍为省会，先后兼为长宝道、湘江道道治。1933年，长沙县、市分治，始设"长沙市"，为省辖市。从此后，长沙市一直为湖南省省会。

（1951年，析长沙县湘江以西及湘江东岸北部部分地区置望城县。1959年，望城县并入长沙县。1977年，复置望城县）

第二节 浏阳市

战国时属楚国。楚悼王后期（前389—前381年），楚始置苍梧郡，下辖长沙县。今市地属长沙县。

秦灭楚，始因之。约公元前219年，改苍梧郡名长沙郡，并改长沙县名临湘县。今市地属临湘县。

汉立，公元前202年刘邦封吴芮为长沙王，改秦郡为长沙国，临湘县隶之。今市地属临湘县。

王莽篡位，改长沙国为填蛮郡，临湘县为抚睦县。今市地属抚睦县。

后汉仍之。先后属长沙国临湘县、长沙郡临湘侯国地。东汉建安14年（公元209年），吴孙权析临湘置刘阳县（治今市城区），并为东吴将领周瑜“俸邑”，仍属（南）荆州长沙郡。市名始此。今市地始属刘阳县。

222年孙权称帝后，刘阳县建置不变。

晋代，刘阳县改名浏阳县，先属荆州，后改属湘州。

南朝宋、齐、梁、陈四代，皆因之。

隋省浏阳县入长沙县，先后属潭州、长沙郡。

唐初因之。景龙二年（708年），复置浏阳县，属潭州、长沙郡。

马楚因之，属潭州。

北宋、南宋仍于潭州置浏阳县，先后辖属荆湖路、荆湖南路。

元升浏阳县为浏阳州，属湖广行省湖南道宣慰司潭州路（后改名天临路）。

明洪武二年（1369年），降浏阳州为浏阳县，属湖广布政使司潭州府（后改名长沙府）。

清初因之。康熙三年（1664年）湖南“省”（布政使司）成立后，浏阳县辖于长宝道长沙府。

民国初，废府存道，浏阳县先后隶长宝道、湘江道。1922年道废，县直辖于省。1936年后，设行政督察区，县属湖南省第一行政督察区。

（1993年，改浏阳县为浏阳市）

第三节 宁乡县

战国时属楚国。楚悼王后期（前389—前381年），楚始置洞庭郡，下辖有益阳县（治今沅江市明朗山一带）。今县地属益阳县。

秦灭楚，因之。今县地属益阳县。

西汉时，今县仍属益阳县地，辖于长沙国。

后汉时，今县仍属益阳县地，先后辖于长沙国、长沙郡。

东吴时，析益阳县置新阳县（治今县城区西），隶荆州衡阳郡。今县地属新阳县。

晋初因之。太康元年（280年）时，改新阳县名新康县，又改隶湘州。今县地属新康县。

东晋仍置新康县，仍隶衡阳郡，改属荆州。今县地属新康县。

南朝宋、齐、梁、陈四代置新康县不变。县宋隶湘州衡阳国，齐、梁、陈皆隶湘州衡阳郡。今县地属新康县。

隋初改长沙郡为潭州，新康属之。开皇九年（589年），并新康入益阳县（治今益阳市城区），仍属长沙郡（潭州）。今县地先后属新康、益阳县。

唐初因之。唐武德四年（621年），复析益阳县置新康县。七年（624年），又省新康县入益阳、长沙。今县地分属益阳（新康）、长沙二县。

马楚时，县地仍属益阳、长沙二县，隶潭州、长沙府。今县地分属益阳、长沙二县。

宋太平兴国二年（977年）析益阳、长沙二县地始置宁乡县

（治今县横市镇），隶荆湖南路潭州。今县始此。

南宋因之，移县治于玉潭镇（今县城）。

元仍置宁乡县，隶湖广行省湖南道宣慰司潭州路（后改名天临路）。

明置宁乡县不变，隶湖广布政使司潭州府（后改名长沙府）。

清初仍之。康熙三年（1664 年），湖南"省"（布政使司）成立，县隶长宝道长沙府。

民国时，废府存道，宁乡县先后隶长宝道、湘江道。1922 年道废，县直辖于省。1936 年后，设行政督察区，县属湖南省第五行政督察区较长。

第四节　岳阳市（含岳阳县）

战国属楚国。大致在春秋早期的楚文王时（前 689—前 676 年），罗子国南迁。楚悼王后期（前 389—前 381 年），楚始置苍梧郡，下辖罗县（治今汨罗市城区西北罗国故城）。今市先后属罗子国、罗县地。

秦始皇灭楚，袭置苍梧郡及罗县。约公元前 219 年，改苍梧郡名长沙郡。今市仍属罗县地。

西汉时，析罗县新置下隽县（治今湖北通城县西），属长沙国，隶荆州刺史部。今市属罗、下隽二县地。

东汉置罗、下隽二县，属长沙郡，仍隶荆州刺史部。今市分属罗、下隽二县地。

三国时，东吴仍置罗、下隽县，隶荆州长沙郡。今市分属罗、下隽县地。

西晋析罗、下隽置巴陵县（治今市旧城区），属长沙郡，先隶荆州，后荆、广二州析置湘州，郡改属湘州。今市属巴陵县地。

东晋巴陵县仍属长沙郡，隶荆州。今市属巴陵县地。

南朝宋、齐、梁、陈四代，皆置巴陵郡，以巴陵县为郡治，领巴陵等县，隶郢州。今市属巴陵县地。

隋文帝开皇九年（589 年），废郡为州，改巴陵郡为巴州。十一年（591 年），改巴州为岳州。大业初年又改称罗州，复改称巴陵郡，皆治巴陵，领巴陵等县。今市属巴陵县地。

唐武德四年（621 年），平萧铣，称巴州，领巴陵、华容、沅江、罗、湘阴 5 县。六年（623 年），改为岳州。天宝元年（742 年），改为巴陵郡。乾元元年（758 年），复为岳州。皆属江南（西）道。今市属巴陵县地。

五代马楚时，仍置巴陵县，仍属岳州。今市属巴陵县地。

北宋岳州仍治巴陵（今岳阳市城区），领巴陵、华容、平江、临湘、沅江 5 县，隶荆湖北路。宣和元年（1119 年），以岳州为岳阳军。今市属巴陵县地。

南宋绍兴二十五年（1155 年），改岳州为纯州，改岳阳军为华容军。绍兴三十一年（1161 年），复改纯州为岳州。岳州领巴陵等 4 县，隶荆湖北路。今市属巴陵县地。

元至元十三年（1276 年），改岳州为岳州路，治巴陵，置录事司，领巴陵等 4 县（州）。路隶湖广行省江南湖北道肃政廉访司。今市分属巴陵县、录事司地。

1364 年，朱元璋改岳州路为岳州府。明洪武九年（1376 年）降岳州府为直隶州，直隶于布政使司。十四年（1381 年）复为岳州府。领巴陵、临湘、华容、平江、澧州等 8 县（州）。今市属巴陵县地。

清初因之。康熙三年（1664 年），湖南“省”（布政使司）成立，巴陵县隶岳常澧道。今市属巴陵县地。

民国初，废府存道，改巴陵县为岳阳县，先后隶属岳常澧道、湘江道。1922 年废除道制，县直属湖南省。1936 年，湖南设立行政督察区，第一行政督察区驻岳阳县，辖岳阳、临湘、平江、湘阴、长沙等 10 县。

（1960 年，析岳阳县城关镇、城陵矶镇为岳阳市。1962 年，撤销岳阳市，复为岳阳县城关镇。1975 年，恢复岳阳市）

第五节　汨罗市

战国属楚国。大致在春秋早期的楚文王时（前 689—前 676 年），罗子国南迁于今市境（城址位于今市城区西北 4 公里处）。楚悼王后期（前 389—前 381 年），楚始置苍梧郡，下辖罗县、青阳县（治今湘阴县北青山岛）。今市先属罗子国，后分属罗县、青阳县地。

秦始皇灭楚，袭置苍梧郡及罗县、青阳县。约公元前 219 年，改苍梧郡名长沙郡。今市地分属罗县、青阳县。

西汉初，徙衡山王吴芮为长沙王，改长沙郡为长沙国，青阳、罗县仍隶之。后省青阳县入罗县。今市地属罗县。

东汉初，废长沙国为长沙郡，隶荆州刺史部，罗县仍隶之。今市地属罗县。

三国时，东吴仍置罗县，隶荆州长沙郡。今市地属罗县地。

晋太康元年（280 年），灭吴，罗县仍隶荆州长沙郡。长沙郡先隶荆州，后隶湘州。今市地属罗县地。

东晋仍置罗县不改，隶荆州长沙郡。今市属罗县地。

南朝宋元徽二年（474 年），析罗县、益阳、湘西三县新置湘阴县（治今湘阴县北境），隶湘州长沙国。今市地分属罗县、湘阴二县。

齐仍置罗、湘阴二县，隶荆州长沙郡。今市地分属罗县、湘阴二县。

梁初，析罗县南部、湘阴县置湘滨县（治今市川山坪镇城江村），析罗县东部、吴昌县西部置岳阳县（治今市长乐镇），析罗县北部置玉山县（治今市屈子祠镇玉笥山），隶岳阳郡（治岳阳县）。大通二年（528 年），以罗县置罗州（治今市汨罗镇夹城村）。今市分属罗州及湘阴、湘滨、玉山、岳阳 4 县。

陈仍置岳阳郡，废罗州为县属之，隶湘州。今市地分属罗、湘阴、湘滨、玉山、岳阳 5 县。

隋平陈，并湘滨入罗县，并玉山入湘阴，改岳阳郡为岳州。大业初年，又改岳州称罗州，复改称巴陵郡，郡治迁巴陵。今市地分属罗、湘阴二县。

唐武德四年（621 年），平萧铣，改巴陵郡称巴州，罗、湘阴二县隶之。六年（623 年），改为岳州，省罗县入湘阴县（治今市川山坪镇城江村）。后所隶或名巴陵郡，或名岳州。皆隶江南（西）道。今市地属湘阴县。

马楚时，仍置湘阴县，隶岳州。今市地属湘阴县。

宋立，湘阴县改隶潭州（长沙郡），属荆湖南路。今市地属湘阴县。

南宋因之。

元升湘阴县为湘阴州，属湖广行省潭州路。后潭州路改名天临路。今市地属湘阴州。

明洪武初，降湘阴州为湘阴县，属湖广布政使司潭州府。后潭州府改名长沙府。今市地属湘阴县。

清初因之。康熙三年（1664 年）湖南“省”（布政使司）成立后，湘阴县辖于岳常澧道长沙府。今市地属湘阴县。

民国初，府废，湘阴县先后属岳常澧道、湘江道。后道废，县直隶于省。1936 年设行政督察区，县隶湖南省第一行政督察区。今市地属湘阴县。

（1966 年，析湘阴县东部置汨罗县。1988 年，改汨罗县为汨罗市）

第六节　临湘市

战国时属楚国。大致在春秋早期的楚文王时（前 689—前 676 年），罗子国南迁。楚悼王后期（前 389—前 381 年），楚始置苍梧郡，下辖罗县。今市先后属罗子国、罗县地。

秦始皇灭楚，袭置苍梧郡及罗县。约公元前 219 年，改苍梧郡名长沙郡。今市仍属罗县地。

西汉时，析罗县新置下隽县，属长沙国，隶荆州刺史部。今市属下隽县地。

东汉置下隽县，属长沙郡，仍隶荆州刺史部。今市属下隽县地。

三国时，东吴仍置下隽县，隶荆州长沙郡。今市属下隽县地。

西晋析罗、下隽置巴陵县，属长沙郡，先隶荆州，后荆、广二州析置湘州，郡改属湘州。今市属巴陵县地。

东晋巴陵县仍属长沙郡，隶荆州。今市属巴陵县地。

南朝宋、齐、梁、陈四代，皆置巴陵郡，以巴陵县为郡治，领巴陵等县，隶郢州。今市属巴陵县地。

隋文帝开皇九年（589 年），废郡为州，改巴陵郡为巴州。十一年（591 年），改巴州为岳州。大业初年又改称罗州，复改称巴陵郡，皆治巴陵，领巴陵等县。今市属巴陵县地。

唐武德四年（621 年），平萧铣，改巴陵郡为巴州，领巴陵等 5 县。六年（623 年），改巴州为岳州。天宝元年（742 年），改岳州为巴陵郡。乾元元年（758 年），复为岳州。皆属江南（西）道。今市属巴陵县地。

五代后唐清泰元年（934 年），楚王马殷以输纳不便，析巴陵县置王朝场（治今市陆城镇），隶岳州。今市属王朝场。

宋初因之。淳化五年（994 年），升王朝场为王朝县；至道二年（996 年），更名临湘县，隶荆湖北路。今市名始此。今市先后属王朝场、王朝县、临湘县。

南宋仍置岳州，领临湘等 4 县，隶荆湖北路。今市属临湘县。

元至元十三年（1276 年），改岳州为岳州路，临湘县属之。路隶湖广行省江南湖北道肃政廉访司。今市属临湘县。

1364 年，朱元璋改岳州路为岳州府。明洪武九年（1376 年）降岳州府为直隶州，直隶于布政使司。十四年（1381 年）复为岳州府。临湘县仍属之。今市属临湘县。

清初因之。康熙三年（1664 年），湖南“省”（布政使司）成立，临湘县隶岳常澧道岳州府。今市属临湘县。

民国初，废府存道，临湘先后隶属岳常澧道、湘江道。1922 年废除道制，县直属湖南省。1936 年，湖南省设行政督察区，临湘属第一行政督察区。今市属临湘县。

（1992 年，改临湘县为临湘市）

第七节 湘阴县

战国时属楚国。大致在春秋早期的楚文王时（前689—前676年），罗子国南迁。楚悼王后期（前389—前381年），楚始置苍梧郡，下辖有青阳县（治今县北青山岛），并为郡治；置洞庭郡，下辖有益阳县（治今沅江市东明朗山一带）。今县地先属罗子国，后属青阳、益阳二县地。

秦始皇灭楚，袭置苍梧郡及青阳县、洞庭郡及益阳县。约公元前219年，改苍梧郡名长沙郡，迁治临湘县（治今长沙市旧城）。今县地属青阳、益阳二县。

西汉初，改长沙郡为长沙国，青阳仍隶之，益阳改隶之。后又省青阳县入罗县。今县地分属罗、益阳二县。

东汉初，废长沙国为长沙郡，隶荆州刺史部，罗县、益阳县仍隶之。今县地属罗、益阳二县。

三国时，东吴仍置罗县，隶荆州长沙郡；仍置益阳，改隶荆州衡阳郡；分临湘（治今长沙市旧城区）等县新置湘西县（治今湘潭县石潭镇古城村），隶衡阳郡。今县地分属罗、益阳、湘西三县。

晋太康元年（280年），灭吴，罗县与益阳、湘西二县仍分隶荆州长沙郡、衡阳郡。二郡先隶荆州，后隶湘州。今县地属罗、益阳、湘西三县。

东晋仍置罗县、益阳县、湘西县不改，隶荆州长沙郡。今县地分属罗、益阳、湘西三县。

南朝宋元徽二年（474年），湘州刺史王僧虔为安置巴峡流民，析罗县、益阳、湘西三县新置湘阴县（治今县北境），隶湘州长沙国。今县始此。

齐仍置湘阴县，隶荆州长沙郡。

梁初，仍置湘阴县，隶荆州岳阳郡。天监元年（502 年），县治迁黄花城（今县城西镇黄花岭古城）。

陈时，湘阴县仍属岳阳郡，隶湘州。

隋平陈，开皇九年（589 年），省湘阴县入岳阳县（治今汨罗市长乐镇）。十一年（591 年），改岳阳县名湘阴县（迁治今汨罗市城区西北）。所隶或名岳州，或名巴州，或名巴陵郡。今县地先后属岳阳、湘阴二县。

唐武德四年（621 年），平萧铣，改巴陵郡称巴州，湘阴县隶之。六年（623 年），改为岳州，省罗县入湘阴县（治今汨罗市川山坪镇城江村）。后所隶或名巴陵郡，或名岳州。皆隶江南（西）道。今县地属湘阴县。

马楚时，仍置湘阴县，隶岳州。

宋初因之。淳化四年（993 年），湘阴县改隶潭州，属荆湖南路。

南宋因之。高宗建炎四年（1130 年），县治迁今县城。

元元贞年间，升湘阴县为湘阴州，属湖广行省潭州路。后潭州路改名天临路。

明洪武二年（1369 年），降湘阴州为湘阴县，属湖广布政使司潭州府。后潭州府改名长沙府。

清初因之。康熙三年（1664 年）湖南“省”（布政使司）成立后，湘阴县辖于岳常澧道长沙府。

民国初，废府存道，湘阴县先后属岳常澧道、湘江道。后道废，县直隶湖南省。1936 年行政督察区设置后，县隶湖南省第一行政督察区。

第八节　平江县

战国时属楚国。大致在春秋早期的楚文王时（前689—前676年），罗子国南迁。楚悼王后期（前389—前381年），楚始置苍梧郡，下辖罗县（治今汨罗市西北古罗城）。今县地先属罗子国，后属罗县。

秦始皇灭楚，袭置苍梧郡及罗县。约公元前219年，改苍梧郡名长沙郡。今县地属罗县。

西汉初，徙衡山王吴芮为长沙王，改长沙郡为长沙国，罗县仍隶之。今县地属罗县。

东汉初，废长沙国为长沙郡，隶荆州刺史部，罗县仍隶之。东汉后期，析罗县置汉昌县（治今县安定镇安永村故城）。今县地先属罗县，后属汉昌县。

三国时，东吴改汉昌县为吴昌县，隶荆州长沙郡。今县地属吴昌县。

晋立，仍置吴昌县，隶荆州长沙郡。后荆州分置湘州，吴昌县隶之。今县地属吴昌县。

东晋置吴昌县，隶荆州长沙郡。今县地属吴昌县。

南朝时，刘宋置吴昌县，隶湘州长沙国。今县地属吴昌县。

萧齐、萧梁二代，皆置吴昌县，隶湘州长沙郡。今县地属吴昌县。

陈时，置岳阳郡，吴昌县改隶之。今县地属吴昌县。

隋平陈，并吴昌县入罗县，隶巴陵郡。隋巴陵郡或名巴州，或名岳州，或名罗州，县皆隶之。今县地属罗县。

唐武德四年（621 年），平萧铣，改巴陵郡称巴州，罗县隶之。六年（623 年），改巴陵郡为岳州，省罗县入湘阴县（治今市川山坪镇城江村）。唐神龙二年（706 年），析湘阴东境置昌江县（治今县城）。后所隶或名巴陵郡，或名岳州。皆隶江南（西）道。今县地先后属罗县、湘阴县、昌江县。

五代后唐同光元年（923 年），为避庄宗祖父李国昌讳，马楚改昌江县为平江县，隶岳州。今县名始此。

宋立，仍置平江县，隶岳州，属荆湖南路。

南宋因之。

元元贞年间，升平江县为平江州，属湖广行省岳州路。

明洪武初，降平江州为平江县，属湖广布政使司岳州府。

清初因之。康熙三年（1664 年），湖南“省”（布政使司）成立，平江县隶岳常澧道岳州府。

民国初，废府存道，平江县先后隶属岳常澧道、湘江道。1922 年废除道制，县直属湖南省。1936 年，湖南省设行政督察区，平江县属第一行政督察区。

第九节　益阳市（含桃江县）

战国时属楚国。楚悼王后期（前 389—前 381 年），楚始置洞庭郡，下辖有益阳县（治今沅江市明朗山一带）。今市属益阳县地。

秦灭楚，因之。今市属益阳县地。

西汉时，仍置益阳县，辖于长沙国，隶荆州刺史部。今市属益阳县地。

后汉时，仍置益阳县，先后辖于长沙国、长沙郡，隶荆州刺史部。今市属益阳县地。

三国初，东吴因之。太平二年（257年），析长沙郡西部为衡阳郡，益阳县属之。今市属益阳县地。

晋立，仍置衡阳郡，领益阳等9县，隶荆州。后荆、广二州析置湘州，郡改属湘州，县随之。今市属益阳县地。

东晋益阳县仍旧，属荆州衡阳郡。今市属益阳县地。

南朝宋时，改衡阳郡为国，益阳县属湘州衡阳国。今市属益阳县地。

萧齐时，复改衡阳国为郡，领益阳等县，隶湘州。梁、陈因之。今市属益阳县地。

隋平陈，改湘州为潭州。大业三年（607年），潭州总管府废，再改称长沙郡，益阳县属之。今市属益阳县地。

唐武德四年（621年），平萧铣，改长沙郡为潭州，领益阳、新康等6县。七年（624年），省新康县入益阳。贞观二十年（646年），移治于今市区。天宝元年（742年），改潭州为长沙郡。乾元元年（758年），复为潭州。皆隶江南（西）道。今市属益阳县地。

五代时，马楚仍置益阳县，隶潭州。今市属益阳县地。

宋仍置潭州，领益阳等县，隶荆湖（南）路。今市属益阳县地。

元至元十四年（1277年），立湖广行省，改潭州为潭州路总管府，益阳县属之。元贞元年（1295年），升益阳县为益阳州，属湖南道宣慰司潭州路。天历二年（1329年），潭州路改名天临路。今市先后属益阳县、益阳州地。

1364年，朱元璋改潭州路为潭州府。洪武五年（1372年），更名长沙府，降益阳州为县，隶湖广布政使司。今市属益阳县地。

清初因之。康熙三年（1664 年），湖南“省”（布政使司）成立，仍置益阳县，隶长宝道长沙府。今市属益阳县地。

民国初，废府（厅、州）存道，益阳县先后属长宝道、湘江道。1922 年废道，益阳直属于省。1936 年，设行政督察区，县先后隶第一、第五行政督察区。今市属益阳县地。

（1950 年，析益阳县城关区始置益阳市。1952 年，析益阳县的第六、七、八、九、十、十一区置桃江县。1994 年，改益阳县为赫山区）

第十节　沅江市

战国时属楚国。楚悼王后期（前 389—前 381 年），楚始置洞庭郡，下辖有益阳县（治今市明朗山一带）。今市属益阳县地。

秦灭楚，因之。今市属益阳县地。

西汉时，仍置益阳县，辖于长沙国，隶荆州刺史部。今市属益阳县地。

后汉复置长沙郡，益阳县属之，隶荆州刺史部。今市属益阳县地。

三国初，东吴因之。太平二年（257 年），析长沙郡西部为衡阳郡，益阳县属之。今市属益阳县地。

晋立，仍置衡阳郡，领益阳等 9 县，隶荆州。后荆、广二州析置湘州，郡改属湘州，县随之。今市属益阳县地。

东晋益阳县仍旧，属荆州衡阳郡。今市属益阳县地。

南朝宋时，改衡阳郡为国，益阳县属湘州衡阳国。今市属益阳县地。

萧齐时，复改衡阳国为郡，领益阳等县，隶湘州。

梁元帝分武陵、长沙二郡置药山郡，分益阳县置重华县（治今市城区北，已沦入水中）隶之，属郢州。今市属重华县地。

陈天嘉间（560—566 年），分荆、郢二州置武州，太建间（569—582 年）复改名沅州，药山郡改隶之，重华县随之。今市属重华县地。

隋平陈，废药山郡入岳州，改重华县为安乐县（治今市城区西南）。开皇十八年（598 年），又改为沅江县。今市名始此。大业初年，改岳州称罗州，复改巴陵郡。县皆属之。今市先后属安乐县、沅江县地。

唐武德四年（621 年），平萧铣，改巴陵郡称巴州。六年（624 年），改为岳州。天宝元年（742 年），复改为巴陵郡。乾元元年（758 年），复为岳州。皆隶江南（西）道。沅江县皆属之。

五代时，马楚割据，改沅江县为桥江县，仍隶岳州。今市属桥江县地。

北宋因之。祥符（1008—1016 年）中，复为沅江县。元符（1098—1100 年）初，割属鼎州。皆属荆湖北路。

南宋因之。乾道元年（1165 年），升鼎州为常德府。后沅江县或隶岳州，或隶常德府。皆属荆湖北路。

元至元十四年（1277 年），改常德府为常德路总管府，沅江县随之。后县改隶龙阳州。

明洪武三年（1370 年），龙阳州废为县，沅江县改属常德府。十年（1377 年），省县入龙阳县。十三年（1380 年）复置。隶湖广布政使司。今市属沅江县地。

清初因之。康熙三年（1664 年），湖南“省”（布政使司）成

立，仍置沅江县，隶岳常澧道常德府。

民国初，废府（厅、州）存道，沅江县先后属岳常澧道、武陵道。1922 年废道，沅江县直属于省。1936 年后，设行政督察区，县隶第五行政督察区较长。

（1988 年，改沅江县为沅江市）

第十一节　南县

战国时期属楚国。楚悼王后期（前 389—前 381 年），楚始置洞庭郡，下辖孱陵县（今湖北公安县南平镇）。今县地属之。

公元前 223 年，秦灭楚，仍置洞庭郡，下仍辖孱陵县。今县地属之。

西汉高帝五年（前 202 年），洞庭郡更名为武陵郡，下仍辖孱陵县，隶荆州刺史部。今县地属之。

新莽始建国元年（9 年），改武陵郡为建平郡，改孱陵县为孱陆县。今县地属孱陆县。

东汉初因之。后析孱陵县置作唐县（治今安乡县安全乡槐树村）。建安十三年（208 年），孱陵、作唐二县别属南郡，隶荆州刺史部。今县地先后属孱陵、作唐二县。

三国时，东吴因之。

西晋太康元年（280 年），分南郡江南部分为南平郡，分孱陵县置南安县（治今华容县城区）。作唐县、南安县皆属之。今县地分属南安、作唐二县。

东晋因之。后为安置北方南迁侨民，于作唐县南境置南义阳郡（治今安乡县城关镇书院洲），领厥西、平氏二侨县。今县地分属南安县及厥西、平氏二侨县。

南朝宋时，永初三年（422 年），改南安县为安南县，隶南平国。厥西、平氏二侨县隶南义阳郡。皆属荆州。今县地分属安南县及厥西、平氏二侨县。

齐仍名安南县，改南平国为南平郡，隶荆州。南义阳郡仍领厥西、平氏二侨县。皆属荆州。今县地分属安南县及厥西、平氏二侨县。

梁武帝天监二年（503 年），立南安郡，隶荆州。后废郡，仍为安南县，属南平郡。梁敬帝时（555—557 年）又立南安湘郡，领安南等二县。南义阳郡仍领厥西、平氏二侨县。皆属荆州。今县地分属安南县及厥西、平氏二侨县。

南朝陈废南安湘郡，安南县仍属荆州南平郡。南义阳郡仍领厥西、平氏二侨县。皆属荆州。今县地分属安南县及厥西、平氏二侨县。

隋平陈，并厥西、平氏二侨县入安乡县，隶朗州或武陵郡。废南平郡，安南县东隶巴陵郡。开皇十八年（598 年）改安南县为华容县。隋巴陵郡或名巴州，或名岳州，或名罗州，安南县（华容县）皆隶之。今县地分属安南县（华容县）、安乡县。

唐武德四年（621 年），平萧铣，置澧州，孱陵、安乡改属之；废巴陵郡置巴州，华容县属之。贞观元年（627 年），孱陵废入安乡县。垂拱二年（686 年），改华容县为容城县，中宗神龙二年（706 年），复名华容县。天宝元年（742 年），改澧州为澧阳郡，由江南西道改属山南东道。巴州、岳州或隶巴陵郡，皆属江南（西）道。今县地分属华容县（容城县）、安乡县。

五代时，马楚仍置华容县、安乡县，分属岳州、澧州。今县地分属华容县、安乡县。

宋仍置华容县、安乡县，分属岳州、澧州，皆隶荆湖北路。今县地分属华容县、安乡县。

元至元十三年（1276 年），立岳州路总管府，领华容等 4 县（州）；十四年（1277 年），改澧州为澧州路总管府，安乡县属之。皆隶湖广行省江南湖北道肃政廉访司。今县地分属华容县、安乡县。

1364 年，朱元璋改澧州路为澧州府；1376 年，降澧州府为澧州，属常德府；1397 年，澧州改属岳州府。安乡县皆随之。洪武二年（1369 年），改岳州路为岳州府，华容县属之。皆隶湖广布政使司。今县地分属华容县、安乡县。

清初因之。康熙三年（1664 年），湖南“省”（布政使司）成立，华容县、安乡县皆隶岳常澧道岳州府。雍正七年（1729 年），澧州升直隶州，安乡县属之。光绪二十一年（1895 年），划割华容、安乡等县交界之地，在今县乌嘴乡设置“南洲直隶厅抚民府”，光绪二十三年（1897 年）迁治九都（今县城）。今县始此。

1913 年，废南洲直隶厅，改称南洲县。次年，南洲县又更名为南县。县先后隶岳常澧道、武陵道。1922 年废道，县直属于省。1936 年后，设行政督察区，县隶第四行政督察区较长。

第十二节 安化县

战国时属楚国。楚悼王后期（前 389—前 381 年），楚始置洞庭郡，下辖有益阳县（治今沅江市明朗山一带）。今县属益阳县地。

秦灭楚，因之。今县属益阳县地。

西汉时，仍置益阳县，辖于长沙国，隶荆州刺史部。今县属益阳县地。

后汉时，仍置益阳县，先后辖于长沙国、长沙郡，隶荆州刺史部。今县属益阳县地。

三国初，东吴因之。太平二年（257 年），析长沙郡西部为衡阳郡，益阳县属之。今县属益阳县地。

晋立，仍置衡阳郡，领益阳等9 县，隶荆州。后荆、广二州析置湘州，郡改属湘州，县随之。今县属益阳县地。

东晋益阳县仍旧，属荆州衡阳郡。今县属益阳县地。

南朝宋时，改衡阳郡为国，益阳县属湘州衡阳国。今县属益阳县地。

萧齐时，复改衡阳国为郡，领益阳等县，隶湘州。梁、陈因之。今县属益阳县地。

隋平陈，改湘州为潭州。大业三年（607 年），潭州总管府废，再改称长沙郡，益阳县（移治今益阳市区）属之。今县属益阳县地。

唐武德四年（621 年），平萧铣，改长沙郡为潭州，领益阳、新康等6 县。七年（624 年），省新康县入益阳。天宝元年（742 年），改潭州为长沙郡。乾元元年（758 年），复为潭州。皆隶江南（西）道。唐僖宗光启二年（886 年），始为梅山峒蛮地。今县先后属益阳县、梅山峒蛮地。

五代马楚时，仍为梅山峒蛮地，属潭州益阳县。

宋神宗熙宁五年（1072 年），收复梅山蛮地，置安化县，属潭州，隶荆湖南路。今县始此。

南宋因之。

元至元十四年（1277 年），立湖广行省，改潭州为潭州路总管府，安化县属之，隶湖南道宣慰司。天历二年（1329 年），潭州路改名天临路。

1364 年，朱元璋改潭州路为潭州府。洪武五年（1372 年），更名长沙府。安化县皆属之，隶湖广布政使司。

清初因之。康熙三年（1664 年），湖南“省”（布政使司）成立，仍置安化县，隶长宝道长沙府。

民国初，废府（厅、州）存道，安化先后属长宝道、湘江道。1922 年废道，安化县直属于省。1936 年，设行政督察区，县先后隶第二、第四行政督察区。

第二章　湘东区

湘东区范围包括今株洲市、湘潭市和衡阳市及其所辖县（市、区）。

第一节　株洲市（含株洲县）

战国时期属楚国。楚悼王后期（前389—前381年），楚始置苍梧郡，下辖长沙县、攸县。今市（县）地分属之。

公元前223年，秦灭楚，始因之。约公元前219年，改苍梧郡名长沙郡，并改长沙县名临湘县。今市（县）地分属临湘、攸县。

西汉初因之。高后四年（前184年），析攸县地封长沙相侯刘越，为醴陵侯国。后醴陵侯国国除。又析临湘县为湘南县（治今湘潭县城易俗河镇）。皆隶长沙国。今市（县）地分属湘南、醴陵侯国。

东汉仍置湘南县，并置醴陵县，隶荆州刺史部长沙郡。今市地分属湘南、醴陵二县。

214年，孙权析醴陵、攸县地置建宁县（治今市城区），隶荆州长沙郡。今市地属建宁县。

西晋因之。后一度析荆州置湘州，治长沙郡，建宁县改属之。

今市地属建宁县。

东晋仍置建宁县，隶荆州长沙郡。今市地属建宁县。

南朝宋改长沙郡为长沙国，隶湘洲，县属之。今市地属建宁县。

齐、梁、陈三代，仍置建宁县，皆隶湘洲长沙郡。今市地属建宁县。

隋文帝开皇九年（589年），隋灭陈，并建宁入湘潭县（治今衡东县潭泊乡一带），隶衡州（治今衡阳市城区）。后衡州改衡山郡。今市地属湘潭县。

唐武德四年（621年），复置衡山县（治今衡山县沙头乡永和村），隶江南（西）道潭州长沙郡。天宝八年（749年），衡山县改名湘潭县（移治今湘潭县城易俗河镇镇区）。今市地属湘潭县。

五代马楚时，仍置湘潭县，隶潭州长沙府。今市地属湘潭县。

宋置湘潭县不改，隶荆湖（南）路潭州。今市地属湘潭县。

元初，县隶湖广行省湖南道宣慰司潭州路。元贞元年（1295年），升湘潭县为湘潭州。天历二年（1329年），潭州路改称天临路。今市地属湘潭州。

明初洪武三年（1370年），又降湘潭州为湘潭县，隶湖广布政使司潭州府。洪武五年（1372年），潭州府更名长沙府。今市地属湘潭县。

清初因之。康熙三年（1664年），湖南“省”（布政使司）成立，湘潭县隶长宝道长沙府。今市地属湘潭县。

民国湘潭县先后属长宝道、湘江道，再隶湖南省第一行政督察区。1934年，湘潭县设株洲镇；1947年，湘潭县株洲镇和白关乡、昭阳乡合并为株洲乡。今市地属湘潭县。

（1951年，析湘潭县株洲镇等地设立株洲市；1965年，析株洲市郊置株洲县）

第二节　醴陵市

战国时期属楚国。楚悼王后期（前389—前381年），楚始置苍梧郡，下辖攸县。今市地属之。

公元前223年，秦灭楚，始因之。约公元前219年，改苍梧郡名长沙郡。今市地仍属攸县。

西汉初因之。高后四年（前184年），析攸县地为醴陵侯国（治今市转步乡故城），封长沙相侯刘越。隶长沙国。今市名始此。今市地属醴陵侯国。后醴陵侯国国除。

东汉置醴陵县（治今市转步乡故城），隶荆州刺史部长沙郡。今市地属之。

东吴仍置醴陵县，隶荆州长沙郡。

西晋因之。后一度析荆州置湘州，治长沙郡，醴陵县改属之。

东晋仍置醴陵县，隶荆州长沙郡。

南朝宋改长沙郡为长沙国，隶湘州，县属之。

齐、梁、陈三代，仍置醴陵县，皆隶湘州长沙郡。

隋文帝开皇九年（589年），灭陈，并醴陵入长沙县，隶潭州。后潭州改长沙郡。

唐武德四年（621年），复置醴陵县（治今市城区），隶江南（西）道潭州长沙郡。

五代马楚时，仍置醴陵县，隶潭州长沙府。

宋置醴陵县不改，隶荆湖（南）路潭州。

元初，醴陵县隶湖广行省湖南道宣慰司潭州路。元贞元年（1295年），升醴陵县分别为醴陵州。天历二年（1329年），潭州路改称天临路。

明初洪武三年（1370年），又降醴陵州为醴陵县，隶湖广布政使司潭州府。洪武五年（1372年），潭州府更名长沙府。

清初因之。康熙三年（1664年），湖南“省”（布政使司）成立，醴陵县隶长宝道长沙府。

民国初，废府存道，醴陵县先后属长宝道、湘江道。1922年道废，县直辖于省。1936年，设行政督察区，县隶湖南省第一行政督察区。

（1985年，改醴陵县为醴陵市）

第三节　攸县

战国时期属楚国。楚悼王后期（前389—前381年），楚始置苍梧郡，下辖𨾊县（治今茶陵县秩堂乡小塘古城）。𨾊，与攸读音近同。今县名始此。

公元前223年，秦灭楚，始因之。约公元前219年，改苍梧郡名长沙郡，改𨾊县为攸县。

西汉初，移县治于今县网岭镇一带。析攸县置阴山县（治今县阴山港）、茶陵县（治今茶陵县高陇镇古城），均隶长沙国。元朔四年（前125年），封长沙定王子刘则于攸县，为攸舆侯。今县地分属攸县、阴山县。

东汉废长沙国置长沙郡，隶荆州，攸县、茶陵、阴山属之。今县地分属攸县、阴山县。

三国时，东吴仍置攸、阴山二县，分隶长沙郡、湘东郡，属荆州。今县地属攸县、阴山县。

晋初因之。后荆州析置湘州，攸县、阴山皆属之。今县地属攸县、阴山县。

南朝宋时，攸县、阴山分隶湘州长沙国、湘东郡。今县地属攸县、阴山县。

齐时，攸县、阴山皆隶湘州湘东郡。今县地属攸县、阴山县。

梁因之。陈改攸县名攸水县，阴山县仍之，皆隶湘州湘东郡。今县地属攸水县、阴山县。

隋平陈，并攸水、阴山等县入湘潭县（治今衡东县潭泊乡一带），先隶衡州，后改衡州为衡山郡。今县地属湘潭县。

唐武德四年（621 年），复分湘潭县置攸县，隶潭州。贞观元年（627 年），攸县改隶衡州衡阳郡。今县地属攸县。

五代马楚时，仍置攸县，隶潭州。948 年，改隶衡州。

两宋时，置攸县不改，隶荆湖（南）路潭州。

元初，攸县隶湖广行省湖南道宣慰司潭州路。元贞元年（1295 年），升攸县为攸州。天历二年（1329 年），潭州路改称天临路。今县地属攸州。

明洪武二年（1369 年），又降攸州为攸县，隶湖广布政使司潭州府。洪武五年（1372 年），潭州府更名长沙府。

清初因之。康熙三年（1664 年），湖南“省”（布政使司）成立，攸县隶长宝道长沙府。

民国建立，醴陵县先后属长宝道、湘江道。1922 年废道，县直隶于省。1936 年，省、县之间设行政督察区，攸县属湖南省第二行政督察区。

第四节 茶陵县

战国时期属楚国。楚悼王后期（前 389—前 381 年），楚始置苍梧郡，下辖糜县（治今县秩堂乡小塘古城）。今县属糜县地。

公元前 223 年，秦灭楚，始因之。约公元前 219 年，改苍梧郡名长沙郡，改糜县为攸县。今县属攸县地。

西汉初，攸县移治于今攸县网岭镇一带。元封五年（前 106 年），析攸县置茶陵县（治今县高陇镇古城），隶荆州刺史部长沙国。元朔四年（前 125 年），封长沙定王子节侯刘䜣于茶陵县。

东汉废长沙国为长沙郡，茶陵县隶之。

三国时，东吴改茶陵县为茶陵县，隶荆州湘东郡。

晋初因之。后荆州析置湘州，湘东郡属之，茶陵县随之。东晋废湘州，湘东郡复属荆州，茶陵县随之。

南朝宋、齐、梁、陈四代，茶陵县皆属湘州湘东郡，齐时并为湘东郡郡治。

隋开皇九年（589 年）平陈，省茶陵县入湘潭县（治今衡东县潭泊乡一带），先隶衡州，后改衡州为衡山郡。

唐武德四年（621 年），复置茶陵县；贞观九年（635 年），县废入攸县；圣历元年（698 年），分攸县再置茶陵县（治今县城），隶衡州衡阳郡。

五代马楚时，仍置茶陵县，隶衡州。

北宋茶陵县仍属衡州，辖于荆湖（南）路。

南宋绍兴九年（1139 年），升茶陵县为茶陵军，领鄙县，仍隶荆湖南路衡州。

元至元十九年（1282 年）升茶陵军为茶陵直隶州，隶湖广行省湖南道宣慰司。

1364 年，朱元璋降茶陵直隶州为茶陵县。明成化十八年（1482 年），复升茶陵县为茶陵州，隶湖广布政使司长沙府。

清初因之。康熙三年（1664 年），湖南“省”（布政使司）成立，茶陵州隶长宝道长沙府。

民国建立，茶陵州属长宝道。1913 年改州为县，属湘江道。1922 年废道，县直隶于省。1936 年始，省、县之间设行政督察区，县属湖南省第二行政督察区。

第五节　炎陵县

战国时期属楚国。楚悼王后期（前 389—前 381 年），楚始置苍梧郡，下辖𩡌县。今县地属𩡌县。

公元前 223 年，秦灭楚，始因之。约公元前 219 年，改苍梧郡名长沙郡，下辖攸（𩡌县改）。今县地属攸县。

西汉初元封五年（前 106 年），析攸县置茶陵县、容陵侯国（后改县），隶荆州刺史部长沙国。今县地分属茶陵县、容陵侯国（县）。

东汉废长沙国为长沙郡，茶陵县、容陵县隶之。今县分属茶陵、容陵二县地。

三国时，吴太平三年（258 年），孙权析长沙郡东部为湘东郡，茶陵县改隶之，废容陵县入阴山县，亦改隶之，属荆州。今县地分属茶陵、阴山二县。

晋初因之。后荆、广二州析置湘州，湘东郡改属湘州，茶陵、阴山二县随之。今县地分属茶陵、阴山二县。

东晋废湘州，湘东郡复属荆州，茶陵、阴山二县随之。今县地分属茶陵、阴山二县。

南朝宋、齐、梁、陈四代，茶陵、阴山二县皆属湘州湘东郡。今县地分属茶陵、阴山二县。

隋开皇九年（589 年）平陈，省茶陵、阴山等县入湘潭县（治今衡东县潭泊乡），先隶衡州，后改衡州为衡山郡。今县地亦随茶陵、阴山二县入湘潭县。

唐武德四年（621 年），复置茶陵县；贞观九年（635 年），今县地随茶陵县废入攸县；圣历元年（698 年），分攸县复置茶陵县，隶衡州衡阳郡。今县地先后属攸县、茶陵县。

五代马楚时，仍置茶陵县，隶衡州。今县属茶陵县地。

北宋茶陵县仍属衡州，辖于荆湖（南）路。今县属茶陵县地。

南宋绍兴九年（1139 年），升茶陵县为茶陵军，今县地属之。嘉定四年（1211 年），析茶陵军康乐、霞阳、常平三乡设置酃县（治今县城），仍属茶陵军。今县始此。今县地属酃县。

元至元十九年（1282 年），升茶陵军为茶陵直隶州，隶湖广行省湖南道宣慰司。酃县改隶湖广行省湖南道宣慰司衡州路。今县地属酃县。

明洪武三年（1370 年），废路置府，酃县隶湖广布政使司衡州府。今县地属酃县。

清初因之。康熙三年（1664 年），湖南“省”（布政使司）成立，酃县隶长宝道衡州府。今县地属酃县。

1912 年民国建立，酃县先后属长宝道、湘江道。1922 年道废，县直辖于省。1936 年，湖南省开始设立行政督察区，酃县隶属第二行政督察区。

（1994 年，酃县改名为炎陵县）

第六节　湘潭市（含湘潭县、韶山市）

战国时期属楚国。楚悼王后期（前 389 ~ 前 381 年），楚始置苍梧郡，下辖长沙县。今市地属长沙县。

秦灭楚，始因之。约公元前219 年，改苍梧郡名长沙郡，并改长沙县名临湘县。今市地属临湘县。

汉析临湘置湘南县（治今湘潭县城易俗河镇），隶长沙国。今市地属湘南县。

东汉长沙国废，改湘南县为湘南侯国，隶荆州刺史部长沙郡。后废为县。今市地属湘南侯国（县）。

三国吴太平二年（257 年），分湘南、临湘二县立湘西县（治今湘潭县石潭镇古城村）。三年（258 年），又析长沙郡西部为衡阳郡，湘南、湘西二县往属之，湘南县并为郡治。隶荆州。今市地分属湘南、湘西二县。

两晋因之。西晋时，衡阳郡治一度迁湘乡县。东晋时，回迁湘南县。今市地分属湘南、湘西二县。

南朝宋时，湘南、湘西二县属湘州衡阳国。今市地分属湘南、湘西二县。

齐建元二年（480 年），并湘南县入湘西县。今县地属湘州衡阳郡湘西县。

梁仍置湘西县。天监间（502—519 年），分湘东郡阴山县立湘潭县（治今衡东县潭泊乡一带）。今市名始此。今市地属湘州衡阳郡湘西县。

陈因之。今市地属湘州衡阳郡湘西县。

隋开皇九年（589 年），平陈，省湘西、湘潭入衡山县（治今衡山县沙头乡永和村），隶潭州长沙郡。今市地属衡山县。

唐因之。天宝八年（749 年），析衡山县置湘潭县，治洛口（今湘潭县城易俗河镇），隶潭州。今市地属湘潭县。

五代时，马氏楚国仍置湘潭县，隶潭州、长沙府。今市地属湘潭县。

北宋仍置湘潭县，隶荆湖南路潭州。今市地属湘潭县。

南宋因之，迁湘潭县治于今湘潭市旧城区。今市地属湘潭县。

元元贞元年（1295 年），升湘潭县为湘潭州，隶湖广行省潭州路。今市地属湘潭州。

明降湘潭州为湘潭县，隶湖广布政使司长沙府。今市地属湘潭县。

清初因之。康熙三年（1664 年），湖南“省”（布政使司）成立，湘潭县隶长宝道长沙府。今市地属湘潭县。

民国初，废府存道，湘潭县先后属长宝道、湘江道。1922 年道废，县直辖于省。1936 年，设行政督察区，县属湖南省第一行政督察区。今市地属湘潭县。

（1950 年，改湘潭县城关区为湘潭市；1990 年，改湘潭市韶山区为韶山市）

第七节　湘乡市（含双峰县）

战国时期属楚国。楚悼王后期（前389—前381年），楚始置苍梧郡，下辖长沙县。今市地属长沙县。

秦灭楚，始因之。约公元前219年，改苍梧郡名长沙郡，并改长沙县名临湘县。今市地仍属临湘县。

汉析临湘置湘南县（治今湘潭县易俗河镇），今市地属之，隶长沙国。建平四年（前3年），哀帝又析湘南县湘乡地封长沙王子刘昌为湘乡侯国。

东汉建武初年，改湘乡侯国置湘乡县（治今市城区），改隶荆州刺史部零陵郡。

三国吴仍置湘乡县，隶荆州衡阳郡。

晋初因之。后荆州一度分置湘州，衡阳郡改隶之，湘乡县并为郡治。

东晋仍置湘乡县，隶荆州衡阳郡。

南朝宋永初三年（422年），并连道县入湘乡县，隶湘州衡阳国。

齐、梁、陈皆置湘乡县，并隶湘州衡阳郡。

隋开皇九年（589年），撤衡阳郡，并湘乡县入衡山县，隶潭州总管府。大业三年（607年），改潭州总管府为长沙郡。

唐武德四年（621年），析衡山县复置湘乡县，隶江南（西）道潭州长沙郡。

五代时，马氏楚国仍置湘乡县，隶潭州长沙府。

北宋湘乡县隶荆湖南路潭州，南宋因之。

元初，县隶湖广行省湖南道宣慰司潭州路。元贞元年（1295年），升县为湘乡州。天历二年（1329年），潭州路改称天临路。

1364年，朱元璋降湘乡州为湘乡县，隶湖广布政使司潭州府。洪武五年（1372年），潭州府更名长沙府。

清初因之。康熙三年（1664年），湖南"省"（布政使司）成立，县隶湖南"省"长宝道长沙府。

民国1914年，废府存道，县先后隶长宝道、湘江道。1922年，废道制，县直属省辖。1936年，设行政督察区，县先后属湖南省第六、第五行政督察区。

（1951年，析湘乡县三、六、七区，设双峰县。1987年，改湘乡县为湘乡市）

第八节　衡阳市（含衡南县）

战国时期属楚国。楚悼王后期（前389—前381年），楚始置苍梧郡。今市地属之。

公元前223年，秦灭楚，始因之。约公元前219年，改苍梧郡名长沙郡。今市地属之。

西汉于今市东一带置酃县（治今市城区东故城），隶荆州刺史部长沙国。今市地属酃县。

东汉废长沙国为长沙郡，酃县隶之。今市地属酃县。

三国东吴时，分酃县西部置临蒸县，二县分隶荆州湘东郡、衡阳郡。今市地分属酃县、临蒸县。

晋初因之。后荆、广二州析置湘州，二县所属湘东郡、衡阳郡皆隶之。今市地分属酃县、临蒸县。

东晋废湘州入荆州，并酃县入临蒸，临蒸改隶湘东郡。今市地属临蒸县。

南朝宋、齐、梁、陈四代，仍置临蒸（蒸或作烝）县，县皆隶湘州湘东郡。宋、陈二代，临烝并为湘东郡郡治。陈时，又析临蒸置新城（治今市东阳渡乡一带）。今市地先属临蒸县，后分属临蒸、新城二县。

隋平陈，合临蒸、新城、重安三县为衡阳县（治今市旧城区），并罢湘东郡置衡州（后改衡山郡），以衡阳县为州、郡治。今市得名始此。今市地属衡阳县。

唐武德四年（621 年），平萧铣，置衡州，复析衡阳县为临蒸、重安、新城三县。七年（624 年），省重安、新城二县入临蒸。开元二十年（732 年），临蒸县复名衡阳县，并为衡州治。天宝元年（742 年），衡州改为衡阳郡。乾元元年（758 年），复为衡州。衡州衡阳郡隶江南（西）道。今市地属衡阳等县。

北宋仍置衡州，衡阳县隶之，仍为州治。衡州隶荆湖（南）路。今市地属衡阳县。

南宋因之。今市地属衡阳县。

元至元十四年（1277 年），改衡州为衡州路总管府。十五年（1278 年），置湖南宣慰司，以衡州路为治所。十八年（1281 年），移湖南宣慰司于潭州，衡州路属之。衡州路治衡阳县，置有录事司。湖南宣慰司隶湖广行省。今市地属衡阳县。

1364 年，朱元璋改衡州路为衡州府，隶湖广布政使司，衡阳县继为府治。有明一代不改。今市地属衡阳县。

清初因之。康熙三年（1664 年），湖南“省”（布政使司）成立后，衡阳县隶衡永郴桂道衡州府，并为道、府治。乾隆二十一年（1756 年），析衡阳县东南境置清泉县（治今市旧城东）。

民国初，废清泉县入衡阳县，衡阳县先后隶衡永郴桂道、衡阳道，并为道治。1936 年设行政督察区，衡阳县先属第五行政督察区，1938 年改属湖南第二行政督察区，专员公署设衡阳县。1942 年，析衡阳县城区及城郊 3 乡置衡阳市。县、市治同城。1943 年，衡阳市改为省辖市。

（1952 年，析衡阳县东南境置衡南县）

第九节 衡阳县

战国时期属楚国。楚悼王后期（前 389—前 381 年），楚始置苍梧郡。今县地属之。

公元前 223 年，秦灭楚，始因之。约公元前 219 年，改苍梧郡名长沙郡。今县地属之。

汉初，改长沙郡置长沙国，下辖承阳县（治今县鼓峰乡古城）。元鼎六年（前 111 年），新置钟武县（治今县贺市乡古城），隶零陵郡。① 皆属荆州刺史部。今县分属承阳、钟武二县。

东汉因之。永建三年（128 年），改钟武县为重安侯国；改承阳县为烝阳侯国。皆属荆州刺史部零陵郡。今县分属重安、烝阳二侯国。

三国东吴时，改重安、烝阳二侯国为重安、蒸阳二县，皆隶荆州衡阳郡（治今湘乡市东一带）。今县分属重安、蒸阳二县。

晋因之，仍置重安、蒸阳二县，属衡阳郡，先隶荆州，后荆、广二州析置湘州，改隶之。今县分属重安、蒸阳二县。

---

① 同治《衡阳县志》编者以蒸水之北的今鼓峰乡古城当钟武县治，以蒸水以南的今贺市乡古城当承阳县治，当误。因为，县既以承阳名，其地自应在蒸水之北。

东晋废湘州入荆州，并蒸阳入重安县，仍隶荆州衡阳郡。今县属重安县。

南朝宋时，仍置重安县，隶湘州衡阳国。今县属重安县。

齐、梁、陈三代，重安县改隶湘州湘东郡。今县属重安县。

隋平陈，合重安等三县为衡阳县，并罢湘东郡置衡州（后改衡山郡）。今县属衡阳县。

唐武德四年（621 年），平萧铣，置衡州，复析衡阳县为重安等三县。七年（624 年），省重安入临蒸（治今衡阳市旧城区）。开元二十年（732 年），临蒸县复名衡阳县。天宝元年（742 年），衡州改为衡阳郡。乾元元年（758 年），复为衡州。衡州衡阳郡隶江南（西）道。今县先后属重安、临蒸、衡阳等县。

北宋仍置衡州，衡阳县隶之。衡州隶荆湖（南）路。

南宋因之。

元至元十四年（1277 年），改衡州为衡州路总管府。十五年（1278 年），置湖南宣慰司，以衡州路为治所。十八年（1281 年），移湖南宣慰司于潭州，衡州路属之。衡州路领有衡阳等县。湖南宣慰司隶湖广行省。

1364 年，朱元璋改衡州路为衡州府，隶湖广布政使司，衡阳县属之。

清初因之。康熙三年（1664 年），湖南“省”（布政使司）成立后，衡阳县隶衡永郴桂道衡州府。

民国初，衡阳县先后隶衡永郴桂道、衡阳道。1922 年道废，县直隶于省。1936 年设行政督察区，县先后属湖南第二、第五行政督察区，专员公署设衡阳县。1942 年，析衡阳县城区及城郊 3 乡置衡阳市。县、市治同城。

（1952 年，衡阳县治迁西渡镇）

第十节 耒阳市

战国时期属楚国。楚悼王后期（前389—前381年），楚始置苍梧郡，下辖垒（来纽微韵，上古音同耒）阳县（治今市城区）。今市名始此。今市地属之。

公元前223年，秦灭楚，始因之。约公元前219年，改苍梧郡名长沙郡，仍辖垒阳县。今市地属之。

西汉初，更垒阳县名耒阳县，先隶荆州刺史部长沙国。汉文帝末年，长沙国除，析长沙国南部置桂阳郡，耒阳县属之。

王莽新朝开凤元年（14年），改耒阳县为南平亭，所隶桂阳郡改南平郡。

东汉初，废南平亭，复为耒阳县，隶桂阳郡，仍属荆州刺史部。

三国东吴时，仍置耒阳县，隶荆州桂阳郡。吴孙亮太平二年（257年），析耒阳县为耒阳、新平、新宁、梨阳4县。耒阳仍隶桂阳郡，新平、新宁、梨阳三县隶湘东郡。二郡均隶荆州。今市地分属耒阳、梨阳二县。

晋初因之。后荆、广二州析置湘州，桂阳郡改属湘州。改梨阳县为利阳县，仍属湘东郡。

东晋太元二十年（395年），撤利阳并入耒阳县，隶桂阳郡，改属江州。

南朝宋、齐至梁天正元年（420—551年），耒阳县仍隶桂阳郡，改属湘州。梁元帝时（552—554年），改耒阳县隶湘东郡，仍属湘州。陈朝因之。

隋开皇九年（589 年）平陈，改耒阳县为涞阴县（迁治于今市城区耒水之南），隶衡州或衡山郡。

唐武德四年（621 年），复名耒阳县（治所回迁旧治），隶江南（西）道衡州衡山郡。

五代马楚时，仍置耒阳县，隶衡州。

宋置耒阳县不变，隶荆湖（南）路衡州（衡阳郡）。

元至元十九年（1282 年），升耒阳县为耒阳直隶州，辖于湖广行省湖南道宣尉司。

明洪武三年（1370 年）三月，复降耒阳直隶州为耒阳县，隶湖广政使司衡州府。

清初因之。康熙三年（1664 年），湖南“省”（布政使司）成立，衡阳县隶衡永郴桂道衡州府。

民国初，耒阳县先后隶衡永郴桂道、衡阳道。1922 年，道废，县直隶湖南省。1936 年，湖南省设行政督察区，县隶第五行政督察区。1940 年，县改隶第二行政督察区，并为专员公署驻地。

（1986 年，改耒阳县为耒阳市）

第十一节　常宁市

战国时期属楚国。楚悼王后期（前 389—前 381 年），楚始置苍梧郡，下辖垒（来纽微韵，上古音同耒）阳县（治今耒阳市城区）。今市地属之。

公元前 223 年，秦灭楚，始因之。约公元前 219 年，改苍梧郡名长沙郡，仍辖垒阳县，今市地属之。

西汉初，更垒阳县名耒阳县，先隶荆州刺史部长沙国。汉文帝末年（前 157 年），长沙国国除，析长沙国南部置桂阳郡，耒阳县属之。今市地属之。

王莽新朝开凤元年（14 年），改耒阳县为南平亭，所隶桂阳郡改南平郡。今市地属之。

东汉初，废南平亭，复为耒阳县，隶桂阳郡，仍属荆州刺史部。今市地仍属之。

三国东吴时，仍置耒阳县，隶荆州桂阳郡。吴孙亮太平二年（257 年），析耒阳县西南一带置新平（治今市柏坊乡故城）、新宁（今市西南洋泉镇一带）二县，改隶湘东郡，属荆州。今市地分属新平、新宁二县。

晋初因之。后荆、广二州析置湘州，湘东郡改属湘州。今市地分属新平、新宁二县。

东晋太元二十年（395 年）并新平入新宁县（治今市柏坊乡故城），仍隶湘东郡，属荆州。今市地属新宁县。

南朝宋、齐、梁、陈四代，仍置新宁县，县皆隶湘州湘东郡。今市地属新宁县。

隋平陈，置衡州，后改衡山郡，治衡阳（今衡阳市城区），新宁县属之。今市地属新宁县。

唐初因之。神龙二年（706 年），县移治麻洲（今市大堡乡麻洲村）。开元九年（721 年），县又移治宜江（今市城区）。天宝元年（742 年）改新宁为常宁，属江南西道衡州衡阳郡。今市名始此。

五代马楚时，仍置常宁县，属衡州。

宋置常宁县不变，隶荆湖（南）路衡州（衡阳郡）。

元至元十九年（1282 年），升常宁县为常宁直隶州，辖于湖广行省湖南道宣尉司。

明洪武三年（1370 年），复降常宁直隶州为常宁县，属湖广布政使司衡州府。

清初因之。康熙三年（1664 年），湖南“省”（布政使司）成立，常宁县隶衡永郴桂道衡州府。

1912 年废府，常宁县先后属衡永郴桂道、衡阳道。1922 年废道，县直属湖南省。1936 年，湖南省设行政督察区，县先后隶第五、第二行政督察区。

（1996 年，改常宁县为常宁市）

第十二节　衡山县（含南岳区）

战国时期属楚国。楚悼王后期（前 389—前 381 年），楚始置苍梧郡，下辖喋县。今县地或属之。

公元前 223 年，秦灭楚，始因之。约公元前 219 年，改苍梧郡名长沙郡，改喋县为攸县。今县地或仍属之。

西汉置湘南县（治今湘潭县城易俗河镇），属长沙国，隶荆州刺史部。今县地属湘南县。

东汉改长沙国为长沙郡，改湘南县置湘南侯国。今县地属湘南侯国。

三国时，东吴太平二年（257 年），析湘南侯国地置湘南、湘西、衡阳（治今县沙头乡永和村）等县，隶荆州衡阳郡。今县属衡阳县地。

晋初因之。晋惠帝永熙元年（290 年），改衡阳县为衡山县，隶湘州衡阳郡。今县名始此。

东晋废湘州入荆州，衡山县仍隶衡阳郡。

南朝宋时，仍置衡山县，隶湘州衡阳国。

齐、梁、陈三代，置衡山县不变，皆隶湘州衡阳郡。

隋平陈，并湘乡、湘西二县入衡山县，隶潭州、长沙郡。

唐初因之。天宝八年（749 年），衡山县（治今县城）改隶江南西道衡州衡阳郡。

五代马楚时，仍置衡山县，改隶衡州。

宋仍置衡山县，改隶潭州，属荆湖（南）路。

元改潭州为潭州路，后又改为天临路，衡山县属之，隶湖广行省湖南道宣尉司。

明仍置衡山县，改隶湖广布政使司衡州府。

清初因之。康熙三年（1664 年），湖南“省”（布政使司）成立，衡山县隶衡永郴桂道衡州府。

民国初，废府存道，衡山县先后属衡永郴桂道、衡阳道。1922 年废道，县直属湖南省。1936 年，湖南省设行政督察区，县先后隶湖南省第五、第二行政督察区。

（1984 年，析衡山县始设南岳区，隶衡阳市）

第十三节　衡东县

战国时期属楚国。楚悼王后期（前 389—前 381 年），楚始置苍梧郡，下辖牒县。今县地属之。

公元前 223 年，秦灭楚，始因之。约公元前 219 年，改苍梧郡名长沙郡，改牒县为攸县。今县地仍属之。

西汉初，析攸县置阴山县（治今攸县阴山港），属长沙国，隶荆州刺史部。汉文帝末年（前 157 年），长沙国国除，析长沙国南部置桂阳郡，阴山县属之。今县地属阴山县。

东汉仍置阴山县，仍隶桂阳郡。今县地属之。

三国时，吴太平三年（258 年），孙权析长沙郡东部为湘东郡，阴山县改隶之，属荆州。今县仍属阴山县地。

晋初因之。后荆、广二州析置湘州，湘东郡改属湘州。今县地属阴山县。

东晋废湘州入荆州，阴山县仍隶湘东郡。今县地属阴山县。

南朝宋、齐时，仍置阴山县，隶湘州湘东郡不变。今县地属阴山县。

梁武帝天监中，析阴山县置湘潭县（治今县潭泊乡一带），仍隶湘州湘东郡。今县地属湘潭县。

陈因之。今县属湘潭县地。

隋平陈，置衡州，并阴山等县入湘潭县，后衡州改衡山郡。今县地属湘潭县。

唐武德四年（621 年），平萧铣，置衡州，湘潭县（治今湘潭县城易俗河镇）属之。后湘潭县废，析其地为攸县、茶陵县、衡山县，隶衡州衡阳郡。今县地先后属湘潭县、衡山县。

五代马楚时，仍置衡山县，隶衡州。今县地属衡山县。

宋仍置衡山县，改隶潭州，属荆湖（南）路。今县地属衡山县。

元改潭州为潭州路，后又改为天临路，衡山县属之，隶湖广行省湖南道宣尉司。今县地属衡山县。

明仍置衡山县，改隶湖广布政使司衡州府。今县地属衡山县。

清初因之。康熙三年（1664 年），湖南“省”（布政使司）成立，衡山县隶衡永郴桂道衡州府。今县地属衡山县。

民国初，废府存道，衡山县先后属衡永郴桂道、衡阳道。

1922年废道，县直属湖南省。1936年，湖南省设行政督察区，县先后隶第五、第二行政督察区。今县地仍属衡山县。

（1966年，析衡山县湘江以东置衡东县）

第十四节　祁东县

战国时期属楚国。楚悼王后期（前389—前381年），楚始置苍梧郡，下辖洮阳县（治今广西全州市北）。今县地或属之。

公元前223年，秦灭楚，始因之。约公元前219年，改苍梧郡名长沙郡，仍辖洮阳县。今县地或属之。

西汉初，改长沙郡为长沙国，洮阳县属之。汉武帝元朔五年（前124年），封长沙国定王刘发之子刘贤，分洮阳县置泉陵侯国（治今永州市零陵区）。元鼎六年（前111年）置零陵郡，泉陵侯国改隶之。今县地先后属洮阳县、泉陵侯国。

东汉改泉陵侯国置泉陵县，隶荆州刺史部零陵郡。今县地属泉陵县。

吴孙皓元兴元年至天纪四年间（264—280年），析泉陵置永昌（治今祁东县砖塘镇烟河岭村古城）、祁阳（治今祁东县金桥镇新桥头村）二县，仍属荆州零陵郡。今县名始此。今县地分属永昌、祁阳二县。

晋初因之。后荆、广二州析置湘州，零陵郡改属湘州。今县地分属永昌、祁阳二县。

东晋仍置永昌、祁阳二县，隶荆州零陵郡。今县地分属永昌、祁阳二县。

南朝宋时，置永昌、祁阳二县不改，隶湘州零陵国。今县地分属永昌、祁阳二县。

齐、梁、陈三代，永昌、祁阳二县仍之，皆隶湘州零陵郡。今县地分属永昌、祁阳二县。

隋平陈，置永州总管府，后府废，改称零陵郡。开皇九年（589 年），置零陵县（治今永州市零陵区）为郡治，永昌、祁阳二县省入。今县地属零陵县。

唐武德四年（621 年），复析零陵县置祁阳县（治今祁阳县茅竹镇老山湾村古城）。贞观元年（627 年）县省，四年（630 年）再置，隶江南（西）道永州零陵郡。今县地属祁阳县。

五代马楚时，仍置祁阳县，隶永州。今县地属祁阳县。

宋仍置祁阳县，改隶永州，属荆湖（南）路。今县地属祁阳县。

元改永州为永州路总管府，领祁阳县，隶湖广行省湖南道宣尉司。今县地属祁阳县。

明洪武元年（1368 年），改永州路为永州府，仍领祁阳县（治今祁阳县城），隶湖广布政使司。今县地属祁阳县。

清初因之。康熙三年（1664 年），湖南“省”（布政使司）成立，祁阳县隶衡永郴桂道永州府。今县地属祁阳县。

民国初，废府存道，祁阳县先后属衡永郴桂道、衡阳道。1922 年废道，直属湖南省。1948 年，祁阳县隶湖南省第七行政督察区。今县地属祁阳县。

（1952 年，析祁阳县东部置祁东县）

第三章　湘南区

湘南区范围包括郴州市、永州市及其所辖县（市、区）。

第一节　郴州市

战国时期属楚国。楚悼王后期（前389—前381年），楚始置苍梧郡，下辖有郴县（治今市旧城区）。今市地属郴县。

秦灭楚，始因之。约公元前219年，改苍梧郡名长沙郡，郴县仍隶之。今市地属郴县。

西汉初，改长沙郡为长沙国，郴县属之。汉文帝末年（前157年），析长沙国南部置桂阳郡，郴县随之，并为郡治。属荆州刺史部。今市地属郴县。

新莽时，改郴县为宣风县，所隶桂阳郡改南平郡，治南平亭（今耒阳市）。今市地属宣风县。

东汉初，废宣风县复为郴县，隶桂阳郡，并为郡治。仍属荆州刺史部。今市地属郴县。

三国时，东吴仍置郴县，仍隶荆州桂阳郡，并为郡治。今市地属郴县。

西晋初因之。后荆、广二州析置湘州，桂阳郡改属湘州，郴县随之。今市地属郴县。

东晋仍置桂阳郡，仍治郴县，改隶江州（治今江西九江市）。今市地属郴县。

南朝宋、齐、梁三代，皆置桂阳郡，皆治郴县，皆隶湘州。今市地属郴县。

陈时，于郴县置西衡州，领桂阳郡，郡治郴等五县属之。今市地属郴县。

隋平陈，置郴州，后改桂阳郡，以郴县为治所。今市地属郴县。

唐武德四年（621 年），平萧铣，置郴州，郴县仍属之。天宝元年（742 年），改郴州为桂阳郡。乾元元年（758 年），复为郴州。皆隶江南西道。今市地属郴县。

五代后晋天福元年（936 年），马楚改郴州为敦州，郴县为敦化县。后汉乾祐三年（950 年），郴州、郴县复名。今市地属郴县。

北宋仍置郴州，郴县属之，隶荆湖南路。今市地属郴县。

南宋因之。今市地属郴县。

元至元十四年（1277 年），改郴州为郴州路总管府，治所郴县改名郴阳县，置有录事司。隶湖广行省湖南道宣慰司。今市地属郴阳县。

明洪武元年（1368 年），改郴州路为府。九年（1376 年），降郴州府为直隶州，以州治郴阳县省入，直隶湖广布政使司。今市地属郴州直隶州。

清初因之。康熙三年（1664 年），湖南“省”（布政使司）成立，仍置郴州直隶州，隶衡永郴桂道。今市地属郴州直隶州。

民国初，废州存道，改郴州直隶州为郴县，县先后隶衡永郴桂道、衡阳道。1922 年，废道制，县直隶于省。1936 年，湖南省设置设行政督察区，县先后隶第八、第三行政督察区。今市地属郴县。

（1958 年，析郴县城区设郴州市；1963 年撤销。1977 年，恢复郴州市。1995 年，改郴县为苏仙区，隶郴州市）

第二节　资兴市

战国时期属楚国。楚悼王后期（前 389—前 381 年），楚始置苍梧郡，下辖有郴县。今市地属郴县。

秦灭楚，始因之。约公元前219 年，改苍梧郡名长沙郡，郴县仍隶之。今市地属郴县。

西汉初，改长沙郡为长沙国，郴县属之。汉文帝末年，析长沙国南部置桂阳郡，郴县随之。属荆州刺史部。今市地属郴县。

新莽时，改郴县为宣风县，所隶桂阳郡改南平郡。今市地属宣风县。

东汉初，废宣风县复为郴县，隶桂阳郡。永和元年（136 年），析郴县地置汉宁县（治今市旧市乡原旧市村）。仍属荆州刺史部。今市地先后属郴县、汉宁县。

三国时，东吴改汉宁县为阳安县，仍隶荆州桂阳郡。今市地属阳安县。

西晋初因之。太康元年（280 年），改阳安县为晋宁县。后荆、广二州析置湘州，桂阳郡改属湘州，晋宁县随之。今市地属晋宁县。

东晋仍置桂阳郡，仍领晋宁县，改隶江州（治今江西九江市）。今市地属晋宁县。

南朝宋永初三年（422 年）复置湘州，桂阳郡改隶之，晋宁县随之。今市地属晋宁县。

齐、梁二代，桂阳郡仍隶湘州，仍领晋宁县。今市地属晋宁县。

陈时，于郴县置西衡州，领桂阳郡，晋宁等五县属之。今市地属晋宁县。

隋平陈，置郴州，后改桂阳郡，省晋宁入郴县。开皇十一年（591 年），复置，改名晋兴县。今市地先后属郴县、晋兴县。

唐武德四年（621 年），平萧铣，置郴州，晋兴县仍属之。贞观八年（634 年），省晋兴县入郴县。咸亨三年（672 年），复置，改名资兴县。今市名始此。天宝元年（742 年），改郴州为桂阳郡。乾元元年（758 年），复为郴州。县皆随之。皆隶江南西道。今市地属资兴县。

五代马楚初，仍置资兴县，隶郴州。乾祐初年（948—950 年），改资兴为泰县。今市地先后属资兴县、泰县。

北宋初因之。太平兴国元年（976 年），废泰县入郴县，仍属郴州，隶荆湖南路。今市地属泰县、郴县。

南宋嘉定二年（1209 年），析郴县资兴、程水二乡置资兴县，不久，改名兴宁县（移治今县兴宁镇）。仍属郴州，隶荆湖南路。今市地先后属郴县、资兴县、兴宁县。

元至元十四年（1277 年），改郴州为郴州路总管府，兴宁县隶之。隶湖广行省湖南道宣慰司。今市地属兴宁县。

明洪武元年（1368 年），改郴州路为府。九年（1376 年），降郴州府为直隶州，兴宁县属之，直隶湖广布政使司。今市地属兴宁县。

清初因之。康熙三年（1664 年），湖南“省”（布政使司）成

立，仍置兴宁县，隶衡永郴桂道郴州直隶州。今市地属兴宁县。

民国初，废州存道，兴宁县先后隶衡永郴桂道、衡阳道。1914 年，因县与广东兴宁县重名，复名资兴县。1922 年，废道制，县直隶于省。1936 年，湖南省设置行政督察区，县先后隶第八、第三行政督察区。

（1984 年，改资兴县为资兴市）

第三节 桂阳县

战国时期属楚国。楚悼王后期（前 389—前 381 年），楚始置苍梧郡，下辖有郴县。今县地属郴县。

秦灭楚，始因之。约公元前219 年，改苍梧郡名长沙郡，郴县仍隶之。今县地属郴县。

西汉初，改长沙郡为长沙国，郴县属之。汉文帝末年，析长沙国南部置桂阳郡，郴县随之。属荆州刺史部。今县地属郴县。

新莽时，改郴县为宣风县，所隶桂阳郡改南平郡。今县地属宣风县。

东汉初，废宣风县复为郴县，隶桂阳郡。今县地属郴县。

三国孙吴仍置郴县，隶桂阳郡，属荆州。今县地属郴县。

西晋初因之。后荆、广二州析置湘州，桂阳郡改属湘州，郴县随之。今县地属郴县。

东晋仍置桂阳郡，治郴县，改隶江州（治今江西九江市）。建武元年（317 年），陶侃析郴县西部置平阳县（治今县城），属平阳郡。今县地先后属郴县、平阳县。

南朝宋立，废平阳郡入桂阳郡，平阳县入郴县。永初三年

（422年）复置湘州，桂阳郡改隶之，郴县随之。今县地属郴县。

齐、梁二代，桂阳郡仍隶湘州，仍治郴县。今县地属郴县。

陈时，复析桂阳郡置平阳郡，治平阳县（治今县城）。今县地属平阳县。

隋平陈，置郴州。开皇九年（589年），废平阳郡入郴州，平阳县入郴县。后郴州改桂阳郡。大业十三年（617年），萧铣复置平阳县，隶桂阳郡。今县地或属平阳县，或属郴县。

唐武德四年（621年），平萧铣，置郴州，平阳县属之。七年（624年），并平阳县入郴县。八年（625年），复置。天宝元年（742年），改郴州为桂阳郡。至德二年（757年），桂阳郡易名郴州，移治平阳县。唐贞元二十年（804年），置桂阳监于平阳城，掌矿冶铸铜钱。元和十五年（820年），州治返郴。皆属江南西道。今县地属平阳县。

唐末天祐元年（904年），马楚并平阳县入桂阳监，隶郴州。今县地属桂阳监。

北宋初因之。天禧三年（1019年），复置平阳县，隶桂阳监，属荆湖（南）路。桂阳监同下州，治平阳。今县地属平阳县。

南宋绍兴三年（1133年），桂阳监升为桂阳军，治平阳县。今县地属平阳县。

元至元十四年（1277年），改桂阳军为桂阳路，治平阳县，并置有录事司。今县地属平阳县。

明洪武元年（1368年），桂阳路更为桂阳府，治平阳县。九年（1376年），降桂阳府为桂阳县。十三年（1380年），复升为桂阳州（治今县城），平阳县省入，隶衡州府，属湖广布政使司。今县地先后属平阳县、桂阳州。

清初仍置桂阳州，属湖广布政使司。康熙三年（1664年），湖南“省”（布政使司）成立，隶之。雍正十年（1732 年），桂阳州升为直隶州，隶衡永郴桂道。今县地属桂阳直隶州。

民国初，废州存道，改桂阳直隶州为桂阳县，先后隶衡永郴桂道、衡阳道。1922 年，废道制，县直隶于省。1936 年，湖南省设置行政督察区，县先后隶第八、第三行政督察区。

第四节 宜章县

战国时期属楚国。楚悼王后期（前 389—前 381 年），楚始置苍梧郡，下辖有郴县。今县地属郴县。

秦灭楚，始因之。约公元前219 年，改苍梧郡名长沙郡，郴县仍隶之。今县地属郴县。

西汉初，改长沙郡为长沙国，郴县属之。汉文帝末年，析长沙国南部置桂阳郡，郴县随之。属荆州刺史部。今县地属郴县。

新莽时，改郴县为宣风县，所隶桂阳郡改南平郡。今县地属宣风县。

东汉初，废宣风县复为郴县，隶桂阳郡，仍属荆州刺史部。今县地属郴县。

三国时，东吴仍置郴县，仍隶荆州桂阳郡。今县地属郴县。

西晋初因之。后荆、广二州析置湘州，桂阳郡改属湘州，郴县随之。今县地属郴县。

东晋仍置桂阳郡，仍治郴县，改隶江州（治今江西九江市）。今县地属郴县。

南朝宋、齐、梁三代，皆置桂阳郡，皆治郴县，皆隶湘州。今县地属郴县。

陈时，于郴县置西衡州，领桂阳郡，郡治郴等五县属之。今县地属郴县。

隋平陈，置郴州，后改桂阳郡，以郴县为治所。大业末年，萧铣始析郴县置义章县（治今县太平里乡一带）。今县地先后属郴县、义章县。

唐初因之。武德七年（624 年），省义章县；八年（625 年）复置。长寿元年（692 年），分义章南界置高平县。开元二十三年（735 年），废高平，移义章县治高平废县（治今县城）。县或属郴州，或属桂阳郡，皆属江南西道。今县地属义章县。

北宋太平兴国元年（976 年），因避太宗赵光义讳，义章县改名宜章县，仍属郴州，隶荆湖南路。今县名始此。

元至元十四年（1277 年），改郴州为郴州路总管府，宜章县属之。隶湖广行省湖南道宣慰司。

明洪武元年（1368 年），改郴州路为府。九年（1376 年），降郴州府为直隶州，宜章县属之，直隶湖广布政使司。

清初因之。康熙三年（1664 年），湖南“省”（布政使司）成立，仍置宜章县，隶衡永郴桂道郴州直隶州。

民国初，废州存道，宜章县先后隶衡永郴桂道、衡阳道。1922 年，废道制，县直隶于省。1936 年，湖南省设置行政督察区，县先后隶第八、第三行政督察区。

第五节　永兴县

战国时期属楚国。楚悼王后期（前 389—前 381 年），楚始置苍梧郡，下辖有郴县。今县地属郴县。

秦灭楚，始因之。约公元前219年，改苍梧郡名长沙郡，郴县仍隶之。今县地属郴县。

西汉初，改长沙郡为长沙国，析郴县置便县（治今县城）属之。汉文帝末年，长沙国国除，析长沙国南部置桂阳郡，郴县随之。属荆州刺史部。今县地属便县。

东汉仍置便县，仍隶桂阳郡，属荆州刺史部。今县地属便县。

三国时，吴置便县不变，隶荆州桂阳郡。今县地属便县。

西晋初因之。后荆、广二州析置湘州，桂阳郡改属湘州，便县随之。今县地属便县。

东晋仍置桂阳郡，仍领便县，改隶江州（治今江西九江市）。今县地属便县。

南朝宋永初三年（422年）复置湘州，桂阳郡往属之，省便县入郴县。今县地属郴县。

齐、梁二代因之。今县地属郴县。

陈永定三年（559年），复置便县（治今县），隶西衡州桂阳郡。今县地属便县。

隋平陈，置郴州。开皇九年（589年），复并便县入郴县。后郴州改桂阳郡。今县地属郴县。

唐初因之。开元十三年（725年），宇文融析郴县北界四乡置安陵县（治今县高亭乡古城村）。天宝元年（742年），更名高亭县（移治今县高亭乡）。县皆隶郴州、桂阳郡，属江南西路。今县地先后属郴县、安陵县、高亭县。

宋初因之，属荆湖南路郴州（桂阳郡）。熙宁六年（1073年），改高亭县为永兴县（治今县城）。今县名始此。今县地先后属高亭县、永兴县。

元至元十四年（1277年），改郴州为郴州路总管府，永兴县属之。隶湖广行省湖南道宣慰司。

明洪武元年（1368 年），改郴州路为府。九年（1376 年），降郴州府为直隶州。永兴县属之，直隶湖广布政使司。

清初因之。康熙三年（1664 年），湖南“省”（布政使司）成立，仍置永兴县，隶衡永郴桂道郴州直隶州。

民国初，废州存道，永兴县先后隶衡永郴桂道、衡阳道。1922 年，废道制，县直隶于省。1936 年，湖南省设置行政督察区，县先后隶第八、第三行政督察区。

第六节　嘉禾县

战国时期属楚国。楚悼王后期（前 389—前 381 年），楚始置苍梧郡，下辖有郴县。今县地属郴县。

秦灭楚，始因之。约公元前 219 年，改苍梧郡名长沙郡，分郴县置九疑县（治今蓝山县总市乡），仍隶之。今县地属九疑县。

西汉初，改长沙郡为长沙国，析九疑县置龁道县（治今蓝山县总市乡），属之。汉文帝末年，废长沙国析置桂阳郡，并龁道县入南平县（治今蓝山县城东），随之。今县地先后属龁道县、南平县。

新莽时，所隶桂阳郡改南平郡，南平县仍之。今县地属南平县。

东汉初，复汉郡县名。属荆州刺史部。今县地属南平县。

三国孙吴仍置南平县，隶桂阳郡，属荆州。今县地属南平县。

西晋初因之。后荆、广二州析置湘州，桂阳郡改属湘州，南平县随之。今县地属南平县。

东晋仍置桂阳郡，仍置南平县，改隶江州（治今江西九江市）。建武元年（317 年），陶侃析桂阳郡西部置平阳县（治今县城），属平阳郡。今县地先后属南平县、平阳县。

南朝宋立，废平阳郡入桂阳郡，平阳县入郴县。永初三年（422 年）复置湘州，桂阳郡改隶之，郴县随之。今县地属郴县。

齐、梁二代，桂阳郡仍隶湘州，仍治郴县。今县地属郴县。

陈时，复析桂阳郡（西衡州）置平阳郡，治平阳县。今县地属平阳县。

隋平陈，置郴州。开皇九年（589 年），废平阳郡入郴州，平阳县入郴县。后郴州改桂阳郡。大业十三年（617 年），萧铣复置平阳县，隶桂阳郡。今县地或属平阳县，或属郴县。

唐武德四年（621 年），平萧铣，置郴州，平阳县属之。七年（624 年），并平阳县入郴县。八年（625 年），复置。天宝元年（742 年），改郴州为桂阳郡。至德二年（757 年），桂阳郡复名郴州。皆属江南西道。今县地属平阳县。

唐末天祐元年（904 年），马楚并平阳县入桂阳监，隶郴州。今县地属桂阳监。

北宋初因之。天禧三年（1019 年），复置平阳县，隶桂阳监，属荆湖南路。桂阳监同下州，治平阳。今县地属平阳县。

南宋绍兴三年（1133 年），桂阳监升为桂阳军，治平阳县。今县地属平阳县。

元至元十四年（1277 年），改桂阳军为桂阳路，治平阳县，并置有录事司。今县地属平阳县。

明洪武元年（1368 年），桂阳路更为桂阳府，治平阳县。九年（1376 年），降桂阳府为桂阳县。十三年（1380 年），复升为桂阳州，平阳县省入，隶衡州府，属湖广布政使司。崇祯十二年

(1639 年)，析桂阳州西南之禾仓堡置嘉禾县，并析临武县上乡八里之。今县地先后属平阳县、桂阳州、嘉禾县。今县始此。

清初仍置桂阳州，嘉禾县隶之，属湖广布政使司。康熙三年(1664 年)，湖南“省”（布政使司）成立，改属之。雍正十年(1732 年)，升桂阳州为桂阳直隶州，领嘉禾等 3 县，隶衡永郴桂道。

民国初，废州存道，嘉禾县先后隶衡永郴桂道、衡阳道。1922 年，废道制，县直隶于省。1936 年，湖南省设置行政督察区，县先后隶第八、第三行政督察区。

第七节　临武县

战国时期属楚国。楚悼王后期（前 389—前 381 年)，楚始置苍梧郡，下辖有郴县。今县地属郴县。

秦灭楚，始因之。约公元前 219 年，改苍梧郡名长沙郡，郴县仍隶之。今县地属郴县。

西汉初，改长沙郡为长沙国，析郴县置临武县（治今县土地乡古城水城址)，属之。今县始此。汉文帝末年，废长沙国析置桂阳郡，临武县随之。属荆州刺史部。

东汉、三国东吴因之。

西晋初因之。后荆、广二州析置湘州，桂阳郡改属湘州，临武县随之。

东晋仍置桂阳郡，改隶江州（治今江西九江市)，临武县随之。

南朝宋永初三年（422 年)，复置湘州，桂阳郡改隶之，临武县随之。

齐、梁二代，桂阳郡仍隶湘州，临武县仍属之。

陈时，仍置临武县，属西衡州桂阳郡。

隋平陈，置郴州，后改桂阳郡，仍领临武县。

唐因之，属江南西道。如意元年（692 年），改县曰隆武。神龙初（705 年），复故。

五代初，马楚仍置临武县，属郴州。后晋天福元年（936 年），马楚改置桂阳监，临武县改隶之。四年（939 年），马楚复废临武县入桂阳监。今县地先后属临武县、桂阳监。

北宋因之。隶荆湖南路。今县地属桂阳监。

南宋绍兴三年（1133 年），桂阳监升桂阳军。十一年（1141 年），复置临武县（治今县城），隶之。今县地属临武县。

元至元十四年（1277 年），改桂阳军为桂阳路，临武县仍隶之。

明洪武元年（1368 年），桂阳路更为桂阳府。九年（1376 年），降桂阳府为桂阳县，属郴州直隶州。十三年（1380 年），复升为桂阳州，隶衡州府，属湖广布政使司。临武县先后隶桂阳府、郴州直隶州、桂阳州。

清初仍置桂阳州，临武县隶之，属湖广布政使司。康熙三年（1664 年），湖南“省”（布政使司）成立，改属之。雍正十年（1732 年），升桂阳州为桂阳直隶州，领临武等 3 县，隶衡永郴桂道。

民国初，废州存道，临武县先后隶衡永郴桂道、衡阳道。1922 年，废道制，县直隶于省。1936 年，湖南省设置行政督察区，县先后隶第八、第三行政督察区。

第八节　汝城县

战国时期属楚国。楚悼王后期（前389—前381年），楚始置苍梧郡，下辖有郴县。今县地属郴县。

秦灭楚，始因之。约公元前219年，改苍梧郡名长沙郡，郴县仍隶之。今县地属郴县。

西汉初，改长沙郡为长沙国，郴县属之。汉文帝末年，废长沙国析置桂阳郡，郴县随之。属荆州刺史部。今县地属郴县。

新莽时，改郴县为宣风县，所隶桂阳郡改南平郡。今县地属宣风县。

东汉初，废宣风县复为郴县，隶桂阳郡。永和元年（136年），析郴县地置汉宁县（治今资兴市旧市乡原旧市村）。仍属荆州刺史部。今县地先后属郴县、汉宁县。

三国时，东吴改汉宁县为阳安县，仍隶荆州桂阳郡。今县地属阳安县。

西晋初因之。太康元年（280年），改阳安县为晋宁县。后荆、广二州析置湘州，桂阳郡改属湘州，晋宁县随之。今县地属晋宁县。

东晋初，仍置桂阳郡，仍领晋宁县，改隶江州（治今江西九江市）。穆帝升平二年（358年），分晋宁县地置汝城县（治今县泉水乡城廓村），仍属桂阳郡。今县地先后属晋宁县、汝城县。今县名始此。

南朝宋永初三年（422年），复置湘州，桂阳郡改隶之，汝城县随之。

齐、梁二代，桂阳郡仍隶湘州，汝城县仍属之。

陈永定三年（559 年），废汝城县，置卢阳郡。天嘉元年（560 年），置卢阳县，属东衡州。今县地属卢阳县。

隋平陈，废卢阳郡，置郴州，卢阳县属之。后郴州改桂阳郡。今县地属卢阳县。

唐因之。天宝元年（742 年），改卢阳县为义昌县（治今县三星镇城头寨）。隶江南西道。今县地先后属卢阳县、义昌县。

五代后唐同光三年（925 年），以避庄宗祖父李国昌讳，马楚改义昌县为郴义县，属郴州。今县地属郴义县。

北宋太平兴国元年（976 年），因避太宗赵光义讳，复改郴义县为桂阳县（治今县城），仍属郴州。先后隶江南西道、荆湖（南）路。今县地属桂阳县。

南宋因之。今县地属桂阳县。

元至元十四年（1277 年），改郴州为郴州路总管府，桂阳县属之。隶湖广行省湖南道宣慰司。今县地属桂阳县。

明洪武元年（1368 年），改郴州路为府。九年（1376 年），降郴州府为直隶州，桂阳县属之。隶湖广布政使司。今县地属桂阳县。

清初因之。康熙三年（1664 年），湖南“省”（布政使司）成立，仍置桂阳县，隶衡永郴桂道郴州直隶州。今县地属桂阳县。

民国初，撤州存道，因原桂阳直隶州改桂阳县，为避免重名，原桂阳县复称汝城县。汝城县先后隶衡永郴桂道、衡阳道。1922 年，废道制，县直隶于省。1936 年，湖南省设置行政督察区，县先后隶第八、第三行政督察区。

第九节 桂东县

战国时期属楚国。楚悼王后期（前389—前381年），楚始置苍梧郡，下辖有郴县。今县地属郴县。

秦灭楚，始因之。约公元前219年，改苍梧郡名长沙郡，郴县仍隶之。今县地属郴县。

西汉初，改长沙郡为长沙国，郴县属之。汉文帝末年，废长沙国析置桂阳郡，郴县随之。属荆州刺史部。今县地属郴县。

新莽时，改郴县为宣风县，所隶桂阳郡改南平郡。今县地属宣风县。

东汉初，废宣风县复为郴县，隶桂阳郡。永和元年（136年），析郴县地置汉宁县（治今资兴市旧市乡原旧市村）。仍属荆州刺史部。今县地先后属郴县、汉宁县。

三国时，东吴改汉宁县为阳安县，仍隶荆州桂阳郡。今县地属阳安县。

西晋初因之。太康元年（280年），改阳安县为晋宁县。后荆、广二州析置湘州，桂阳郡改属湘州，晋宁县随之。今县地属晋宁县。

东晋初，仍置桂阳郡，仍领晋宁县，改隶江州（治今江西九江市）。穆帝升平二年（359年），分原晋宁县地置汝城县（治今汝城县泉水乡城廓村），仍属桂阳郡。今县地先后属晋宁县、汝城县。

南朝宋永初三年（422年），复置湘州，桂阳郡改隶之，汝城县随之。今县属汝城县。

齐、梁二代，桂阳郡仍隶湘州，汝城县仍属之。今县属汝城县。

陈永定三年（559 年），废汝城县置卢阳郡。天嘉元年（560 年），置卢阳县，属东衡州。今县地属卢阳县。

隋平陈，废卢阳郡，置郴州，卢阳县属之。后郴州改桂阳郡。今县地属卢阳县。

唐因之。天宝元年（742 年），改卢阳县为义昌县（治今汝城县三星镇城头寨）。隶江南西道。今县地先后属卢阳县、义昌县。

五代后唐同光三年（925 年），以避庄宗祖父李国昌讳，马楚改义昌县为郴义县，属郴州。今县地属郴义县。

北宋太平兴国元年（976 年），因避太宗赵光义讳，复改郴义县为桂阳县（治今汝城县城），仍属郴州。先后隶江南西道、荆湖（南）路。今县地属桂阳县。

南宋因之。嘉定四年（1211 年），析桂阳之零陵、宜城二乡置桂东县（治上犹寨，今县寨前乡）。今县始此。

元至元十四年（1277 年），改郴州为郴州路总管府，桂东县属之。隶湖广行省湖南道宣慰司。

明洪武元年（1368 年），改郴州路为府。九年（1376 年），降郴州府为直隶州，桂东县（治今县城）属之。隶湖广布政使司。

清初因之。康熙三年（1664 年），湖南“省”（布政使司）成立，仍置桂东县，隶衡永郴桂道郴州直隶州。

民国初，撤州存道，桂东县先后隶衡永郴桂道、衡阳道。1922 年，废道制，县直隶于省。1936 年，湖南省设置行政督察区，县先后隶第八、第三行政督察区。

第十节　安仁县

战国时期属楚国。楚悼王后期（前389—前381年），楚始置苍梧郡，下辖𬱖县（治今茶陵县秩堂乡）。今县地属𬱖县。

公元前223年，秦灭楚，始因之。约公元前219年，改苍梧郡名长沙郡，改𬱖县为攸县。今县地属攸县。

西汉初，析攸县置阴山县（治今攸县阴山港）、容陵侯国（后改县。治今县坪上乡一带），属长沙国，隶荆州刺史部。汉文帝末年，析长沙国为长沙郡（后复为国）、桂阳郡，容陵县、阴山县分属之。今县地分属容陵侯国（县）、阴山县。

东汉废长沙国为长沙郡，仍辖容陵县，阴山县仍隶桂阳郡。今县地分属容陵县、阴山县。

三国时，吴太平三年（258年），孙权析长沙郡东部为湘东郡，废容陵县入阴山县，改隶之，属荆州。今县地属阴山县。

晋初因之。后荆、广二州析置湘州，湘东郡改属湘州，阴山县随之。今县地属阴山县。

东晋废湘州入荆州，阴山县仍隶湘东郡。今县地属阴山县。

南朝宋、齐、梁、陈四代，皆置阴山县，隶湘州湘东郡不变。今县地属阴山县。

隋平陈，置衡州，并阴山等县入湘潭县（治今衡东县潭泊乡），后衡州改衡山郡。今县属湘潭县地。

唐武德四年（621年），平萧铣，置衡州，湘潭县属之。后析湘潭县地为攸县、茶陵县、衡山县，隶衡州衡阳郡。今县属衡山县地。

五代后唐清泰二年（935 年），马楚升衡山县安仁镇为安仁场，隶衡州。今县属安仁场、衡山县。

宋因之。乾德二年（964 年），升安仁场为安仁县（治今县安平镇）。咸平五年（1002 年），析衡阳、衡山二县地益之，并移县治永安镇（今县城）。仍隶衡州，先后属江南西道、荆湖（南）路。今县始此。

南宋因之。

元至元十四年（1277 年），改衡州为衡州路总管府，安仁县属之。隶湖广行省湖南道宣慰司。

明仍置安仁县，隶湖广布政使司衡州府。

清初因之。康熙三年（1664 年），湖南“省”（布政使司）成立，安仁县隶衡永郴桂道衡州府。

民国初，废府存道，安仁县先后属衡永郴桂道、衡阳道。1922 年废道，县直属于湖南省。1936 年，湖南省设置行政督察区，县先后隶第五、第二行政督察区。

第十一节　永州市（含双牌县）

战国时期属楚国。楚悼王后期（前 389—前 381 年），楚始置苍梧郡，下辖有洮阳县。今市地或属之。

公元前 223 年，秦灭楚，始因之。约公元前 219 年，改苍梧郡名长沙郡，仍辖有洮阳县。今市地或属之。

西汉初，地属长沙国。汉武帝元朔五年（前 124 年），置泉陵侯国（治今永州市零陵区），以封长沙国定王刘发之子刘贤。元鼎六年（前 111 年）置零陵郡，泉陵侯国改隶之。今市地属泉陵侯国。

东汉因之，改泉陵侯国置泉陵县，以为零陵郡郡治。隶荆州刺史部。今市地属泉陵县。

三国时，东吴仍置零陵郡，领泉陵、祁阳等6县，隶荆州。今市地属泉陵县。

西晋初因之。后荆、广二州析置湘州，零陵郡改属湘州，泉陵县随之。今市地属泉陵县。

东晋仍置泉陵县，仍为零陵郡治，隶荆州。今市地属泉陵县。

南朝时，刘宋改零陵郡为零陵国，仍领泉陵等7县，隶湘州。今市地属泉陵县。

齐复为零陵郡，梁、陈因之。皆领泉陵等7县，并以泉陵为郡治，隶湘州。今市地属泉陵县。

隋平陈，开皇九年（589年），撤零陵、营阳二郡，置永州总管府。大业五年（607年），改永州总管府为零陵郡，改泉陵为零陵县，仍为郡治。今市地属零陵县。

唐武德四年（621年），平萧铣，废零陵郡置永州，领零陵等4县。天宝元年（742年），改为零陵郡。乾元元年（758年），复为永州。皆隶江南西道。零陵县皆为州、郡治。今市地属零陵县。

五代时，马楚仍置永州，仍以零陵县为州治。今市地属零陵县。

宋太祖建隆元年（960年），分全国为13道，永州属江南西道。淳化五年（994年），改属荆湖路。至道三年（997年），改属荆湖南路。零陵县为永州州治不变。今市地属零陵县。

南宋因之。今市地属零陵县。

元至元十四年（1277年），改永州为永州路总管府，仍治零陵县，隶湖广行省湖南道宣慰司。今市地属零陵县。

明初，改永州路为永州府，治零陵县，隶属湖广行省。洪武九年（1376 年），改湖广行省为湖广布政使司，永州府属之。今市地属零陵县。

清初因之。康熙三年（1664 年），湖南“省”（布政使司）成立，零陵县属湖南省衡永郴桂道永州府。今市地属零陵县。

民国初，废府存道，零陵县先后属衡永郴桂道、衡阳道。1922 年废道，县直属于湖南省。1936 年，湖南省设置行政督察区，县先后隶第九、第七行政督察区。

（1960 年，始置冷水滩市；1982 年，始置永州市。1964 年，析零陵、道县、宁远等县部分区域设潇水林区管理局；1969 年，改潇水林区管理局为双牌县）

第十二节　祁阳县

战国时期属楚国。楚悼王后期（前 389—前 381 年），楚始置苍梧郡，下辖洮阳县（治今广西全州北）。今县地或属之。

公元前 223 年，秦灭楚，始因之。约公元前 219 年，改苍梧郡名长沙郡，仍辖洮阳县。今县地或属之。

西汉初，改长沙郡为长沙国，洮阳县属之。汉武帝元朔五年（前 124 年），封长沙国定王刘发之子刘贤，分洮阳县置泉陵侯国（治今永州市零陵区）。元鼎六年（前 111 年）置零陵郡，泉陵侯国改隶之。今县地先后属洮阳县、泉陵侯国。

东汉改泉陵侯国置泉陵县，隶荆州刺史部零陵郡。今县地属泉陵县。

吴孙皓元兴元年至天纪四年间（264—280 年），析泉陵置永昌

（治今祁东县砖塘镇烟河岭村古城）、祁阳（治今祁东县金桥镇新桥头村）二县，仍属荆州零陵郡。今县源此。今县地分属永昌、祁阳二县。

晋初因之。后荆、广二州析置湘州，零陵郡改属湘州。今县地分属永昌、祁阳二县。

东晋仍置永昌、祁阳二县，隶荆州零陵郡。今县地分属永昌、祁阳二县。

南朝宋时，置永昌、祁阳二县不改，隶湘州零陵国。今县地分属永昌、祁阳二县。

齐、梁、陈三代，永昌、祁阳二县仍之，皆隶湘州零陵郡。今县地分属永昌、祁阳二县。

隋平陈，置永州总管府，后府废，改称零陵郡。开皇九年（589 年），置零陵县（治今永州市零陵区）为郡治，永昌、祁阳二县省入。今县地属零陵县。

唐武德四年（621 年），复析零陵县置祁阳县（治今祁阳县茅竹镇老山湾村古城）。贞观元年（627 年）县省，四年（630 年）再置，隶江南西道永州零陵郡。今县地始复属祁阳县。

五代马楚时，仍置祁阳县，隶永州。

宋仍置祁阳县，仍隶永州，先后属江南西道、荆湖（南）路。

元改永州为永州路总管府，领祁阳县，隶湖广行省湖南道宣尉司。

明洪武元年（1368 年），改永州路为永州府，仍领祁阳县（治今祁阳县城），隶湖广布政使司。

清初因之。康熙三年（1664 年），湖南“省”（布政使司）成立，祁阳县隶衡永郴桂道永州府。

民国初，废府存道，祁阳县先后属衡永郴桂道、衡阳道。

1922 年废道，县直属湖南省。1948 年，祁阳县隶湖南省第七行政督察区。

第十三节　东安县

战国时期属楚国。楚悼王后期（前 389—前 381 年），楚始置苍梧郡，下辖洮阳县（治今广西全州北）。今县地属之。

公元前 223 年，秦灭楚，始因之。约公元前 219 年，改苍梧郡名长沙郡，仍辖洮阳县。今县地属之。

西汉初，改长沙郡为长沙国，洮阳县属之。汉武帝元朔五年（前 124 年），封长沙国定王刘发之子刘贤，分洮阳县置泉陵侯国（治今永州市零陵区）。元鼎六年（前 111 年）置零陵郡，泉陵侯国改隶之。今县地先后属洮阳县、泉陵侯国。

东汉改泉陵侯国置泉陵县，隶荆州刺史部零陵郡。今县地属泉陵县。

三国时，泉陵县仍隶零陵郡，属荆州。今县地属泉陵县。

西晋初因之。惠帝永熙元年（290 年），析泉陵县置应阳县（治今县芦洪市镇）①，隶零陵郡。此为县境置县之始。后荆、广二州析置湘州，零陵郡改属湘州。今县地属应阳县。

东晋仍置应阳县，隶荆州零陵郡。今县地属应阳县。

南朝宋时，置应阳县不改，隶湘州零陵国。今县地属应阳县。

齐、梁、陈三代，应阳县仍之，皆隶湘州零陵郡。今县地属

---

① 应阳县分自何县有异说。《宋书 · 州郡志》云：“应阳男相，晋惠帝分观阳县立应阳县。”而《水经注 · 湘水》引王隐曰：“应阳县本泉陵之北部。”据《水经注 · 湘水》，应阳以应水得名，而应水为今芦江，故知《宋书 · 州郡志》所言误，不取。

应阳县。

隋平陈，置永州总管府，后府废，改称零陵郡。开皇九年（589年），置零陵县（治今永州市零陵区）为郡治，应阳等县省入。今县地属零陵县。

唐武德四年（621年），平萧铣，置永州，仍领零陵等县。天宝元年（742年），改为零陵郡。乾元元年（758年），复为永州。隶江南西道。今县地属零陵县。

五代后唐清泰三年（936年），马楚析零陵县置东安场（治今县城），属永州。今县名始此。今县地属东安场。

宋初因之。太平兴国七年（982年），改东安场为东安县。仍隶永州，先后属江南西道、荆湖（南）路。

元改永州为永州路总管府，领东安县，隶湖广行省湖南道宣慰司。

明洪武元年（1368年），改永州路为永州府，仍领东安县，隶湖广布政使司。

清初因之。康熙三年（1664年），湖南“省”（布政使司）成立，东安县隶衡永郴桂道永州府。

民国初，废府存道，东安县先后属衡永郴桂道、衡阳道。1922年废道，县直属湖南省。1948年，东安县隶湖南省第七行政督察区。

第十四节　道县

战国时期属楚国。楚悼王后期（前389—前381年），楚始置苍梧郡，下辖洮阳县（治今广西全州北）、郴县（治今郴州市）。

今县地或属之。

公元前223年，秦灭楚，始因之。约公元前219年，改苍梧郡名长沙郡，置九疑县。今县地属之。

西汉初，改长沙郡为长沙国，析九疑县置营浦县（治今县城东），属之。武帝元鼎六年（前111年）置零陵郡，营浦县改隶之。属荆州刺史部。今县地属营浦县。

东汉因之。今县地属营浦县。

三国时，孙吴宝鼎元年（266年），分零陵郡置营阳郡，以营浦为郡治。营阳郡辖营浦、营道、舂陵、泠道等4县。今县地属营浦县。

西晋太康元年（280年），废营阳郡入零陵郡，营浦县随之。永嘉元年（307年）置湘州，零陵郡改属之。今县地属营浦县。

东晋永和年间（345—356年），析零陵郡复置营阳郡，营浦县复为郡治。义熙十二年（416年），裁湘州，营阳郡复属荆州。今县地属营浦县。

南朝时，宋永初三年（422年）复置湘州，营阳郡属之。今县地属营浦县。

齐因之。今县地属营浦县。

梁天监十四年（515年），改营阳郡为永阳郡，营浦县随之。今县地属营浦县。

陈时，仍置永阳郡，仍治营浦县。今县地属营浦县。

隋平陈，开皇九年（589年），改零陵郡为永州，废永阳郡，并营浦、谢沐二县为永阳县，隶永州。大业三年（607年），复改永州为零陵郡，永阳隶之。今县地属营浦县。

唐武德四年（621年），平萧铣，于永阳县置营州，并改永阳县为营道县，为州治，而于旧营道置唐兴县。五年（622年），改为南营州。贞观八年（634年），改为道州。十七年（643年），废道州入永州。上元二年（675 年），复析永州置道州。天宝元年（742 年），改道州为江华郡，并改郡治营道县为弘道县。乾元元年（758 年），复为道州。隶江南西道。今县地先后属营道县、弘道县。

五代时，马楚仍置道州，弘道为州治。今县地属弘道县。

北宋建隆三年（962 年），改弘道县为营道县，为道州州治，先隶江南西道，再隶荆湖（南）路。今县地属营道县。

南宋因之。今县地属营道县。

元至元十三年（1276 年），道州置安抚司，次年改为道州路，置总管府，治营道县，置录事司。隶湖广行省湖南道宣慰司。今县地属营道县。

明洪武元年（1368 年），改道州路为道州府，营道为府治。九年（1376 年），复降为道州，以州治营道县省入，改属永州府，兼领宁远、江华、永明、新田 4 县。隶湖广布政使司。今县地属道州。

清初因之。康熙三年（1664 年），湖南“省”（布政使司）成立，道州仍隶衡永郴桂道永州府。今县地属道州。

民国初，废府存道，改道州为道县，先后属衡永郴桂道、衡阳道。1922 年废道，县直属湖南省。1948 年，道县隶湖南省第七行政督察区。

第十五节　江永县

战国时期属楚国。楚悼王后期（前 389—前 381 年），楚始置苍梧郡，下辖洮阳县（治今广西全州北）、郴县（治今郴州市）。今县地或属之。

公元前223年，秦灭楚，始因之。约公元前219年，改苍梧郡名长沙郡，置九疑县。今县地属之。

西汉初，改长沙郡为长沙国，析九疑县置营浦县（治今道县县城东），属之。武帝元鼎六年（前111年）置苍梧郡，分营浦县置谢沐县（治今县夏层铺镇花盘寺村），隶之，属交州刺史部。今县地属谢沐县。

东汉因之。今县地属谢沐县。

三国时，吴黄武五年（226年），割苍梧郡置临贺郡，改隶荆州，谢沐县随之。今县地属谢沐县。

晋太康中，吴平，临贺郡自荆州度属广州，谢沐县随之。今县地属谢沐县。

东晋因之。今县地属谢沐县。

南朝时，刘宋改临贺郡为临庆国，谢沐县仍属之，改隶湘州。今县地属谢沐县。

齐时，复改临庆国为临贺郡，谢沐县属之，仍隶湘州。今县地属谢沐县。

梁、陈二代因之。今县地属谢沐县。

隋平陈，开皇九年（589年），并谢沐、营浦为永阳县（治今道县县城东），置永州总管府。大业三年（607年）府废，改零陵郡。今县地属永阳县。

唐武德四年（621年），平萧铣，置营州（治今道县县城东），移永阳之名于州西南110里置永阳县（治今县城东圳景村），属之。五年（622年），改营州为南营州。贞观八年（634年），改为道州，并省永阳县入营道县。十七年（643年）废道州，并入永州。上元二年（675年），复析永州置道州。天授二年（691年），析营道县复置永阳县。天宝元年（742年），改道州为江华郡，并改郡治营道县为弘道县，改永阳县为永明县。乾元元年（758 年），复为道州。皆隶江南西道。今县地先后属永阳县、营道县、永阳县、永明县。

五代时，马楚因之。今县地属永明县。

宋立，永明仍隶道州，属江南西道。宋熙宁五年（1072 年），析永明县入营道、江华（治今江华县城东南）二县。元祐元年（1086 年），复置永明县，仍属荆湖（南）路道州。今县地或属永明县，或分属营道、江华县。

南宋因之。今县地属永明县。

元至元十四年（1277 年），改道州为道州路，置总管府，永明县属之。隶湖广行省湖南道宣慰司。今县地属永明县。

明洪武元年（1368 年），改道州路为道州府。九年（1376 年），复降为道州，改属永州府。永明县皆随之。隶湖广布政使司。今县地属永明县。

清初因之。康熙三年（1664 年），湖南“省”（布政使司）成立，永明县仍隶衡永郴桂道永州府。今县地属永明县。

民国初，废府存道，永明县先后属衡永郴桂道、衡阳道。1922 年废道，县直属湖南省。1936 年，湖南省设行政督察区，县先后隶第九、第七行政督察区。今县地属永明县。

（1956 年，改永明县为江永县）

第十六节　宁远县

战国时期属楚国。楚悼王后期（前 389—前 381 年），楚始置苍梧郡，下辖洮阳县（治今广西全州北）、郴县（治今郴州市）。

今县地或属之。

公元前223年，秦灭楚，始因之。约公元前219年，改苍梧郡名长沙郡，置九疑县（治今蓝山县总市乡）。今县地属之。

西汉初，改长沙郡为长沙国，析九疑县置泠道县（治今县东城乡泠道古城）、营道县（治今县水市镇），属之。武帝元朔五年（前124年），又析泠道县封长沙国定王刘发之子刘买为春陵侯国（治今县柏家坪镇柏家村春陵古城）。元鼎六年（前111年）置零陵郡，泠道县、营道县、春陵侯国改隶之。元帝初元四年（前45年），春陵侯国并入泠道县。属荆州刺史部。今县地分属泠道县、营道县、春陵侯国。

新莽时，改零陵郡为九疑郡，泠道县为泠陵县，营道县降为九疑亭。今县地属泠陵县。

东汉建武元年（25年），复名泠道县、营道县，属荆州刺史部零陵郡。今县地属泠道、营道二县。

三国时，吴复析泠道县置春陵县，先属荆州零陵郡，后析属营阳郡。今县地属泠道、春陵、营道三县。

西晋太康元年（280年），废营阳郡入零陵郡，泠道、春陵、营道三县随之。永嘉元年（307年）置湘州，零陵郡改属之。今县地属泠道、春陵、营道三县。

东晋永和年间（345—356年），析零陵郡复置营阳郡，营浦县复为郡治。义熙十二年（416年），裁湘州，营阳郡复属荆州。今县地分属泠道、春陵、营道三县。

南朝时，宋永初三年（422年）复置湘州，营阳郡属之。今县地分属泠道、春陵、营道三县。

齐因之，移郡治营道。今县地分属泠道、春陵、营道三县。

梁天监十四年（515年），改营阳郡为永阳郡，泠道、春陵、营道三县随之，营道并为郡治。今县地分属泠道、春陵、营道三县。

陈时，仍置永阳郡，仍领泠道、春陵、营道等县。今县地分属泠道、春陵、营道三县。

隋平陈，开皇九年（589 年），改零陵郡为永州，并春陵、泠道二县入营道县，隶之。大业三年（607 年），复改永州为零陵郡，营道隶之。今县地属营道县。

唐武德四年（621 年），平萧铣，于永阳县置营州，并改永阳县为营道县，为州治，而于旧营道置唐兴县。五年（622 年），改为南营州。贞观八年（634 年），改为道州。十七年（643 年）废道州，并入永州。上元二年（675 年），复析永州置道州。长寿二年（693 年），改唐兴名武盛。神龙元年（705 年），复为唐兴。天宝元年（742 年），改道州为江华郡，并改武盛为延唐县。乾元元年（758 年），复为道州。大历二年（767 年），湖南观察使韦贯之奏请析延唐县，又于春陵侯故城北 15 里置大历县（今县清水桥乡）。皆隶江南西道。今县先后属唐兴、武盛和延唐、大历二县。

五代后梁时，马楚改延唐为延昌县；后唐时，复为延唐县。后晋天福七年（942 年），再改延唐县为延喜县。皆隶道州。今县先后属延昌县、延唐县、延喜县。

宋乾德元年（963 年），改延喜县为宁远县，并大历县入之。隶道州，先属江南西道，后属荆湖（南）路。今县名始此。

南宋因之。

元至元十三年（1276 年），道州置安抚司，次年改为道州路，置总管府，宁远县属之。隶湖广行省湖南道宣慰司。

明洪武元年（1368 年），改道州路为道州府。九年（1376 年），复降为道州，改属永州府，兼领宁远等 4 县。隶湖广布政使司。

清初因之。康熙三年（1664 年），湖南“省”（布政使司）成立，宁远县仍隶衡永郴桂道永州府。

民国初，废府存道，宁远县先后属衡永郴桂道、衡阳道。1922 年废道，县直属湖南省。1936 年，湖南省设行政督察区，县先后隶第九、第七行政督察区。

第十七节 蓝山县

战国时期属楚国。楚悼王后期（前 389—前 381 年），楚始置苍梧郡，下辖郴县（治今郴州市）。今县地或属之。

公元前 223 年，秦灭楚，始因之。约公元前 219 年，改苍梧郡名长沙郡，置九疑县（治今县总市乡城头岭古城）。今县地属之。

西汉初，改长沙郡为长沙国，析九疑县置龁道县（治今县总市乡城头岭古城）、南平县（治今县城东）等，属之。汉文帝末年，析长沙国置桂阳郡，并龁道县入南平县，随之。属荆州刺史部。今县地先分属龁道、南平二县，后属南平县。

新莽时，改桂阳郡为南平郡，县属之。今县地属南平县。

东汉初，复为桂阳郡，仍领南平等县，仍属荆州刺史部。今县地属南平县。

三国时，东吴仍置南平县，仍隶荆州桂阳郡。今县地属南平县。

西晋初因之。后荆、广二州析置湘州，桂阳郡改属湘州，南平县随之。今县地属南平县。

东晋初，仍置桂阳郡，仍领南平县，改隶江州（治今江西九江市)。今县地属南平县。

南朝宋永初三年(422 年),复置湘州,桂阳郡改隶之,南平县随之。今县地属南平县。

齐、梁二代,桂阳郡仍隶湘州,南平县仍属之。今县地属南平县。

陈时,桂阳郡改隶西衡州,南平县仍属之。今县地属南平县。

隋平陈,置郴州,后改桂阳郡,南平县仍属之。大业三年(607 年),并南平入临武县。今县地属南平县、临武县。

唐初因之。咸亨二年(671 年),复置南平县,隶郴州。天宝元年(742 年),更名为蓝山县,隶桂阳郡。属江南(西)道。今县名始此。

五代初,马楚仍置蓝山县,属郴州。后晋天福元年(936 年),马楚改置桂阳监,蓝山县隶之。

北宋因之。先后隶江南西道、荆湖(南)路。

南宋绍兴三年(1133 年),桂阳监升桂阳军,蓝山县仍隶之。

元至元十四年(1277 年),改桂阳军为桂阳路,蓝山县仍隶之。

明洪武元年(1368 年),桂阳路更为桂阳府。九年(1376 年),降桂阳府为桂阳县,属郴州直隶州。十三年(1380 年),复升为桂阳州,隶衡州府,属湖广布政使司。蓝山县先后隶桂阳府、郴州直隶州、桂阳州。

清初仍置桂阳州,蓝山县隶之,属湖广布政使司。康熙三年(1664 年),湖南"省"(布政使司)成立,改属之。雍正十年(1732 年),升桂阳州为桂阳直隶州,领蓝山等 3 县,隶衡永郴桂道。

民国初,废府(州)存道,蓝山县先后隶衡永郴桂道、衡阳道。1922 年，废道制，县直隶于省。1936 年，湖南省设置行政督察区，县先后隶第八、第三行政督察区。

第十八节　新田县

战国时期属楚国。楚悼王后期（前 389—前 381 年），楚始置苍梧郡，下辖郴县（治今郴州市）。今县地或属之。

公元前 223 年，秦灭楚，始因之。约公元前 219 年，改苍梧郡名长沙郡，置九疑县（治今蓝山县总市乡）。今县地属之。

西汉初，改长沙郡为长沙国，析九疑县置泠道县（治今宁远县东城乡泠道古城），属之。武帝元朔五年（前 124 年），又析泠道县封长沙国定王刘发之子刘买为舂陵侯国（治今宁远县柏家坪镇柏家村舂陵古城）。元鼎六年（前 111 年）新置零陵郡，泠道县、舂陵侯国改隶之。元帝初元四年（前 45 年），舂陵侯国并入泠道县。属荆州刺史部。今县地先分属泠道县、舂陵侯国，后属泠道县。

新莽时，改零陵郡为九疑郡，泠道县为泠陵县。今县地属泠陵县。

东汉建武元年（25 年），复名泠道县，属荆州刺史部零陵郡。今县地属泠道县。

三国时，吴复析泠道县置舂陵县，先属荆州零陵郡，后析属营阳郡。今县地分属泠道、舂陵二县。

西晋太康元年（280 年），废营阳郡入零陵郡，泠道、舂陵二县随之。永嘉元年（307 年）置湘州，零陵郡改属之。今县地分属泠道、舂陵二县。

东晋永和年间（345—356 年），析零陵郡复置营阳郡，泠道、春陵二县随之。义熙十二年（416 年），裁湘州，营阳郡复属荆州。今县地分属泠道、春陵二县。

南朝时，宋永初三年（422 年）复置湘州，营阳郡属之。今县地分属泠道、春陵二县。

齐因之。今县地分属泠道、春陵二县。

梁天监十四年（515 年），改营阳郡为永阳郡，泠道、春陵二县随之。今县地分属泠道、春陵二县。

陈时，仍置永阳郡，仍领泠道、春陵等县。今县地分属泠道、春陵二县。

隋平陈，开皇九年（589 年），改零陵郡为永州，并春陵、泠道二县入营道县，隶之。大业三年（607 年），复改永州为零陵郡，营道隶之。今县地属营道县。

唐武德四年（621 年），平萧铣，于永阳县置营州，于旧营道置唐兴县。五年（622 年），改营州为南营州。贞观八年（634 年），改为道州。十七年（643 年）废道州，并入永州。上元二年（675 年），复析永州置道州。长寿二年（693 年），改唐兴名武盛。神龙元年（705 年），复为唐兴。天宝元年（742 年），改道州为江华郡，并改武盛为延唐县。乾元元年（758 年），复为道州。大历二年（767 年），湖南观察使韦贯之奏请析延唐县，又于春陵侯故城北 15 里置大历县（今宁远县清水桥乡）。皆隶江南西道。今县先后属唐兴、武盛和延唐、大历二县。

五代后梁时，马楚改延唐为延昌县；后唐时，复为延唐县。后晋天福七年（942 年），再改延唐县为延喜县。皆隶道州。今县先后属延昌县、延唐县、延喜县。

宋乾德元年（963 年），改延喜县为宁远县，并大历县入之。

隶道州，先属江南（西）道，后属荆湖（南）路。今县属宁远县。

南宋因之。今县属宁远县。

元至元十三年（1276 年），道州置安抚司，次年改为道州路，置总管府，宁远县属之。隶湖广行省湖南道宣慰司。今县属宁远县。

明洪武元年（1368 年），改道州路为道州府。九年（1376 年），复降为道州，改属永州府，兼领宁远等 4 县。明崇祯十二年（1639 年），析宁远县新田堡置新田县，仍属属永州府。隶湖广布政使司。今县始此。

清初因之。康熙三年（1664 年），湖南“省”（布政使司）成立，新田县仍隶衡永郴桂道永州府。

民国初，废府存道，新田县先后属衡永郴桂道、衡阳道。1922 年废道，县直属湖南省。1936 年，湖南省设行政督察区，县先后隶第九、第七行政督察区。

第十九节　江华瑶族自治县

战国时期属楚国。楚悼王后期（前 389—前 381 年），楚始置苍梧郡，下辖郴县（治今郴州市）。今县地或属之。

公元前 223 年，秦灭楚，始因之。约公元前 219 年，改苍梧郡名长沙郡，置九疑县。今县地属之。

西汉初，改长沙郡为长沙国，析九疑县置营浦县（治今道县县城东），属之。武帝元鼎六年（前 111 年）置苍梧郡，分营浦县置冯乘县（治今县涛圩镇），隶之，属交州刺史部。今县地属冯乘县。

东汉因之。今县地属冯乘县。

三国时，吴黄武五年（226 年），割苍梧郡置临贺郡，改隶荆州，冯乘县随之。今县地属冯乘县。

晋太康中，吴平，临贺郡自荆州度属广州，冯乘县随之。今县地属冯乘县。

东晋因之。今县地属冯乘县。

南朝时，刘宋改临贺郡为临庆国，冯乘县仍属之，改隶湘州。今县地属冯乘县。

齐时，复改临庆国为临贺郡，冯乘县属之，仍隶湘州。今县地属冯乘县。

梁、陈二代因之。今县地属冯乘县。

隋平陈，开皇九年（589 年），置永州总管府，冯乘县改隶之。大业三年（607 年）府废，改零陵郡。今县地属冯乘县。

唐高祖武德四年（621 年），平萧铣，置营州（治今道县县城东），分冯乘县置江华县（治今县城东南），隶之。今县始此。五年（622 年），改为南营州。贞观八年（634 年），改为道州。十七年（643 年）废道州，并入永州。上元二年（675 年），复析永州置道州。武则天在位时（684—704 年），改江华为云溪县。中宗神龙元年（705 年），复名江华。天宝元年（742 年），改道州为江华郡。乾元元年（758 年），复为道州。皆隶江南西道。

五代时，马楚因之。

宋立，江华县仍隶道州，属江南（西）道。宋熙宁五年（1072 年），析永明县入营道、江华二县，属荆湖（南）路道州。

南宋因之。

元至元十四年（1277 年），改道州为道州路，置总管府，江华县属之。隶湖广行省湖南道宣慰司。

明洪武元年（1368 年），改道州路为道州府。九年（1376 年），复降为道州，改属永州府。江华县皆随之。隶湖广布政使司。

清初因之。康熙三年（1664 年），湖南“省”（布政使司）成立，江华县仍隶衡永郴桂道永州府。

民国初，废府存道，江华县先后属衡永郴桂道、衡阳道。1922 年废道，县直属湖南省。1936 年，湖南省设行政督察区，县先后隶第九、第七行政督察区。

（ 1955 年，改江华县为江华瑶族自治县）

第四章　湘中南区

湘中南区范围包括娄底市（双峰县除外）、邵阳市及其所辖县（市、区）。

第一节　娄底市（含涟源市）

战国时期属楚国。楚悼王后期（前389—前381年），楚始置苍梧郡，下辖长沙县。今市地或属之。

秦灭楚，始因之。约公元前219年，改苍梧郡名长沙郡，并改长沙县名临湘县。今市地属临湘县。

汉立，析临湘县置连道县（治今市区东），隶长沙国。今市地属连道县。

东汉改长沙国为长沙郡，连道县仍属之，仍隶荆州刺史部。今市地属连道县。

三国初，东吴因之。太平二年（257年），析长沙郡西部为衡阳郡，连道县属之。今市地属连道县。

晋立，仍置衡阳郡，领连道等九县，隶荆州。后荆、广二州析置湘州，郡改属湘州，县随之。今市地属连道县。

东晋连道县仍旧，属荆州衡阳郡。今市地属连道县。

南朝宋永初三年（422 年），并连道入湘乡县，隶湘州衡阳国。今市地属湘乡县。

齐、梁、陈皆置湘乡县，并隶湘州衡阳郡。今市地属湘乡县。

隋开皇九年（589 年），撤衡阳郡，并湘乡县入衡山县，隶潭州总管府。大业三年（607 年），改潭州总管府为长沙郡。今市地属衡山县。

唐武德四年（621 年），析衡山县复置湘乡县，隶江南西道潭州长沙郡。唐僖宗光启二年（886 年），始为梅山峒蛮地。今市先后属湘乡县、梅山峒蛮地。

五代马楚时，仍为梅山峒蛮地。

宋神宗熙宁五年（1072 年），收复梅山蛮地，置新化县、安化县，分属邵州、潭州，隶荆湖（南）路。今市分属新化、安化、湘乡等县。

南宋因之。宝庆元年（1225 年），改邵州为宝庆府，新化县随之。今市地分属新化、安化、湘乡等县。

元至元十四年（1277 年），改宝庆府为宝庆路总管府，新化县属之；改潭州为潭州路总管府，安化县、湘乡州（湘乡县升）属之。皆隶湖广行省湖南道宣慰司。今市地分属新化、安化、湘乡等县。

1364 年，朱元璋降湘乡州为湘乡县。明洪武元年（1368 年），改宝庆路为宝庆府，新化县仍属之；洪武五年（1372 年），更潭州府名长沙府，安化县仍属之。皆隶湖广布政使司。今市地分属新化、安化、湘乡等县。

清初因之。康熙三年（1664 年），湖南“省”（布政使司）成立，仍置湘乡县、安化县和新化县，分隶长宝道长沙府、宝庆府。今市地分属湘乡、安化、新化等县。

民国初，废府存道，湘乡、安化、新化三县先后属长宝道、湘江道。1922 年废道，三县直属于省。1938 年，湖南省设行政督察区，安化县先后隶第二、第四行政督察区，新化县先后隶第五、第六行政督察区，湘乡县先后属第六、第五行政督察区。今市地分属安化、新化、湘乡等县。

（1952 年，析湘乡、新化、安化等县部分地区置涟源县。1960 年，始析涟源县部分地区设娄底市）

第二节　新化县（含冷水江市）

战国时期属楚国。楚悼王后期（前 389—前 381 年），楚始置苍梧郡，下辖长沙县。今县地或属之。

秦灭楚，始因之。约公元前219 年，改苍梧郡名长沙郡，并改长沙县名临湘县。今县地属临湘县。

汉立，析临湘县置连道县（治今娄底市城区东），隶长沙国。今县地属连道县。

东汉改长沙国为长沙郡，连道县仍属之，仍隶荆州刺史部。今县地属连道县。

三国初，东吴因之。太平二年（257 年），析长沙郡西部为衡阳郡，连道县属之。今县地属连道县。

晋立，仍置衡阳郡，领连道等九县，隶荆州。后荆、广二州析置湘州，郡改属湘州，县随之。今县地属连道县。

东晋连道县仍旧，属荆州衡阳郡。今县地属连道县。

南朝宋永初三年（422 年），并连道入湘乡县，隶湘州衡阳国。今县地属湘乡县。

齐、梁、陈皆置湘乡县，并隶湘州衡阳郡。今县地属湘乡县。

隋开皇九年（589 年），撤衡阳郡，并湘乡县入衡山县，隶潭州总管府。大业三年（607 年），改潭州总管府为长沙郡。今县地属衡山县。

唐武德四年（621 年），析衡山县复置湘乡县，隶江南西道潭州长沙郡。唐僖宗光启二年（886 年），始为梅山峒蛮地。今县先后属湘乡县、梅山峒蛮地。

五代马楚时，仍为梅山峒蛮地。

宋神宗熙宁五年（1072 年），收复梅山峒蛮地，置新化县（治今县白溪镇），属邵州，隶荆湖（南）路。

南宋因之。绍兴中，移县治于今县城。宝庆元年（1225 年），改邵州为宝庆府，新化县随之。

元至元十四年（1277 年），改宝庆府为宝庆路总管府，新化县属之，隶湖广行省湖南道宣慰司。

明洪武元年（1368 年），改宝庆路为宝庆府，新化县仍属之，隶湖广布政使司。

清初因之。康熙三年（1664 年），湖南“省”（布政使司）成立，仍置新化县，隶长宝道宝庆府。

民国初，废府存道，新化县先后属长宝道、湘江道。1922 年废道，县直属于省。1936 年，湖南省设行政督察区，县先后隶第五、第六行政督察区。

（1960 年，始析新化县地置冷水江市）

第三节　邵阳市

战国时期属楚国。楚悼王后期（前 389—前 381 年），楚始置苍梧郡，下辖洮阳县。今市地或属之。

公元前 223 年，秦灭楚，始因之。约公元前 219 年，改苍梧郡名长沙郡，仍辖洮阳县。今市地或属之。

西汉初，长沙国置昭陵县（治今市西区）。今市地属昭陵县。

东汉改长沙国为长沙郡，仍置昭陵县。今市地属昭陵县。

三国初，东吴因之，县仍属荆州长沙郡。末帝孙皓宝鼎元年（266 年），分衡阳郡西南部、零陵郡北部置昭陵郡，领昭陵等 6 县，郡治昭陵县，隶荆州。今市地属昭陵县。

西晋太康元年（280 年），武帝因避其父司马昭讳，改昭陵郡为邵陵郡，改昭陵县为邵陵县，并省新城县入县。邵陵郡先隶荆州，后荆、广二州析置湘州，郡改属湘州。今市地属邵陵县。

东晋邵陵县仍为邵陵郡治，隶荆州。今市地属邵陵县。

南朝宋、齐、梁、陈四代，皆置邵陵县，并隶湘州邵陵郡；宋、梁、陈三代，邵陵县并为郡治。今市地属邵陵县。

隋平陈，开皇十年（590 年），废邵陵郡，并邵陵、都梁、扶夷、高平、武强诸县入邵阳县，隶潭州、长沙郡。市名始此。今市地属邵阳县。

唐武德四年（621 年），平萧铣，置南梁州，领邵陵等 4 县。七年（624 年），省邵陵入邵阳。贞观十年（636 年），改南梁州名邵州。天宝元年（742 年），改为邵阳郡。乾元元年（758 年），复为邵州。邵州邵阳郡隶江南西道。今市地属邵阳县。

五代马楚时，仍置邵阳县，隶邵州。今市地属邵阳县。

北宋仍置邵州，治邵阳县，先后隶于江南西道、荆湖（南）路。今市地属邵阳县。

南宋初因之。宝庆元年（1225 年），以宋理宗未登位时在邵州为邵州防御使，升邵州为宝庆府。淳祐六年（1246 年），复升宝庆军节度，皆治邵阳县，仍隶荆湖南路。今市地属邵阳县。

元至元十四年（1277 年），改宝庆军节度为宝庆路总管府，治邵阳，置有录事司。隶湖广行省湖南道宣尉司。今市地属邵阳县、录事司。

明洪武元年（1368 年）改宝庆路为宝庆府，治邵阳县，隶湖广布政使司。今市地属邵阳县。

清初因之。康熙三年（1664 年），湖南“省”（布政使司）成立，宝庆府隶长宝道。今市地属邵阳县。

民国初，废宝庆府，改邵阳县为宝庆县，先后隶长宝道、湘江道；1922 年废道制，县直隶于省。1928 年，宝庆县复名邵阳县。1936 年，湖南省设行政督察区，第六行政督察区，专员公署驻县。今市地属邵阳县。

（1949 年，始析邵阳县城区设邵阳市）

第四节　邵东县

战国时期属楚国。楚悼王后期（前 389—前 381 年），楚始置苍梧郡，下辖洮阳县。今县地或属之。

公元前 223 年，秦灭楚，始因之。约公元前 219 年，改苍梧郡名长沙郡，下仍辖洮阳县。今县地或属之。

西汉初，长沙国置昭陵县（治今邵阳市区西）、钟武县（今衡阳县贺市乡古城）。汉平帝元始五年（5 年），析昭陵县置昭阳侯国（治今县黄陂桥镇昭阳侯国故城）。今县地先分属昭陵、钟武二县，后分属昭阳、钟武二县（侯国）。

东汉仍置昭阳侯国，改钟武县为重安县，往隶零陵郡。今县地分属昭阳、重安二县（侯国）。

三国初，东吴改昭阳侯国为昭阳县，分重安置新城县（治今县周官桥乡西门城址）。末帝孙皓宝鼎元年（266 年），分衡阳郡西南部、零陵郡北部置昭陵郡，领昭阳、新城等县，隶荆州。今县地属昭阳、新城二县。

西晋并新城入昭阳县。太康元年（280 年），改昭为邵，邵陵郡仍领邵阳等县。邵陵郡先隶荆州，后荆、广二州析置湘州，改属之。今县地属昭（邵）阳县。

东晋置邵陵郡不变，邵阳县仍属之，隶荆州。今县地属邵阳县。

南朝宋、齐、梁、陈四代，仍置邵阳县，隶湘州邵陵郡。今县地属邵阳县。

隋平陈，开皇十年（590 年），废邵陵郡，并邵陵、都梁、扶夷、高平、武强诸县入邵阳县，隶潭州（长沙郡）。今县地属邵阳县。

唐武德四年（621 年），平萧铣，置南梁州，领邵阳等 4 县。贞观十年（636 年），改南梁州名邵州。天宝元年（742 年），改为邵阳郡。乾元元年（758 年），复为邵州。邵州邵阳郡隶江南（西）道。今县地属邵阳县。

五代马楚时，仍置邵阳等县，隶邵州。今县地属邵阳县。

北宋仍置邵州，领邵阳等县，先后隶于江南西道、荆湖（南）

路。今县地属邵阳县。

南宋初因之。宝庆元年（1225 年），以宋理宗未登位时在邵州为邵州防御使，升邵州为宝庆府。淳祐六年（1246 年），复升宝庆军节度，领邵阳等县，仍隶荆湖南路。今县地属邵阳县。

元至元十四年（1277 年），改宝庆军节度为宝庆路总管府，领邵阳等县，隶湖广行省湖南道宣尉司。今县地属邵阳县。

明洪武元年（1368 年）改宝庆路为宝庆府，领邵阳等县，隶湖广布政使司。今县地属邵阳县。

清初因之。康熙三年（1664 年），湖南“省”（布政使司）成立，长宝道宝庆府领邵阳等县。今县地属邵阳县。

民国初，废宝庆府，改邵阳县为宝庆县，先后隶长宝道、湘江道；1922 年废道制，县直隶于省。1926 年，宝庆县复名邵阳县。1936 年，湖南省设行政督察区，县属第六行政督察区。今县地属邵阳县。

（1951 年，析邵阳县东境置邵东县）

第五节　武冈市

战国时期属楚国。楚悼王后期（前 389—前 381 年），楚始置苍梧郡，下辖洮阳县。今市地或属之。

公元前 223 年，秦灭楚，始因之。约公元前 219 年，改苍梧郡名长沙郡，仍辖洮阳县。今市地或属之。

西汉初，属长沙国，隶荆州刺史部。汉武帝元朔五年（前 124 年），封长沙国定王刘发之子刘遂，立都梁侯国（治今隆回县桃花坪一带）。元鼎六年（前 111 年），分桂阳郡地置零陵郡，都梁侯国改隶之。今市地属都梁侯国。

东汉改都梁侯国为都梁县，仍隶荆州刺史部零陵郡。今市地属都梁县。

三国吴宝鼎元年（266 年），析衡阳郡西南部、零陵郡北部置昭陵郡，都梁县往属之。今市地属都梁县。

西晋时，改昭为邵，邵陵郡仍置都梁县，先隶荆州，后隶湘州。今市地属都梁县。

东晋时，置邵陵郡不变，分都梁县置武刚县（治今市城区东北七里桥古城）。今市名源此。今市地属武刚县。

南朝宋、齐二代，皆置武刚县，隶湘州昭陵郡。今市地属武刚县。

梁天监元年（502 年），以太子讳“纲”，改武刚县为武强县，仍隶湘州邵陵郡。今市地属武强县。

陈因之。今市地属武强县。

隋平陈，省邵陵郡，武强等 5 县并入邵阳县。萧铣义宁元年（617 年），析邵阳县置武攸县（治今市城区）。今市地先后属邵阳县、武攸县。

唐武德四年（621 年），平萧铣，改武攸县为武冈县，先属南梁州，后属邵州、邵阳郡，皆隶江南西道。今市地属武冈县。

五代马楚时，仍置武冈县，隶邵州，后改邵州为敏州。今市地属武冈县。

北宋因之，县先后隶江南西道、荆湖（南）路。宋徽宗崇宁五年（1106 年）升武冈县为武冈军，仍隶荆湖（南）路，辖武冈、绥宁、新宁 3 县，武冈并为军治。今市地属武冈县。

南宋因之。今市地属武冈县。

元升武冈军为武冈路总管府，治所武冈县，置有录事司。路隶湖广行省湖南道宣尉司。今市地属武冈县、录事司。

明洪武九年（1368 年），改武冈路为武冈府。九年（1376 年），改武冈府为武冈州，辖新宁县，属宝庆府，隶湖广布政使司。今市地属武冈州。

清初因之。康熙三年（1664 年），湖南“省”（布政使司）成立，武冈州隶长宝道宝庆府。今市地属武冈州。

民国初，废武冈州为武冈县，先后属长宝道、湘江道。1922 年，废道，县直属于省。1937 年，湖南省设行政督察区，县属第六行政督察区。今市地属武冈县。

（1994 年，改武冈县为武冈市）

第六节 新邵县

战国时期属楚国。楚悼王后期（前 389—前 381 年），楚始置苍梧郡，下辖长沙县。今县地或属之。

公元前 223 年，秦灭楚，始因之。约公元前 219 年，改苍梧郡名长沙郡，改长沙县为临湘县。今县地或属之。

西汉初，长沙国置昭陵县、连道县，隶荆州刺史部。汉平帝元始五年（5 年），析昭陵县置昭阳候国。今县地分属昭陵、连道、昭阳三县（侯国）。

东汉改长沙国为长沙郡，仍置昭陵县、连道县、昭阳候国。今县地仍分属昭陵、连道、昭阳三县（侯国）。

三国时，东吴仍置昭陵县、连道县、昭阳县，分隶荆州零陵郡、衡阳郡。吴孙皓宝鼎元年（266 年）析连道县置高平县，属昭陵郡（零陵、衡阳二郡析置）。今县地分属昭陵、昭阳、高平三县。

西晋太康元年（280 年），改昭陵郡为邵陵郡，改高平县曰南高平县，后又复称高平县。邵陵郡先隶荆州，后隶湘州。今县地分属邵陵、邵阳、高平三县。

东晋邵陵、邵阳、高平三县仍属邵陵郡，隶荆州。

南朝宋、齐、梁、陈四代，邵陵、邵阳、高平三县属邵陵郡不变，隶湘州。

隋平陈，废邵陵郡，并邵陵、高平二县入邵阳县，隶潭州、长沙郡。隋炀帝大业年间（605—617 年），萧铣据邵阳县置建州，并复邵陵县。今县地先后属邵阳、邵陵县。

唐武德四年（621 年），平萧铣，改建州为南梁州。七年（624 年），并邵陵入邵阳县。贞观十年（636 年）更南梁州为邵州，领邵阳、武冈 2 县。天宝元年（742 年），改为邵阳郡；乾元元年（758 年），复为邵州。皆隶江南西路。今县地属邵阳县。

五代马楚时，先改邵阳县为敏政县，后复称邵阳县，隶邵州。今县地属邵阳县。

北宋仍置邵阳县，并开湘中梅山蛮地置新化县，皆属邵州，隶荆湖南路。今县地分属邵阳、新化二县。

南宋因之。宝庆元年（1225 年），升邵州为宝庆府。淳祐六年（1246 年），升宝庆军节度。皆领邵阳、新化 2 县。今县地分属邵阳、新化二县。

元改宝庆军节度为宝庆路，仍领邵阳、新化 2 县，隶湖广行省湖南道宣尉司。今县地分属邵阳、新化二县。

明洪武元年（1368 年），改宝庆路为宝庆府，领邵阳、新化等县，隶湖广布政使司。今县地分属邵阳、新化二县。

清初因之。康熙三年（1664 年），湖南“省”（布政使司）成

立，邵阳、新化二县隶长宝道宝庆府。今县地分属邵阳、新化二县。

民国初废府，宝庆（邵阳）、新化二县先后属长宝道、湘江道。1922年，废道，二县直属于省。1936年，湖南省设行政督察区，二县属第六行政督察区。今县地分属宝庆（邵阳）、新化二县。

（1951年，析邵阳县北境、新化县南境部分地区置新邵县）

第七节　邵阳县

战国时期属楚国。楚悼王后期（前389—前381年），楚始置苍梧郡，下辖洮阳县。今县地或属之。

公元前223年，秦灭楚，始因之。约公元前219年，改苍梧郡名长沙郡，下仍辖洮阳县。今县地或属之。

西汉初，长沙国置昭陵县（治今邵阳市西区）。后长沙国分置零陵郡，都梁侯国、夫夷侯国属之。皆隶荆州刺史部。今县地分属昭陵、都梁、夫夷三县（侯国）。

东汉改长沙国为长沙郡，析昭陵县置昭阳侯国，隶零陵郡；都梁县（都梁侯国改）、夫夷侯国仍属零陵郡。今县地分属昭阳、都梁、夫夷三侯国（县）。

三国初，东吴因之。末帝孙皓宝鼎元年（266年），分衡阳郡西南部、零陵郡北部置昭陵郡，辖都梁、夫夷、昭阳等县，隶荆州。今县地分属昭阳、都梁、夫夷三县。

西晋太康元年（280年），改昭为邵，邵陵郡仍领邵阳、都梁、夫夷三县。邵陵郡先隶荆州，后荆、广二州析置湘州，郡改属湘州。今县地分属邵阳、都梁、夫夷三县。

东晋置邵陵郡不变，析都梁县置武刚县，邵阳、夫夷（扶）二县仍之。今县地分属邵阳、武刚、夫夷（扶）三县。

南朝宋、齐二代，仍置邵阳、武刚、扶县，并隶湘州邵陵郡。今县地分属邵阳、武刚、扶三县。

梁时，仍置邵阳，改武刚为武强，改扶县为扶阳县，并隶湘州邵陵郡。今县地分属邵阳、武强、扶阳三县。

陈时，仍置邵阳、武强二县，改扶阳为扶夷县，并隶湘州邵陵郡。今县地分属邵阳、武强、扶夷三县。

隋平陈，废邵陵郡，并都梁、扶夷、武强等县入邵阳县，隶潭州、长沙郡。今县地属邵阳县。

唐武德四年（621 年），分邵阳复置武冈县，隶江南（西）道邵州、邵阳郡。今县地分属邵阳、武冈二县。

五代马楚时，仍置邵阳、武冈二县，隶邵州。今县地分属邵阳、武冈二县。

北宋仍置邵州，领邵阳、武冈二县，先后隶于江南西道、荆湖（南）路。崇宁五年（1106 年），以邵州武冈县升为军，领武冈等县，仍隶荆湖南路。今县地分属邵阳、武冈二县。

南宋初因之。宝庆元年（1225 年），升邵州为宝庆府。淳祐六年（1246 年），复升宝庆军节度，皆领有邵阳县。今县地分属邵阳、武冈二县。

元至元十四年（1277 年），改宝庆军、武冈军分别为宝庆路、武冈路总管府，隶湖广行省湖南道宣尉司。宝庆路、武冈路分别领邵阳县、武冈县。今县地仍分属邵阳、武冈二县。

明洪武元年（1368 年）改宝庆路为宝庆府，领邵阳县、武冈州，隶湖广布政使司。今县地分属邵阳、武冈二县（州）。

清初因之。康熙三年（1664 年），湖南“省”（布政使司）成立，邵阳县、武冈州仍属宝庆府，隶长宝道。今县地分属邵阳、武冈二县（州）。

民国初，废宝庆府，改邵阳县为宝庆县，武冈州为武冈县，先后属长宝道、湘江道。1922 年，废道，宝庆、武冈二县皆直属湖南省。1928 年，复改宝庆县为邵阳县。1936 年，湖南省设行政督察区，二县皆属第六行政督察区。今县地分属邵阳、武冈二县。

（1950 年，武冈县东部 6 乡划属邵阳县）

第八节　隆回县

战国时期属楚国。楚悼王后期（前 389—前 381 年），楚始置苍梧郡，下辖洮阳县。今县地或属之。

公元前 223 年，秦灭楚，始因之。约公元前 219 年，改苍梧郡名长沙郡，仍辖洮阳县。今县地或属之。

西汉初，属长沙国，隶荆州刺史部。汉武帝元朔五年（前 124 年），封长沙国定王刘发之子刘遂，立都梁侯国（治今县城西北桃花坪一带）。元鼎六年（前 111 年），分长沙国地置零陵郡，都梁侯国改隶之。今县地属之。

东汉改都梁侯国为都梁县，仍隶荆州刺史部零陵郡。今县地属之。

三国吴宝鼎元年（266 年），析衡阳郡西南部、零陵郡北部置昭陵郡，都梁县往属之。又析连道县置高平县，属昭陵郡（零陵、衡阳二郡析置）。今县分属都梁、高平二县。

西晋时，改昭为邵，邵陵郡仍置都梁县、高平县（南高平县），先隶荆州，后隶湘州。今县分属都梁、高平二县。

东晋时，置高平县不变，析都梁县为武刚县，仍属邵陵郡。今县分属都梁、高平二县。

南朝宋、齐、梁、陈四代，都梁、高平二县属邵陵郡不变，隶湘州。

隋平陈，省邵陵郡，都梁、高平等5县并入邵阳县，隶潭州、长沙郡。今县属邵阳县。

唐仍置邵阳县，先属南梁州，后属邵州、邵阳郡，皆隶江南西道。今县属邵阳县。

五代马楚时，仍置邵阳县，隶邵州。今县属邵阳县。

北宋仍置邵州，领邵阳、武冈二县，先后隶于江南西道、荆湖（南）路。今县属邵阳县。

南宋初因之。宝庆元年（1225年），升邵州为宝庆府。淳祐六年（1246年），复升宝庆军节度，皆领有邵阳县。今县属邵阳县。

元至元十四年（1277年），改宝庆军、武冈军分别为宝庆路、武冈路总管府，隶湖广行省湖南道宣尉司。宝庆路领有邵阳县。今县属邵阳县。

明洪武元年（1368年）改宝庆路为宝庆府，邵阳县属之，隶湖广布政使司。时置有隆回巡检司。今县属邵阳县。

清初因之。康熙三年（1664年），湖南“省”（布政使司）成立，邵阳县仍属宝庆府，隶长宝道。今县属邵阳县。

民国初，宝庆府废，改邵阳县为宝庆县。1928年，复改宝庆县为邵阳县。1947年，析邵阳县8乡1镇置隆回县，隶湖南省第六行政督察区。

第九节　洞口县

战国时期属楚国。楚悼王后期（前389—前381年），楚始置苍梧郡，下辖洮阳县。今县地或属之。

公元前223年，秦灭楚，始因之。约公元前219年，改苍梧郡名长沙郡，仍辖洮阳县。今县地或属之。

西汉初，属长沙国，隶荆州刺史部。汉武帝元朔五年（前124年），封长沙国定王刘发之子刘遂，立都梁侯国（治今隆回县城西北桃花坪一带）。元鼎六年（前111年），分长沙国地置零陵郡，都梁侯国改隶之。今县地属都梁侯国。

东汉改都梁侯国为都梁县，仍隶荆州刺史部零陵郡。今县地属都梁县。

三国吴宝鼎元年（266年），析衡阳郡西南部、零陵郡北部置昭陵郡，都梁县往属之。今县地属都梁县。

西晋时，改昭为邵，分都梁县置建兴县（治今县石背乡建兴故城），属邵陵郡，先隶荆州，后隶湘州。今县属建兴县。

东晋时，置建兴县不变，仍属邵陵郡。今县属建兴县。

南朝宋、齐、梁、陈四代，建兴县属邵陵郡不变，隶湘州。

隋平陈，省邵陵郡，建兴等5县并入邵阳县，隶潭州、长沙郡。今县属邵阳县。

唐武德四年（621年），分邵阳复置武冈县，先属南梁州，后属邵州、邵阳郡，皆隶江南西道。今县属武冈县。

五代马楚时，仍置武冈县，隶邵州。今县属武冈县。

北宋因之，先后隶江南西道、荆湖（南）路。宋徽宗崇宁五年（1106 年）升武冈县为武冈军，仍隶荆湖南路，辖武冈、绥宁、新宁 3 县。南宋因之。今县属武冈县。

元升武冈军为武冈路总管府，隶湖广行省湖南道宣尉司，领武冈县。今县属武冈县。

明洪武九年（1368 年），改武冈路为武冈府。九年（1376 年），改武冈府为武冈州，属宝庆府，隶湖广布政使司。今县属武冈州。

清初因之。康熙三年（1664 年），湖南“省”（布政使司）成立，武冈州隶长宝道宝庆府。今县属武冈州。

民国初，废武冈州为武冈县，先后属长宝道、湘江道。1922 年，废道，县直属于省。1936 年，湖南省设行政督察区，县属第六行政督察区。今县属武冈县。

（1952 年，析武冈县北部设立洞口县）

第十节　绥宁县

战国时期属楚国。楚悼王后期（前 389—前 381 年），楚始置洞庭郡，下辖有无阳县（治今新晃县城西郊）。今县地或属之。

公元前 223 年，秦灭楚，仍置洞庭郡，析无阳县置镡城县（治今中方县中方镇）。今县地或属镡城县。

西汉高帝五年（前 202 年），洞庭郡更名为武陵郡，下仍辖镡成县，隶荆州刺史部。今县地或属镡成县。

东汉因之。今县地或属镡成县。

三国时，东吴仍置武陵郡，下仍辖镡成县，隶荆州。今县地或属镡成县。

西晋因之。东晋义熙（405—418 年）中，省镡成县并入舞阳县，并移舞阳县治于镡成县故址，隶荆州武陵郡。今县地或属舞阳县。

南朝宋时，仍置武陵郡，仍领舞阳县，改隶郢州。今县地或属舞阳县。

萧齐时，改舞阳县为潕阳县，仍隶郢州武陵郡。今县地或属潕阳县。

萧梁时，分武陵郡置南阳郡（治建昌，今辰溪县西南），又改潕阳县为龙檦县（治今洪江市洪江管理区），属之。今县地属龙檦县。

陈时，天嘉间（560—566 年）分荆、郢二州置武州，太建间（569—582 年）改名沅州；仍置南阳郡，领龙檦县，改隶武州、沅州。今县地属龙檦县。

隋平陈，开皇九年（589 年），废南阳郡，置辰州，后改称沅陵郡，龙檦县属之。今县地属龙檦县。

唐改龙檦县为龙标县。贞观八年（634 年），分辰州龙标县置巫州（沅州、叙州）。先隶江南（西）道，后隶黔中道。今县地先后属龙标县、巫州（沅州、叙州）。

五代马楚时，为溪洞民族地。950 年，又开资水流域“十峒”置武阳寨，后改武阳县（治今县武阳镇）。今县地分属溪洞徽州、武阳县地。

北宋熙宁五年（1072 年），开沅水流域置关峡寨，为溪洞徽州（羁縻州）。元丰四年（1081 年），以徽州为莳竹县，隶邵州；元丰八年（1085 年），析县建临口寨。崇宁元年（1102 年）废，崇宁五年（1106 年）复置，更名绥宁县，又改临口寨为临冈县，皆隶武冈军。后临冈复废入绥宁。隶荆湖南路。今县名始此。

南宋因之。绍兴十一年（1141 年），移绥宁县治武阳寨；二十五年（1155 年），还旧。

元至元十四年（1277 年），升武冈州为武冈路总管府，隶湖广行省，绥宁县仍属之。

明洪武元年（1368 年），改武冈路为武冈府，绥宁县仍属之。三年（1370 年），改隶靖州直隶州，属湖广布政使司。

清初因之。康熙三年（1664 年），湖南“省”（布政使司）成立，靖州直隶州隶辰沅永靖道，绥宁县仍属之。

民国初，废州置道，绥宁县先后隶辰沅永靖道、辰沅道。1922 年，废道，县直属于省。1936 年，湖南省设行政督察区，县隶湘西绥靖处第四行政督察区；1938 年，改属第七行政督察区；1940 年，又改隶第十行政督察区。

第十一节　新宁县

战国时期属楚国。楚悼王后期（前 389—前 381 年），楚始置苍梧郡，下辖洮阳县。今县地或属之。

公元前 223 年，秦灭楚，始因之。约公元前 219 年，改苍梧郡名长沙郡，下仍辖洮阳县。今县地或属之。

西汉初，长沙国置昭陵县（治今市西区）。汉武帝元朔五年（前 124 年），封长沙国定王刘发之子刘义而立夫夷侯国（治今邵阳县北故城）。元鼎六年（前 111 年），长沙国分置零陵郡，夫夷侯国属之。皆隶荆州刺史部。今县地属夫夷侯国。

东汉因之。今县地属夫夷侯国。

三国初，东吴因之。末帝孙皓宝鼎元年（266 年），分衡阳郡西南部、零陵郡北部置昭陵郡，夫夷县属之，隶荆州。今县地属夫夷县。

西晋太康元年（280 年），改昭为邵，夫夷县属邵陵郡。邵陵郡先隶荆州，后荆、广二州析置湘州，郡改属湘州，县随之。今县地属夫夷县。

东晋置邵陵郡不变，夫夷县仍属之。元兴元年（402 年），改夫夷为扶县。今县地先后属夫夷县、扶县。

南朝宋、齐二代，仍为扶县，隶湘州邵陵郡。今县地属扶县。

梁武帝中大通三年（531 年），改扶县为扶阳县，隶湘州邵陵郡。今县地属扶阳县。

陈文帝天嘉年间（560—565 年），改扶阳为扶夷县，并隶湘州邵陵郡。今县地属扶夷县。

隋平陈，废邵陵郡，并扶夷等县入邵阳县，隶潭州、长沙郡。萧铣义宁元年（617 年），析邵阳县置武攸县（治今武冈市城区）。今县地先属邵阳县，后属武攸县。

唐武德四年（621 年），平萧铣，改武攸县为武冈县，隶江南西道邵州、邵阳郡。今县地属武冈县。

五代马楚时，仍置武冈县，隶邵州。今县地属武冈县。

北宋仍置武冈县，隶荆湖南路邵州。崇宁五年（1106 年），以邵州武冈县升为军，领武冈等县，仍隶荆湖（南）路。今县地属武冈县。

南宋因之。至绍兴二十五年（1155 年），析武冈县于水头江北立新宁县，仍隶荆湖南路武冈军。今县名始此。

元至元十四年（1277 年），升武冈军为武冈路总管府，新宁县属之。

明仍置新宁县，先属武冈府，后洪武九年（1376 年）府降为州，改隶武冈州，属湖广布政使司宝庆府。

清初因之。康熙三年（1664 年），湖南“省”（布政使司）成立，新宁县隶长宝道宝庆府。

民国初，废府存道，新宁县先后属长宝道、湘江道。1922 年，废道，县直属于省。1936 年，湖南省设行政督察区，县属第六行政督察区。

第十二节　城步苗族自治县

战国时期属楚国。楚悼王后期（前 389—前 381 年），楚始置苍梧郡，下辖洮阳县。今县地或属之。

公元前 223 年，秦灭楚，始因之。约公元前 219 年，改苍梧郡名长沙郡，下仍辖洮阳县。今县地或属之。

西汉初，属长沙国，隶荆州刺史部。汉武帝元朔五年（前 124 年），封长沙国定王刘发之子刘遂，立都梁侯国（治今隆回县城西北桃花坪一带）。元鼎六年（前 111 年），分长沙国地置零陵郡，都梁侯国改隶之。今县地属都梁侯国。

东汉改都梁侯国为都梁县，仍隶荆州刺史部零陵郡。今县地属都梁县。

三国吴宝鼎元年（266 年），析衡阳郡西南部、零陵郡北部置昭陵郡，都梁县往属之。今县地属都梁县。

西晋时，改昭为邵，邵陵郡仍置都梁县，先隶荆州，后隶湘州。今县地属都梁县。

东晋时，置邵陵郡不变，分都梁县置武刚县（治今武冈市城区东北七里桥古城）。今县地属武刚县。

南朝宋、齐二代，皆置武刚县，隶湘州昭陵郡。今县地属武刚县。

梁天监元年（502 年），以太子讳“纲”，改武刚县为武强县，仍隶湘州邵陵郡。陈因之。今县地属武强县。

隋平陈，省邵陵郡，武强等 5 县并入邵阳县。萧铣义宁元年（617 年），析邵阳置武攸县（治今武冈市城区）。今县地先属邵阳县，后属武攸县。

唐武德四年（621 年）平萧铣，改武攸为武冈县，先属南梁州，后属邵州、邵阳郡，皆隶江南西道。今县地属武冈县。

五代马楚时，仍置武冈县，隶邵州，后改邵州为敏州。今县地属武冈县。

北宋因之，先后隶江南西道、荆湖（南）路。熙宁八年（1075 年），武冈县置城步寨，城步之名始于此。崇宁五年（1106 年）升武冈县为武冈军，仍隶荆湖南路，辖武冈等县。南宋因之。今县地属武冈县。

元升武冈军为武冈路总管府，治所武冈县，置有录事司，隶湖广行省湖南道宣尉司。今县地属武冈县。

明洪武元年（1368 年），改武冈路为武冈府。九年（1376 年），改武冈府为武冈州，属宝庆府，隶湖广布政使司。成化十六年（1503 年），析武冈州及靖州直隶州所属绥宁县地置城步县，隶宝庆府。县名始此。

清初因之。康熙三年（1664 年），湖南“省”（布政使司）成立，城步县隶长宝道宝庆府。乾隆三年（1738 年），城步县往属辰沅永靖道靖州直隶州。七年（1742 年），县复归于宝庆府。

民国初，城步县先后属长宝道、湘江道。1922 年，废道，县直属于省。1936 年，湖南省设行政督察区，县属第六行政督察区。

（1956 年，改城步县为城步苗族自治县）

第五章　湘西区

湘西区范围包括怀化市、湘西土家族苗族自治州及其所辖县（市、区）。

第一节　怀化市（含中方县）

战国时期属楚国。楚悼王后期（前389—前381年），楚始置洞庭郡，下辖有無阳县（治今新晃县城西郊）、辰阳县（治今麻阳县绿溪口乡）。今市地或属之。

公元前223年，秦灭楚，仍置洞庭郡，析無阳县、辰阳县置镡城县（治今中方县中方镇一带）。今市地属镡城县。

西汉高帝五年（前202年），洞庭郡更名为武陵郡，下仍辖镡成县，隶荆州刺史部。今市地属镡成县。

东汉因之。今市地属镡成县。

三国时，东吴仍置武陵郡，下仍辖镡成县，隶荆州。今市地属镡成县。

西晋因之。东晋义熙（405—418年）中，省镡成县并入舞阳县，并移舞阳县治于镡成县故址，隶荆州武陵郡。今市地属舞阳县。

南朝宋时，仍置武陵郡，仍领舞阳县，改隶郢州。今市地属舞阳县。

萧齐时，改舞阳县为潕阳县，仍隶郢州武陵郡。今市地属潕阳县。

萧梁时，分武陵郡置南阳郡（治建昌，今辰溪县西南），又改潕阳县为龙檦县（治今洪江市洪江管理区），隶之。今市地属龙檦县。

陈时，天嘉间（560—566 年）分荆、郢二州置武州，太建间（569—582 年）改名沅州；仍置南阳郡，领龙檦县，改隶武州、沅州。今市地属龙檦县。

隋平陈，开皇九年（589 年），废南阳郡，置辰州，后改称沅陵郡，龙檦县属之。今市地属龙檦县。

唐武德七年（624 年），龙檦县改属辰州。贞观八年（634 年），分辰州龙标县置巫州，改龙檦县为龙标县。天授二年（691 年），改为沅州，龙标县隶之。长安三年（703 年），改沅州为舞州。先天二年（713 年），分龙标置潭阳县（治今怀化市城区狮子岩古城址）。开元十三年（725 年），又改为巫州。天宝元年（742 年），改称潭阳郡，由江南西道改属黔中道（治今重庆市彭水县）。乾元元年（758 年），复为巫州。大历五年（770 年），更名叙州。今市地先后属龙标县、潭阳县。

五代时，潭阳县为溪峒民族据有，为鹤州等羁縻州地。今市地分属诸羁縻州。

宋初仍之。熙宁七年（1074 年），收复溪峒黔、衡等十七羁縻州，置沅州，以唐潭阳县地置卢阳县（约治今中方县泸阳镇一带），并为州治，领怀化等铺。隶荆湖北路。今市地属卢阳县。

南宋因之。今市地属卢阳县。

元至元十二年（1275 年），立沅州安抚司。十四年（1277 年），改沅州路总管府，卢阳县属之，并为路治。隶湖广行省湖南道宣慰司。今市地属卢阳县。

1364 年，朱元璋改沅州路为沅州府。洪武九年（1376 年），降沅州府为州，并以州治卢阳县省入，往属辰州府。隶湖广布政司。今市地属沅州。

清初因之。康熙三年（1664 年），湖南“省”（布政使司）成立，沅州仍隶辰州府。乾隆元年（1736 年），沅州升为府，置芷江县（治今芷江县城）为府治，领芷江、黔阳、辰溪等县，隶辰沅永靖道。今市地分属芷江、黔阳、辰溪三县。

民国初，废府存道，芷江县先后属辰沅永靖道、辰沅道。1922 年废道，县直属于省。1935 年，设立湘西绥靖区，县属沅泸辰溆行政督察区。1936 年，全省普遍设行政督察区，县先后隶湖南省第七、第十行政督察区。1942 年，析芷江、黔阳及辰溪三县交界部分地区，置怀化县（治怀化驿，今中方县卢阳镇）。今市名始此。

（1949 年解放，怀化县治由怀化驿迁至今市城区；1979 年，析怀化县置怀化市；1982 年，并怀化县入怀化市；1997 年，又析怀化市郊区置中方县）

第二节　洪江市

战国时期属楚国。楚悼王后期（前 389—前 381 年），楚始置洞庭郡，下辖有無阳县（治今新晃县城西郊）、辰阳县（治今麻阳县绿溪口乡）。今市地或属之。

公元前223年，秦灭楚，仍置洞庭郡，析鄦阳县、辰阳县置镡成县（治今中方县中方镇一带）。今市地属镡成县。

西汉高帝五年（前202年），洞庭郡更名为武陵郡，下仍辖镡成县，隶荆州刺史部。今市地属镡成县。

东汉因之。今市地属镡成县。

三国时，东吴仍置武陵郡，下仍辖镡成县，隶荆州。今市地属镡成县。

西晋因之。东晋义熙（405—418年）中，省镡成县并入舞阳县，并移舞阳县治于镡成县故址，隶荆州武陵郡。今市地属舞阳县。

南朝宋时，仍置武陵郡，仍领舞阳县，改隶郢州。今市地属舞阳县。

萧齐时，改舞阳县为潕阳县，仍隶郢州武陵郡。今市地属潕阳县。

萧梁时，分武陵郡置南阳郡（治建昌，今辰溪县西南），又改潕阳县为龙檦县（治今市洪江管理区），隶之。今市地属龙檦县。

陈时，天嘉间（560—566年）分荆、郢二州置武州，太建间（569—582年）改名沅州；仍置南阳郡，领龙檦县，改隶武州、沅州。今市地属龙檦县。

隋平陈，开皇九年（589年），废南阳郡，置辰州，后改称沅陵郡，龙檦县属之。今市地属龙檦县。

唐武德七年（624年），龙檦县改属辰州。贞观八年（634年）改龙檦县为龙标县，分龙标县置巫州。天授二年（691年），改为沅州，龙标县隶之。长安三年（703年），改沅州为舞州。开元十三年（725年），又改为巫州。天宝元年（742年），改称潭阳郡，由江南西道改属黔中道（治今重庆市彭水县）。乾元元年（758

年），复为巫州。大历五年（770 年），更名叙州。龙标县皆随之。今市地属龙标县。

五代时，龙标为溪峒民族据有，废县置州，称叙、黔、峡、中胜、云、鹤、绣等州，皆为羁縻州。今市地分属诸羁縻州。

宋初仍之。神宗熙宁五年（1072 年），收复峡、中胜、云、鹤、绣等五羁縻州（唐龙标县之东境），置安江寨（治今市安江镇）；收复富、锦、圆三羁縻州（唐龙标县地），置镇江寨。元丰三年（1080 年），又置黔阳县（治今市黔城镇）、托口寨（治今市托口镇诸葛城），隶沅州。属荆湖北路。今市地分属黔阳县、镇江寨、安江寨、托口寨。

南宋因之。今市地分属黔阳县、镇江寨、安江寨、托口寨。

元至元十二年（1275 年），立沅州安抚司。十四年（1277 年），改沅州路总管府，黔阳县属之。隶湖广行省湖南道宣慰司。今市地属黔阳县。

1364 年，朱元璋改沅州路为沅州府。洪武九年（1376 年），降沅州府为州，往属辰州府，黔阳县随之。隶湖广布政司。今市地属黔阳县。

清初因之。康熙三年（1664 年），湖南“省”（布政使司）成立，黔阳县仍隶辰州府。乾隆元年（1736 年），沅州升为府，黔阳改属沅州府，隶辰沅永靖道。今市地属黔阳县。

民国初，废府存道，黔阳县先后属辰沅永靖道、辰沅道。1922 年废道，县直属于省。1935 年，设立湘西绥靖区，县属沅泸辰溆行政督察区。1936 年，全省普遍设行政督察区，县先后隶第四、第七、第十行政督察区，黔城、洪江亦先后为专员公署驻地。

（1950 年析会同县洪江镇设洪江市。1997 年，黔阳县与洪江市合并，成立新的洪江市）

第三节 沅陵县

战国时期属楚国。楚悼王后期（前389—前381年），楚始置洞庭郡，下辖有沅陵县（治今县太常乡窑头村古城）。今县名始此。

公元前223年，秦灭楚，仍置洞庭郡，沅陵县属之。

西汉高帝五年（前202年），洞庭郡更名为武陵郡，下仍辖沅陵县，隶荆州刺史部。高后元年（前187年），封长沙王子吴阳为沅陵顷侯。

新莽时，改武陵郡为建平郡，改沅陵县为沅陆县。今县地属沅陆县。

东汉时，复前汉郡县名，沅陵县仍属荆州刺史部武陵郡。

三国时，吴因之。

两晋仍置沅陵县，属武陵郡，隶荆州。

南朝时，刘宋孝建元年（454年）分荆、湘、豫三州地新置郢州（治夏口，今湖北武汉），武陵郡往属之，沅陵县随之。

齐、梁二代因之，沅陵县并为武陵郡治。

陈天嘉间分荆、郢二州置武州，析武陵郡置通宁郡，沅陵县属之；太建七年（575年），改武州名沅州，改通宁郡为沅陵郡，沅陵县为州、郡治。

隋平陈，开皇九年（589年）改沅陵郡置辰州，治沅陵县。大业二年（606年），复改辰州为沅陵郡。隋末沅陵郡为梁萧铣所据。

唐武德四年（621年），平萧铣，改沅陵郡为辰州，仍治沅陵县。景云二年（711年），置辰州都督府，督巫、奖、锦三州。开元二十一年（733 年），辰州由江南西道改隶黔中道。开元二十七年（739 年），罢辰州都督府。天宝元年（742 年），改辰州为卢溪郡。乾元元年（758 年），复为辰州。沅陵县皆为州、郡治。

五代时，马楚仍置辰州，沅陵县仍为州治。

两宋因之，县先后隶江南西道、荆湖（北）路。

元至元十二年（1275 年），改辰州为辰州路，仍治沅陵县，属湖广行省江南湖北道肃政廉访司。

1364 年，朱元璋遣徐达克辰州路，改辰州路为辰州府，治沅陵县。明洪武九年（1376 年），湖广布政使司成立，府、县隶之。

清初因之。康熙三年（1664 年），湖南“省”（布政使司）成立，沅陵县仍隶辰州府。雍正八年（1730 年），府先属辰永靖道。十三年（1735 年），改为辰永靖兵备道。乾隆元年（1736 年），复改称辰沅永靖兵备道。沅陵县皆随之。

民国初，废府存道，沅陵县先后属辰沅永靖道、辰沅道。1922 年废道，县直属于省。1935 年，设湘西绥靖处，县属沅泸辰溆行政督察区，并为专员公署驻地。1936 年，全省普遍设行政督察区，县先后隶第三、第四、第九行政督察区。

第四节　辰溪县

战国时期属楚国。楚悼王后期（前 389—前 381 年），楚始置洞庭郡，下辖有辰阳县（治今麻阳县绿溪口乡）。今县地属辰阳县。

公元前 223 年，秦灭楚，仍置洞庭郡，辰阳县属之。今县地属辰阳县。

西汉高帝五年（前 202 年），洞庭郡更名为武陵郡，下仍辖辰阳县，隶荆州刺史部。今县地属辰阳县。

新莽时，改武陵郡为建平郡，改辰阳县名会真县。今县地属会真县。

东汉时，复前汉郡县名，辰阳县仍属荆州刺史部武陵郡。今县地属辰阳县。

三国时，吴因之。今县地属辰阳县。

晋立，省辰阳入沅陵县。今县地属沅陵县。

东晋复置辰阳县（治今县城西南），仍属武陵郡，隶荆州。今县地属辰阳县。

南朝时，刘宋孝建元年（454 年）分荆、湘、豫三州地新置郢州（治夏口，今湖北武汉），武陵郡往属之，辰阳县随之。今县地属辰阳县。

齐因之。今县地属辰阳县。

梁天监十年（511 年），分武陵郡置南阳郡，更辰阳名建昌县，并为郡治。今县地属建昌县。

陈太建七年（575 年），复名辰阳县，仍属南阳郡。今县地属辰阳县。

隋平陈，开皇九年（589 年），更辰阳县名辰溪县，改沅陵郡置辰州，废南阳郡置寿州。十八年（598 年），改寿州为充州；大业初，废充州入辰州。大业二年（606 年），复改辰州为沅陵郡。今县名始此。

唐武德四年（621 年），平萧铣，改沅陵郡为辰州，辰溪县仍属之。景云二年（711 年），置辰州都督府。开元二十一年（733 年），辰州由江南西道改隶黔中道。开元二十七年（739 年），罢辰州都督府。天宝元年（742 年），改辰州为卢溪郡。乾元元年

(758 年)，复为辰州。辰溪县皆随属之。

五代时，马楚仍置辰州，辰溪县隶之。

两宋因之，县先后隶江南西道、荆湖（北）路。

元至元十二年（1275 年），改辰州为辰州路，辰溪县仍隶之，属湖广行省江南湖北道肃政廉访司。

1364 年，朱元璋遣徐达克辰州路，改辰州路为辰州府，辰溪县属之。明洪武九年（1376 年），湖广布政使司成立，府、县隶之。

清初因之。康熙三年（1664 年），湖南“省”（布政使司）成立，辰溪县仍隶辰州府。雍正八年（1730 年），府先属辰永靖道。十三年（1735 年），改为辰永靖兵备道。乾隆元年（1736 年），复改称辰沅永靖兵备道。辰溪县皆随属之。

民国初，废府存道，辰溪县先后属辰沅永靖道、辰沅道。1922 年废道，县直属于省。1935 年，设湘西绥靖处，县属沅泸辰溆行政督察区。1936 年，全省普遍设行政督察区，县先后隶湖南省第三、第四、第九行政督察区。

第五节　溆浦县

战国时期属楚国。楚悼王后期（前 389—前 381 年），楚始置洞庭郡，下辖有辰阳县（治今麻阳县绿溪口乡）。今县地属辰阳县。

公元前 223 年，秦灭楚，仍置洞庭郡，辰阳县属之。今县地属辰阳县。

西汉高帝五年（前 202 年），洞庭郡更名为武陵郡，分辰阳县置义陵县（治今县马田坪乡梁家坡村故城），隶荆州刺史部。今县地属义陵县。

新莽天凤元年（14 年），改武陵郡为建平郡，改义陵县为建平县，并为郡治。今县地属建平县。

东汉时，复为武陵郡，移郡治于临沅（治今常德市城区），并义陵县入辰阳县，属荆州刺史部。今县地属辰阳县。

三国时，吴因之。今县地属辰阳县。

晋立，省辰阳入沅陵县。今县地属沅陵县。

东晋复置辰阳县（治今辰溪县城西南），仍属武陵郡，隶荆州。今县地属辰阳县。

南朝时，刘宋孝建元年（454 年）分荆、湘、豫三州地新置郢州（治夏口，今湖北武汉），武陵郡往属之，辰阳县随之。今县地属辰阳县。

齐因之。今县地属辰阳县。

梁天监十年（511 年），分武陵郡置南阳郡，更辰阳名建昌县，并为郡治。今县地属建昌县。

陈太建七年（575 年），复名辰阳县，仍属南阳郡。今县地属辰阳县。

隋平陈，开皇九年（589 年）废南阳郡入沅陵郡，并改沅陵郡置辰州，更辰阳县名辰溪县，隶之。大业二年（606 年），复改辰州为沅陵郡。今县地属辰溪县。

唐武德四年（621 年），平萧铣，置辰州，辰溪县属之。五年（622 年），分辰溪置溆浦县，仍属辰州。今县名始此。景云二年（711 年），置辰州都督府。开元二十一年（733 年），分天下为 15 道，辰州由江南西道改隶黔中道。开元二十七年（739 年），罢辰州都督府。天宝元年（742 年），改辰州为卢溪郡。乾元元年

(758 年)，复为辰州。溆浦县皆随属之。

五代时，马楚仍置辰州，溆浦县隶之。

两宋因之，县先后隶江南西道、荆湖（北）路。

元至元十二年（1275 年），改辰州为辰州路，溆浦县仍隶之，属湖广行省江南湖北道肃政廉访司。

1364 年，朱元璋遣徐达克辰州路，改辰州路为辰州府，溆浦县属之。明洪武九年（1376 年），湖广布政使司成立，府、县隶之。

清初因之。康熙三年（1664 年），湖南“省”（布政使司）成立，溆浦县仍隶辰州府。雍正八年（1730 年），府先属辰永靖道。十三年（1735 年），改为辰永靖兵备道。乾隆元年（1736 年），复改称辰沅永靖兵备道。溆浦县皆随之。

民国初，废府存道，溆浦县先后属辰沅永靖道、辰沅道。1922 年废道，县直属于省。1935 年，设湘西绥靖处，县属沅泸辰溆行政督察区。1936 年，全省普遍设行政督察区，县先后隶湖南省第三、第四、第九行政督察区。

第六节　会同县

战国时期属楚国。楚悼王后期（前 389—前 381 年），楚始置洞庭郡，下辖有鄦阳县（治今新晃县城西郊）、辰阳县（今麻阳县绿溪口乡）。今县地或属之。

公元前 223 年，秦灭楚，仍置洞庭郡，析鄦阳县、辰阳县置镡成县（治今中方县中方镇一带）。今县地属镡成县。

西汉高帝五年（前 202 年），洞庭郡更名为武陵郡，下仍辖镡成县，隶荆州刺史部。今县地属镡成县。

东汉因之。今县地属镡成县。

三国时，东吴仍置武陵郡，下仍辖镡成县，隶荆州。今县地属镡成县。

西晋因之。东晋义熙（405—418 年）中，省镡成县并入舞阳县，并移舞阳县治于镡成县故址，隶荆州武陵郡。今县地属舞阳县。

南朝宋时，仍置武陵郡，仍领舞阳县，改隶郢州。今县地属舞阳县。

萧齐时，改舞阳县为潕阳县，仍隶郢州武陵郡。今县地属潕阳县。

萧梁时，分武陵郡置南阳郡（治建昌，今辰溪县西南），又改潕阳县为龙檦县，隶之。今县地属龙檦县。

陈时，天嘉间（560—566 年）分荆、郢二州置武州，太建间（569—582 年）改名沅州；仍置南阳郡，领龙檦县，改隶武州、沅州。今县地属龙檦县。

隋平陈，开皇九年（589 年），废南阳郡，置辰州，后改称沅陵郡，龙檦县属之。今县地属龙檦县。

唐武德七年（624 年），改沅陵郡为辰州，龙檦县属之。贞观八年（634 年），改龙檦县为龙标县，分龙标县置巫州（治今新晃县波州镇一带），并置朗溪（治今县朗江乡东城村故城）等三县属之。天授二年（691 年），改巫州为沅州。长安三年（703 年），分沅州置舞州，沅州移治龙标县。开元十三年（725 年），改沅州为巫州。天宝元年（742 年），改为潭阳郡，由江南西道改属黔中道（治今重庆市彭水县）。乾元元年（758 年），复为巫州。大历五年（770 年），更名叙州。朗溪县皆属之。今县地属朗溪县。

五代时，朗溪为溪峒民族据有，废县置州，仍称诚州，为羁縻州。今县地属诚州羁縻州。

北宋因之。元丰四年（1081 年），置诚州，以贯保寨地建渠阳县为州治（今靖州县太阳坪乡垅头村古城）。六年（1083 年），置收溪寨（今县岩头乡溪口村古城），后废。崇宁元年（1102 年），改诚州为靖州，并分渠阳县置三江县（治今县坪村镇宝积城），次年改名会同县。隶荆湖北路。今县名始此。今县地先后属渠阳县、三江县、会同县。

南宋因之，县仍隶荆湖北路靖州，并迁治于今县城林城镇。今县地属会同县。

元至元十二年（1275 年），立靖州安抚司；次年，改靖州路，置总管府，县隶之。属湖广行省江南湖北道肃政廉访司。

1365 年，朱元璋改靖州路为靖州军民安抚司。洪武元年（1368 年）降为直隶州。三年（1370 年），升为府。九年（1376 年）复降为直隶州，属湖广布政使司。县皆随之。

清初因之。康熙三年（1664 年），湖南“省”（布政使司）成立，县仍隶靖州直隶州。雍正八年（1730 年），州先属辰永靖道。十三年（1735 年），改为辰永靖兵备道。乾隆元年（1736 年），复改称辰沅永靖兵备道。县皆随之。

民国初，废州存道，县先后属辰沅永靖道、辰沅道。1922 年废道，县直属于省。1935 年，设湘西绥靖处，县属沅泸辰溆行政督察区。1936 年，全省普遍设行政督察区，县先后隶湖南省第四、第七、第十行政督察区。

第七节　麻阳苗族自治县

战国时期属楚国。楚悼王后期（前389—前381年），楚始置洞庭郡，下辖有辰阳县（治今县绿溪口乡驼虾遗址）。今县地属辰阳县。

公元前223年，秦灭楚，仍置洞庭郡，辰阳县属之。今县地属辰阳县。

西汉高帝五年（前202年），洞庭郡更名为武陵郡，下仍辖辰阳县，隶荆州刺史部。今县地属辰阳县。

新莽时，改武陵郡为建平郡，改辰阳县名会真县。今县地属会真县。

东汉时，复前汉郡县名，辰阳县仍属荆州刺史部武陵郡。今县地属辰阳县。

三国时，吴因之。今县地属辰阳县。

晋立，省辰阳入沅陵县。今县地属沅陵县。

东晋复置辰阳县（治今辰溪县城西南），仍属武陵郡，隶荆州。今县地属辰阳县。

南朝时，刘宋孝建元年（454年）分荆、湘、豫三州地新置郢州（治夏口，今湖北武汉市），武陵郡往属之，辰阳县随之。今县地属辰阳县。

齐因之。今县地属辰阳县。

梁天监十年（511年），分武陵郡置南阳郡，更辰阳名建昌县，并为郡治。今县地属建昌县。

陈太建七年（575年），复名辰阳县，仍属南阳郡。今县地属辰阳县。

隋平陈，开皇九年（589 年）废南阳郡入沅陵郡，并改沅陵郡置辰州，更辰阳县名辰溪县，隶之。大业二年（606 年），复改辰州为沅陵郡。今县地属辰溪县。

唐武德四年（621 年），平萧铣，置辰州，辰溪县属之。垂拱三年（687 年），分辰州地并附近少数民族地区置锦州（治今县锦和镇锦州故城），新置卢阳（同治州城）、招谕（治今县岩门镇一带）等四县属之。垂拱四年（688 年），分沅陵、辰溪二县置龙门县，寻改为麻阳（治今县兰里镇江坪村一带）。今县名始此。景云二年（711 年），置辰州都督府。开元二十一年（733 年），辰州由江南西道改隶黔中道。开元二十七年（739 年），罢辰州都督府。天宝元年（742 年），改辰州为卢溪郡。乾元元年（758 年），复为辰州。麻阳县皆随属之。今县地分属卢阳、招谕、麻阳三县。

五代时，马楚仍置辰州，麻阳县属之，又并锦州所领卢阳、招谕、洛浦、渭阳为卢阳县，隶之。后为少数民族控制区，成为羁縻州。

宋初仍之。太平兴国七年（982 年），析麻阳县地复置招谕县（治今县岩门镇一带）。神宗熙宁七年（1074 年），收复溪峒，以唐叙州、锦州等地置沅州，以唐潭阳县地置卢阳县为州治，又以辰州麻阳、招谕二县属之。次年，废锦州寨及招谕县入麻阳县（治今县锦和镇）。隶荆湖北路。

南宋因之。仍隶荆湖北路。

元至元十二年（1275 年），立沅州安抚司。十四年（1277 年），改沅州路总管府，麻阳县属之。隶湖广行省江南湖北道肃政廉访司。

1364 年，朱元璋改沅州路为沅州府。洪武九年（1376 年），降沅州府为州，并以州治卢阳县省入，往属辰州府，麻阳县随之。隶湖广布政司。

清初因之。康熙三年（1664 年），湖南“省”（布政使司）成立，麻阳县仍隶辰州府。乾隆元年（1736 年），沅州升为府，麻阳改属沅州府，隶辰沅永靖道。

民国初，废府存道，麻阳县先后属辰沅永靖道、辰沅道。1922 年废道，县直属于省。1935 年，设立湘西绥靖区，县属芷麻黔晃行政督察区。1936 年，全省普遍设行政督察区，县先后隶第四、第九行政督察区。

（1988 年，改麻阳县为麻阳苗族自治县）

第八节 新晃侗族自治县

战国时期属楚国。楚悼王后期（前 389—前 381 年），楚始置洞庭郡，下辖有無阳县（治今新晃县城西郊）。今县地属無阳县。

公元前 223 年，秦灭楚，仍置洞庭郡，仍置無阳县。今县地属無阳县。

西汉高帝五年（前 202 年），洞庭郡更名为武陵郡，下仍辖无（無）阳县，隶荆州刺史部。今县地属无阳县。

东汉省无阳县入镡成县。今县地属镡成县。

三国时，东吴仍置武陵郡，下仍辖镡成县，隶荆州。今县地属镡成县。

西晋时，分镡成县复置舞阳县，仍属武陵郡，隶荆州。今县地属舞阳县。

东晋义熙（405—418 年）中，省镡成县入舞阳县，并移舞阳县治于镡成县故址（今中方县中方镇），隶荆州武陵郡。今县地属舞阳县。

南朝宋时，仍置武陵郡，仍领舞阳县，改隶郢州（治夏口，今湖北武汉）。今县地属舞阳县。

萧齐时，改舞阳县为潕阳县，仍隶郢州武陵郡。今县地属潕阳县。

萧梁时，分武陵郡置夜郎郡，并置夜郎县（治今县波州镇一带），隶之。今县地属夜郎县。

陈时，天嘉间（560—566 年）分荆、郢二州置武州，太建间（569—582 年）改名沅州；仍置夜郎郡，并置夜郎县，改隶武州，后改武州为沅州。今县地属夜郎县。

隋平陈，开皇九年（589 年），废夜郎郡入辰州，后改称沅陵郡；废夜郎县入龙檦县（治今洪江市洪江管理区），属之。今县地属龙檦县。

唐武德七年（624 年），改沅陵郡为辰州，龙檦县属之。贞观八年（634 年），改龙檦县为龙标县，分龙标县置巫州，并置夜郎（州治，今县波州镇一带）等三县属之。天授二年（691 年），改巫州为沅州，分夜郎置渭溪县（治今芷江县罗旧镇一带）。长安三年（703 年），割沅州夜郎、渭溪二县置舞州。开元十三年（725 年），改舞州为鹤州。开元二十三年（735 年），又改鹤州为业州，再改奖州，由江南西道改属黔中道（治今重庆市彭水县）。夜郎县皆随之，并为州治。天宝元年（742 年），改夜郎为峨山县。又置有晃州羁縻州（治今县城西）。今县地分属夜郎县（峨山县）及晃州羁縻州。

五代时，峨山县废，今县地成为晃、波、奖、峨等羁縻州地。

宋因之。熙宁七年（1074 年），收复溪峒晃、波、奖、峨等十七羁縻州，置沅州，以唐潭阳县地置卢阳县（约治今中方县泸阳镇一带）。隶荆湖北路。今县地属卢阳县。

元至元十二年（1275 年），置沅州安抚司，翌年改为沅州路，隶湖广行省江南湖北道肃政廉访司。卢阳县随属之。今县地属卢阳县。

1364 年，朱元璋改沅州路为沅州府。洪武九年（1376 年），降沅州府为州，并以州治卢阳县省入，往属辰州府。隶湖广布政使司。今县地属沅州。

清初因之。康熙三年（1664 年），湖南“省”（布政使司）成立，沅州仍隶辰州府。乾隆元年（1736 年），升沅州为府，置芷江县（治今芷江县城）为府治。嘉庆二十二年（1817 年），析芷江县六里置晃州直隶厅（治今县城西南），隶辰沅永靖道。今县地先后属沅州、芷江县、晃州直隶厅。

民国初，废厅置晃县，县先后属辰沅永靖道、辰沅道。1922 年废道，县直属于省。1935 年，设立湘西绥靖区，县属芷麻黔晃行政督察区。1936 年，全省普遍设行政督察区，县先后隶第四、第九行政督察区。今县地属晃县。

（1956 年，改晃县为新晃侗族自治县）

第九节　芷江侗族自治县

战国时期属楚国。楚悼王后期（前 389—前 381 年），楚始置洞庭郡，下辖有無阳县（治今新晃县城西郊）。今县地属無阳县。

公元前 223 年，秦灭楚，仍置洞庭郡，仍置無阳县。今县地属無阳县。

西汉高帝五年（前202年），洞庭郡更名为武陵郡，下仍辖无阳县，隶荆州刺史部。今县地属无阳县。

东汉省无阳县入镡成县。今县地属镡成县。

三国时，东吴仍置武陵郡，下仍辖镡成县，隶荆州。今县地属镡成县。

西晋时，分镡成县复置舞阳县，仍属武陵郡，隶荆州。今县地属舞阳县。

东晋义熙（405—418年）中，省镡成县入舞阳县，并移舞阳县治于镡成县故址（今中方县中方镇），隶荆州武陵郡。今县地属舞阳县。

南朝宋时，仍置武陵郡，仍领舞阳县，改隶郢州（治夏口，今湖北武汉）。今县地属舞阳县。

萧齐时，改舞阳县为潕阳县，仍隶郢州武陵郡。今县地属潕阳县。

萧梁时，分武陵郡置夜郎郡，并置夜郎县（治今新晃县波州镇一带），隶之。今县地属夜郎县。

陈时，天嘉间（560—566年）分荆、郢二州置武州，太建间（569—582年）改名沅州；仍置夜郎郡，并置夜郎县，改隶武州，后改武州为沅州。今县地属夜郎县。

隋平陈，开皇九年（589年），废夜郎郡入辰州，后改称沅陵郡，废夜郎县入龙檦县（治今洪江市洪江管理区），属之。今县地属龙檦县。

唐武德七年（624年），改沅陵郡为辰州，龙檦县属之。贞观八年（634年），改龙檦县为龙标县，分龙标县置巫州，并置夜郎（州治，今新晃县波州镇一带）等三县属之。天授二年（691年），改巫州为沅州，分夜郎置渭溪县（治今县罗旧镇一带）。长安三年

（703 年），割沅州夜郎、渭溪二县置舞州。开元十三年（725 年），改舞州为鹤州。开元二十三年（735 年），又改鹤州为业州，再改奖州，由江南西道改属黔中道（治今重庆市彭水县）。夜郎、渭溪二县皆随之。天宝元年（742 年），改夜郎为峨山县。今县地分属夜郎（峨山）、渭溪二县。

五代时，峨山、渭溪二县俱废，今县地成为晃、波、奖、峨等羁縻州地。

宋因之。熙宁七年（1074 年），收复溪峒晃、波、奖、峨等十七羁縻州，置沅州，复置卢阳县（治今中方县泸阳镇一带）。隶荆湖北路。今县地属卢阳县。

元至元十二年（1275 年），置沅州安抚司，翌年改为沅州路，隶湖广行省江南湖北道肃政廉访司。卢阳县随属之。今县地属卢阳县。

1364 年，朱元璋改沅州路为沅州府。洪武九年（1376 年），降沅州府为州，并以州治卢阳县省入，往属辰州府。隶湖广布政使司。今县地属沅州。

清初因之。康熙三年（1664 年），湖南“省”（布政使司）成立，沅州仍隶辰州府。乾隆元年（1736 年），升沅州为沅州府，置芷江县（治今芷江县城）为府治，隶辰沅永靖道。今县始此。今县地先后属沅州、芷江县。

民国初，废府置县，芷江县先后属辰沅永靖道、辰沅道。1922 年废道，县直属于省。1935 年，设立湘西绥靖区，县属芷麻黔晃行政督察区（专员公署驻芷江）。1936 年，全省普遍设行政督察区，县先后隶第四、第九行政督察区。

（1986 年，改芷江县为芷江侗族自治县）

第十节　靖州苗族侗族自治县

战国时期属楚国。楚悼王后期（前389—前381年），楚始置洞庭郡，下辖有无阳县（治今新晃县城西郊）、辰阳县（今麻阳县绿溪口乡）。今县地或属之。

公元前223年，秦灭楚，仍置洞庭郡，析无阳县、辰阳县置镡城县（治今中方县中方镇一带）。今县地属镡城县。

西汉高帝五年（前202年），洞庭郡更名为武陵郡，下仍辖镡成县，隶荆州刺史部。今县地属镡成县。

东汉因之。今县地属镡成县。

三国时，东吴仍置武陵郡，下仍辖镡成县，隶荆州。今县地属镡成县。

西晋时，分镡成县复置舞阳县，仍属武陵郡，隶荆州。今县地属舞阳县。

东晋义熙（405—418年）中，省镡成县入舞阳县，并移舞阳县治于镡成县故址，隶荆州武陵郡。今县地属舞阳县。

南朝宋时，仍置武陵郡，仍领舞阳县，改隶郢州（治夏口，今湖北武汉）。今县地属舞阳县。

萧齐时，改舞阳县为㵲阳县，仍隶郢州武陵郡。今县地属㵲阳县。

萧梁时，分武陵郡置南阳郡（治建昌，今辰溪县西南），又改㵲阳县为龙檦县（治今洪江市洪江管理区），隶之。今县地属龙檦县。

陈时，天嘉间（560—566年）分荆、郢二州置武州，太建间（569—582年）改名沅州；仍置南阳郡，领龙檦县，改隶武州，后改武州为沅州。今县地属龙檦县。

隋平陈，开皇九年（589 年），废南阳郡，置辰州，后改称沅陵郡，龙檦县属之。今县地属龙檦县。

唐武德七年（624 年），改沅陵郡为辰州，龙檦县属之。贞观八年（634 年），改龙檦县为龙标县，分龙标县置巫州（治今新晃县波州镇一带），并置朗溪（治今会同县朗江乡东城村故城）等三县属之。天授二年（691 年），改巫州为沅州。长安三年（703 年），分沅州置舞州，沅州移治龙标县。开元十三年（725 年），改沅州为巫州。天宝元年（742 年），改为潭阳郡，由江南西道改属黔中道（治今重庆市彭水县）。乾元元年（758 年），复为巫州。大历五年（770 年），更名叙州。朗溪县皆属之。余为溪峒诚州（羁縻州）。今县地分属朗溪县、溪峒诚州。

五代时，朗溪为溪峒民族据有，废县置州，仍称诚州，为羁縻州。今县属诚州羁縻州。

北宋因之。熙宁九年（1074 年），收复溪峒诚州。元丰四年（1081 年），仍置诚州。六年，置收溪寨（今会同县岩头乡溪口村古城），割沅州贯保寨地建渠阳县为诚州州治（今靖州县太阳坪乡垅头村古城）。元祐三年（1088 年），废收溪寨。崇宁二年（1103 年），改诚州为靖州，改渠阳县名永平县，隶荆湖北路。今县地属渠阳县（永平县）。

南宋因之。绍兴八年（1138 年），移永平县入靖州（治今县城马王城故城）。今县地属永平县。

元至元十二年（1275 年），立靖州安抚司；次年，改靖州路，置总管府，仍以永平县为治。属湖广行省江南湖北道肃政廉访司。今县地属永平县。

1365 年，朱元璋改靖州路为靖州军民安抚司。洪武元年

（1368 年）降为直隶州。三年（1370 年），升为府。九年（1376 年）复降为直隶州，以州治永平县省入。属湖广布政使司。今县地属靖州直隶州。

清初因之。康熙三年（1664 年），湖南“省”（布政使司）成立，仍置靖州直隶州。雍正八年（1730 年），州先属辰永靖道。十三年（1735 年），改为辰永靖兵备道。乾隆元年（1736 年），复改称辰沅永靖兵备道。今县地属靖州直隶州。

民国初，废州存道，靖州直隶州废为靖县。县先后属辰沅永靖道、辰沅道。1922 年废道，县直属于省。1935 年，设湘西绥靖处，县属沅泸辰溆行政督察区。1936 年，全省普遍设行政督察区，县先后隶湖南省第四、第七、第十行政督察区。

（1987 年，改靖县为靖州苗族侗族自治县）

第十一节　通道侗族自治县

战国时期属楚国。楚悼王后期（前 389—前 381 年），楚始置洞庭郡，下辖有無阳县（治今新晃县城西郊）、辰阳县（今麻阳县绿溪口乡）。今县地或属之。

公元前 223 年，秦灭楚，仍置洞庭郡，析無阳县、辰阳县置镡城县（治今中方县中方镇一带）。今县地属镡城县。

西汉高帝五年（前 202 年），洞庭郡更名为武陵郡，下仍辖镡成县，隶荆州刺史部。今县地属镡成县。

东汉因之。今县地属镡成县。

三国时，东吴仍置武陵郡，下仍辖镡成县，隶荆州。今县地属镡成县。

西晋时，分镡成县复置舞阳县，仍属武陵郡，隶荆州。今县地属舞阳县。

东晋义熙（405—418 年）中，省镡成县入舞阳县，并移舞阳县治于镡成县故址，隶荆州武陵郡。今县地属舞阳县。

南朝宋时，仍置武陵郡，仍领舞阳县，改隶郢州（治夏口，今湖北武汉市）。今县地属舞阳县。

萧齐时，改舞阳县为潕阳县，仍隶郢州武陵郡。今县地属潕阳县。

萧梁时，分武陵郡置南阳郡（治建昌，今辰溪县西南），又改潕阳县为龙檦县（治今洪江市洪江管理区），隶之。今县地属龙檦县。

陈时，天嘉间（560—566 年）分荆、郢二州置武州，太建间（569—582 年）改名沅州；仍置南阳郡，领龙檦县，改隶武州，后改武州为沅州。今县地属龙檦县。

隋平陈，开皇九年（589 年），废南阳郡，置辰州，后改称沅陵郡，龙檦县属之。今县地属龙檦县。

唐武德七年（624 年），改沅陵郡为辰州，龙檦县属之。贞观八年（634 年），改龙檦县为龙标县，分龙标县置巫州（治今新晃县波州镇一带），并置朗溪（治今会同县朗江乡东城村故城）等三县属之。天授二年（691 年），改巫州为沅州。长安三年（703 年），分沅州置舞州，沅州移治龙标县。开元十三年（725 年），改沅州为巫州。天宝元年（742 年），改为潭阳郡，由江南西道改属黔中道（治今重庆市彭水县）。乾元元年（758 年），复为巫州。大历五年（770 年），更名叙州。朗溪县皆属之。余为溪峒诚州（羁縻州）。今县地分属朗溪县、溪峒诚州。

五代时，朗溪为溪峒民族据有，废县置州，仍称诚州，为羁縻州。今县地属诚州羁縻州。

北宋元丰七年（1084 年），置罗蒙寨（今县县溪镇故城）。元祐三年（1088 年），改罗蒙寨为罗蒙县。崇宁二年（1103 年），又改罗蒙县为通道县。皆属靖州，隶荆湖北路。今县始此。

南宋因之，仍置通道县，隶荆湖北路靖州。

元至元十二年（1275 年），立靖州安抚司；次年，改靖州路，置总管府，通道县隶之。属湖广行省江南湖北道肃政廉访司。

1365 年，朱元璋改靖州路为靖州军民安抚司。洪武元年（1368 年）降为直隶州。三年（1370 年），升为府。九年（1376 年）复降为直隶州。十年（1377 年），废通道县入靖州。十三年（1380 年），复置。属湖广布政使司。

清初因之。康熙三年（1664 年），湖南“省”（布政使司）成立，通道县仍隶靖州直隶州。雍正八年（1730 年），州先属辰永靖道。十三年（1735 年），改为辰永靖兵备道。乾隆元年（1736 年），复改称辰沅永靖兵备道。通道县皆随之。

民国初，废州存道，通道县先后属辰沅永靖道、辰沅道。1922 年废道，县直属于省。1935 年，设湘西绥靖处，县属沅泸辰溆行政督察区。1936 年，全省普遍设行政督察区，县先后隶第四、第七、第十行政督察区。

（1954 年，改通道县为通道侗族自治县）

第十二节　吉首市

战国时期属楚国。楚悼王后期（前 389—前 381 年），楚始置洞庭郡，下辖有沅陵县（治今沅陵县太常乡窑头村古城）。今市地属沅陵县。

公元前223年，秦灭楚，仍置洞庭郡，沅陵县属之。今市地属沅陵县。

西汉高帝五年（前202年），洞庭郡更名为武陵郡，下仍辖沅陵县，隶荆州刺史部。高后元年（前187年），封长沙王子吴阳为沅陵顷侯。今市地属沅陵县。

新莽时，改武陵郡为建平郡，改沅陵县为沅陆县。今市地属沅陆县。

东汉时，复前汉郡县名，沅陵县仍属荆州刺史部武陵郡。今市地属沅陵县。

三国时，吴因之。今市地属沅陵县。

两晋仍置沅陵县，属武陵郡，隶荆州。今市地属沅陵县。

南朝时，刘宋孝建元年（454年）分荆、湘、豫三州地新置郢州（治夏口，今湖北武汉），武陵郡往属之，沅陵县随之。今市地属沅陵县。

齐因之，沅陵县为武陵郡治。今市地属沅陵县。

梁天监十年（511年），分武陵郡置卢州（治今泸溪县城东北郊一带）。今市地属卢州。

陈天嘉间（560—566年）分荆、郢二州置武州，析武陵郡置通宁郡，废卢州并入，沅陵县属之；太建七年（575年），改武州名沅州，改通宁郡为沅陵郡，沅陵县为州、郡治。今市地属沅陵县。

隋平陈，开皇九年（589年）改沅陵郡置辰州，治沅陵县。大业二年（606年），复改辰州为沅陵郡。今市地属沅陵县。

隋末唐初，沅陵郡为萧铣所据。武德三年（620年），萧铣分沅陵县置卢溪县。四年（621年），平萧铣，改沅陵郡为辰州，仍置卢溪县，属之。景云二年（711年），置辰州都督府。开元二十一年（733年），辰州由江南西道改隶黔中道。开元二十七年

（739 年），罢辰州都督府。天宝元年（742 年），改辰州为卢溪郡。乾元元年（758 年），复为辰州。卢溪县皆随之。今市地属卢溪县。

五代时，马楚仍置辰州，卢溪县属之。今市地属卢溪县。

两宋因之，隶荆湖北路。今市地属卢溪县。

元至元十二年（1275 年），改辰州为辰州路，仍领卢溪等 4 县，属湖广行省江南湖北道肃政廉访司。今市地属卢溪县。

1364 年，朱元璋遣徐达克辰州路，改辰州路为辰州府，卢溪县属之。明洪武九年（1376 年），湖广布政使司成立，府、县隶之。今市地属卢溪县。

清初改卢溪县为泸溪县，仍隶辰州府。康熙三年（1664 年），湖南“省”（布政使司）成立，府、县随隶之。三十九年（1700 年），改泸溪县内镇溪军民千户所为乾州。四十七年（1708 年），置乾州厅（治今市乾州老城），属辰州府。嘉庆元年（1796 年），升乾州厅为直隶厅，隶辰沅永靖兵备道。今市地先后属泸溪县、乾州厅、乾州直隶厅。

民国初，废厅存道，改乾州直隶厅为乾城县，先后属辰沅永靖道、辰沅道。1922 年废道，县直属于省。1935 年，设湘西绥靖处，县属沅泸辰溆行政督察区。1936 年，全省普遍设行政督察区，县先后隶第三、第四、第九行政督察区。

（1949 年，改乾城县为吉首县。1982 年，改吉首县为吉首市）

第十三节　泸溪县

战国时期属楚国。楚悼王后期（前 389—前 381 年），楚始置洞庭郡，下辖有沅陵县（治今沅陵县太常乡窑头村古城）。今县地属沅陵县。

公元前223年，秦灭楚，仍置洞庭郡，沅陵县属之。今县地属沅陵县。

西汉高帝五年（前202年），洞庭郡更名为武陵郡，下仍辖沅陵县，隶荆州刺史部。高后元年（前187年），封长沙王子吴阳为沅陵顷侯。今县地属沅陵县。

新莽时，改武陵郡为建平郡，改沅陵县为沅陆县。今县地属沅陆县。

东汉时，复前汉郡县名，沅陵县仍属荆州刺史部武陵郡。今县地属沅陵县。

三国时，吴因之。今县地属沅陵县。

两晋仍置沅陵县，属武陵郡，隶荆州。今县地属沅陵县。

南朝时，刘宋孝建元年（454年）分荆、湘、豫三州地新置郢州（治夏口，今湖北武汉），武陵郡往属之，沅陵县随之。今县地属沅陵县。

齐因之，沅陵县为武陵郡治。今县地属沅陵县。

梁天监十年（511年），分武陵郡置卢州（治今县城东北郊一带）。今县地属卢州。

陈天嘉间（560—566年）分荆、郢二州置武州，析武陵郡置通宁郡，废卢州并入，沅陵县属之；太建七年（575年），改武州名沅州，改通宁郡为沅陵郡，沅陵县为州、郡治。今县地属沅陵县。

隋平陈，开皇九年（589年）改沅陵郡置辰州，治沅陵县。大业二年（606年），复改辰州为沅陵郡。今县地属沅陵县。

隋末唐初，沅陵郡为萧铣所据。武德三年（620年），萧铣分沅陵县置卢溪县。四年（621年），平萧铣，改沅陵郡为辰州，仍置卢溪县，属之。景云二年（711 年），置辰州都督府。开元二十一年（733 年），辰州由江南西道改隶黔中道。开元二十七年（739 年），罢辰州都督府。天宝元年（742 年），改辰州为卢溪郡。乾元元年（758 年），复为辰州。卢溪县皆随之。今县地属卢溪县。

五代时，马楚仍置辰州，卢溪县属之。今县地属卢溪县。

两宋因之，隶荆湖北路。今县地属卢溪县。

元至元十二年（1275 年），改辰州为辰州路，仍领卢溪等 4 县，属湖广行省江南湖北道肃政廉访司。今县地属卢溪县。

1364 年，朱元璋遣徐达克辰州路，改辰州路为辰州府，卢溪县属之。明洪武九年（1376 年），湖广布政使司成立，府、县隶之。今县地属卢溪县。

清初改卢溪县为泸溪县，仍隶辰州府。今县名始此。康熙三年（1664 年），湖南“省”（布政使司）成立，府、县随隶之。隶辰沅永靖道。

民国初，废府存道，泸溪县先后属辰沅永靖道、辰沅道。1922 年废道，县直属于省。1935 年，设湘西绥靖处，县属沅泸辰溆行政督察区。1936 年，全省普遍设行政督察区，县先后隶第三、第四、第九行政督察区。

第十四节　凤凰县

战国时期属楚国。楚悼王后期（前 389—前 381 年），楚始置洞庭郡，下辖有辰阳县（治今麻阳县绿溪口乡）。今县地属辰阳县。

公元前 223 年，秦灭楚，仍置洞庭郡，辰阳县属之。今县地属辰阳县。

西汉高帝五年（前 202 年），洞庭郡更名为武陵郡，下仍辖辰阳县，隶荆州刺史部。今县地属辰阳县。

新莽时，改武陵郡为建平郡，改辰阳县名会真县。今县地属会真县。

东汉时，复前汉郡县名，辰阳县仍属荆州刺史部武陵郡。今县地属辰阳县。

三国时，吴因之。

晋立，省辰阳入沅陵县。今县地属沅陵县。

东晋复置辰阳县（治今辰溪县城西南），仍属武陵郡，隶荆州。今县地属辰阳县。

南朝时，刘宋孝建元年（454 年）分荆、湘、豫三州地新置郢州（治夏口，今湖北武汉），武陵郡往属之，辰阳县随之。今县地属辰阳县。

齐因之。今县地属辰阳县。

梁天监十年（511 年），分武陵郡置南阳郡，更辰阳名建昌县，并为郡治。今县地属建昌县。

陈太建七年（575 年），复名辰阳县，仍属南阳郡。今县地属辰阳县。

隋平陈，开皇九年（589 年）废南阳郡入沅陵郡，并改沅陵郡置辰州，更辰阳县名辰溪县，隶之。大业二年（606 年），复改辰州为沅陵郡。今县地属辰溪县。

唐武德四年（621 年），平萧铣，置辰州，辰溪县属之。垂拱三年（687 年），分辰州地并附近溪峒民族地区置锦州（治今麻阳县锦和镇锦州故城），新置渭阳（治今县黄丝桥村）、招谕（治今麻阳县岩门镇一带）等四县属之。先天二年（713 年），分大乡县置洛浦县（治今县北），先属溪州，后度属锦州。天宝元年（742年），改锦州为卢阳郡。乾元元年（758年），复为锦州。先隶江南西道，开元二十一年（733年）后隶黔中道。今县地分属渭阳、招谕、洛浦三县。

五代时，马楚废并锦州及所领卢阳、招谕、洛浦、渭阳为卢阳县，复隶辰州。后为溪峒民族控制区，成为羁縻州。

宋初因之。太平兴国七年（982年），析麻阳县地复置招谕县（治今麻阳县岩门镇一带）。神宗熙宁七年（1074年），收复溪峒，以唐叙州、锦州等地置沅州，以唐潭阳县地置卢阳县为州治（今中方县泸阳镇一带），又以辰州麻阳、招谕二县属之。次年，废锦州寨及招谕县入麻阳县（治今麻阳县城）。先后隶江南西道、荆湖（北）路。今县地先后属招谕县、麻阳县。

南宋因之，隶荆湖北路沅州。今县地属麻阳县。

元至元十二年（1275年），立沅州安抚司。十四（1277年）年，改沅州路总管府，麻阳县属之。隶湖广行省江南湖北道肃政廉访司。又置五寨长官司（治今县城），隶湖广行省思州军民安抚司。今县地分属麻阳县、五寨长官司。

1364年，朱元璋改沅州路为沅州府；洪武九年（1376年），降沅州府为州，并以州治卢阳县省入，往属辰州府，麻阳县随之，隶湖广布政司。1366年，置保靖州军民安抚司；洪武元年（1368年），改宣慰司；六年（1373年），升为军民宣慰使司，直隶湖广行省，后改属湖广都司，领五寨长官司、筸子坪长官司（治今县筸子坪镇）。正德八年（1513年），设镇筸守备。明嘉靖三十三年（1554年），移麻阳参将驻镇筸城（今县城）。隆庆三年（1569年），设凤凰营。今县地分属麻阳县、五寨长官司、筸子坪长官司。

清初因之。康熙三年（1664 年），湖南“省”（布政使司）成立。康熙四十三年（1704 年）废土司，改流官，于凤凰营（驻今县黄丝桥古城）置凤凰通判，属辰州府。今县始此。乾隆五十二年（1787 年）改置凤凰厅（治今县城），升通判为同知。嘉庆元年（1796 年），升凤凰厅为直隶厅。隶辰沅永靖道。

民国初，废厅存道，改凤凰直隶厅为凤凰县，先后属辰沅永靖道、辰沅道。1922 年废道，县直属于省。1935 年，设立湘西绥靖区，县属芷麻黔晃行政督察区。1936 年，全省普遍设行政督察区，县先后隶第四、第九行政督察区。

第十五节　花垣县

战国时期属楚国。楚悼王后期（前 389—前 381 年），楚始置洞庭郡，下辖有酉阳县（治今保靖县龙溪乡四方城遗址）。今县地属酉阳县。

公元前 223 年，秦灭楚，仍置洞庭郡，酉阳县属之。今县地属酉阳县。

西汉高帝五年（前 202 年），洞庭郡更名为武陵郡，下仍辖酉阳县，隶荆州刺史部。今县地属酉阳县。

新莽时，改武陵郡为建平郡，酉阳县仍旧。今县地属酉阳县。

东汉时，复前汉郡名，酉阳县仍属荆州刺史部武陵郡。今县地属酉阳县。

三国时，吴因之。今县地属酉阳县。

两晋仍置酉阳县，属武陵郡，隶荆州。今县地属酉阳县。

南朝时，刘宋孝建元年（454 年）分荆、湘、豫三州地新置郢州（治夏口，今湖北武汉），武陵郡往属之，酉阳县随之。今县地属酉阳县。

齐、梁二代因之。今县地属酉阳县。

陈天嘉间（560—566 年）分荆、郢二州置武州，武陵郡改隶之，酉阳县属之；太建七年（575 年），改武州名沅州，县随之。今县地属酉阳县。

隋平陈，开皇九年（589 年），改沅陵郡置辰州，并迁陵、酉阳二县入大乡县（治今永顺县芙蓉镇）。大业二年（606 年），复改辰州为沅陵郡。隋末，沅陵郡为梁萧铣所据。今县地属大乡县。

唐武德四年（621 年），平萧铣，置辰州，领沅陵、大乡等 5 县。贞观九年（635 年），分大乡置三亭县（治今保靖县比耳镇仓库堡）。天授二年（691 年），分辰州大乡、三亭两县置溪州（治今永顺县芙蓉镇）。先天二年（713 年），分大乡县置洛浦县（约治今凤凰县北部），先属溪州，后度属锦州。天宝元年（742 年），改溪州为灵溪郡。乾元元年（758 年），复为溪州。先隶江南西道，开元二十一年（733 年）后隶黔中道。今县地分属大乡、三亭、洛浦三县。

五代时，溪州为溪峒民族控制，大乡、三亭、洛浦诸县。

两宋因之。今县为溪峒民族地。

元至元中，置永顺路，后改为永顺保靖南渭安抚司。至大三年（1310 年），改为永顺等处军民安抚司。至正十一年（1351 年），升为宣抚司。下辖有保靖州（治今保靖县城），隶四川行省。今县地属保靖州。

1366 年，朱元璋改保靖州置保靖州军民安抚司。洪武元年（1368 年），改宣慰司，并于县境置崇山卫（治今吉卫镇老卫城）。六年（1373 年），升为保靖州军民宣慰使司，直隶湖广行省。不久，改属湖广都指挥使司。今县地属保靖州六里生苗地。

清初因之。康熙三年（1664 年），湖南“省”（布政使司）成立。康熙四十二年（1703 年），设乾州厅，六里苗地属之。雍正八年（1730 年），改土归流，设六里同知；雍正十年（1732 年），改六里为永绥厅（治今县吉卫镇吉多坪），属辰州府。嘉庆元年（1796 年）升为直隶厅。七年（1802 年），徙厅治于绥靖镇（今县城花垣镇）。

1912 年，改直隶厅为行政厅。次年，废厅改县，永绥直隶厅改为永绥县，先后属辰沅永靖道、辰沅道。1922 年废道，县直属于省。1935 年，设立湘西绥靖处，县属乾永凤古行政督察区。1936 年，全省普遍设行政督察区，县先后隶第四、第九行政督察区。

（1952 年，改永绥县名花垣县）

第十六节　保靖县

战国时期属楚国。楚悼王后期（前 389—前 381 年），楚始置洞庭郡，下辖有酉阳县（治今保靖县龙溪乡四方城遗址）、迁陵县（治今龙山县里耶镇镇区）。今县地分属酉阳、迁陵二县。

公元前 223 年，秦灭楚，仍置洞庭郡，酉阳县、迁陵县属之。今县地分属酉阳、迁陵二县。

西汉高帝五年（前 202 年），洞庭郡更名为武陵郡，下仍辖酉阳县、迁陵县（迁治今县清水坪镇魏家寨），隶荆州刺史部。今县地分属酉阳、迁陵二县。

新莽时，改武陵郡为建平郡，改迁陵县为迁陆县，酉阳县仍旧。今县地属酉阳、迁陆二县。

东汉时，复前汉郡名，酉阳县、迁陵县（迁治龙山县里耶镇大板村）仍属荆州刺史部武陵郡。今县地属酉阳、迁陵二县。

三国时，酉阳县属吴荆州武陵郡；迁陵县（治今县清水坪镇里外城村）。今县地分属酉阳、迁陵二县。

两晋仍置酉阳县、迁陵县，属武陵郡，隶荆州。今县地分属酉阳、迁陵二县。

南朝时，刘宋孝建元年（454 年）分荆、湘、豫三州地新置郢州（治夏口，今湖北武汉），武陵郡往属之，酉阳县、迁陵县随之。今县地分属酉阳、迁陵二县。

萧齐时，改迁陵县为零陵县，余不变。今县地分属酉阳、零陵二县。

萧梁时，复改零陵县为迁陵县，仍属郢州武陵郡。今县地分属酉阳、迁陵二县。

陈天嘉间（560—566 年）分荆、郢二州置武州，武陵郡改隶之。复改迁陵县为零陵县，裁酉阳县入之。太建七年（575 年），改武州名沅州，零陵县随之。今县地属零陵县。

隋平陈，开皇九年（589 年），改沅陵郡置辰州，废迁陵县入大乡县（治今永顺县芙蓉镇）。大业二年（606 年），复改辰州为沅陵郡。隋末沅陵郡为梁萧铣所据。今县地属大乡县。

唐武德四年（621 年），平萧铣，置辰州，领沅陵、大乡等 5 县。贞观九年（635 年），分大乡置三亭县（治今县比耳镇仓库堡）。天授二年（691 年），分辰州大乡、三亭两县置溪州。天宝元年（742 年），改溪州为灵溪郡。乾元元年（758 年），复为溪州。先隶江南西道，开元二十一年（733 年）后隶黔中道。今县地属大乡、三亭二县。

五代时，溪州为溪峒民族控制，大乡、三亭二县俱废。后马楚以溪峒彭士愁为溪州刺史，析溪州地置誓下（治今永顺县芙蓉镇）、上溪（治今龙山县里耶镇）、保静（治今县城）等州，而彭氏更自置二十余州（羁縻州）。今县地分属保静州及羁縻州地。

宋时，保静州籴亦为羁縻州隶荆湖北路。今县地属羁縻保静州地。

元至元中，置永顺路，后改为永顺保靖南渭安抚司。至大三年（1310 年），改为永顺等处军民安抚司。至正十一年（1351 年），升为宣抚司。下皆辖有保靖州（治今县城），隶四川行省。今县名始此。

1366 年，朱元璋改保靖州置保靖州军民安抚司。洪武元年（1368 年），改宣慰司。六年（1373 年），升为保靖州军民宣慰使司，直隶湖广行省。不久，改属湖广都指挥使司。

清初因之。康熙三年（1664 年），湖南“省”（布政使司）成立。雍正五年（1727 年），改土归流，置保靖同知，属辰州府。七年（1729 年），置保靖县，隶辰沅永靖道永顺府。

1912 年，保靖县先后属辰沅永靖道、辰沅道。1922 年废道，县直属于省。1935 年，设立湘西绥靖处，县属乾永凤古行政督察区。1936 年，全省普遍设行政督察区，县先后隶第四、第九行政督察区。

第十七节　古丈县

战国时期属楚国。楚悼王后期（前 389—前 381 年），楚始置洞庭郡，下辖有酉阳县（治今保靖县龙溪乡四方城遗址）。今县地属酉阳县。

公元前223年，秦灭楚，仍置洞庭郡，酉阳县属之。今县地属酉阳县。

西汉高帝五年（前202年），洞庭郡更名为武陵郡，下仍辖酉阳县，隶荆州刺史部。今县地属酉阳县。

新莽时，改武陵郡为建平郡，酉阳县仍旧。今县地属酉阳县。

东汉时，复前汉郡名，酉阳县仍属荆州刺史部武陵郡。今县地属酉阳县。

三国时，吴因之。今县地属酉阳县。

晋立，析酉阳县置黚（黔）阳县（治今永顺县芙蓉镇），仍属武陵郡，隶荆州。今县地属黚阳县。

东晋因之。今县地属黚阳县。

南朝时，刘宋孝建元年（454年）分荆、湘、豫三州地新置郢州（治夏口，今湖北武汉），武陵郡往属之，黚阳县随之。今县地属黚阳县。

萧齐因之。今县地属黚阳县。

萧梁时，废黚阳县，析县地置大乡（治今永顺县芙蓉镇）、盐泉（治今永顺县盐井乡）二县。今县地属大乡县。

陈天嘉间（560—566年）分荆、郢二州置武州，武陵郡改隶之，大乡县属之；太建七年（575年），改武州名沅州，县随之。今县地属大乡县。

隋平陈，开皇九年（589年），改沅陵郡置辰州，并迁陵、酉阳二县入大乡县。大业二年（606年），复改辰州为沅陵郡。隋末沅陵郡为梁萧铣所据。今县地属大乡县。

唐武德四年（621年），平萧铣，置辰州，领沅陵、大乡等5县。贞观九年（635年），分大乡置三亭县（治今保靖县比耳镇仓库堡)。天授二年（691 年），分辰州大乡、三亭两县置溪州。天宝元年（742 年），改溪州为灵溪郡。乾元元年（758 年），复为溪州。先隶江南西道，开元二十一年（733 年）后隶黔中道。今县地属大乡县。

五代时，溪州为溪峒民族控制，大乡、三亭二县俱废。后马楚以溪峒彭士愁为溪州刺史，析溪州地置誓下（今永顺县芙蓉镇）、保静（治今保靖县城）等三州，而彭氏更自置二十余州（羁縻州）。今县地分属保静州、誓下州及羁縻州地。

宋立，今县为溪州羁縻地。熙宁三年（1070 年），置镇溪寨（今永顺县镇溪乡）；八年（1075 年），置会溪城（治今永顺县芙蓉镇）、黔安寨（今永顺县施溶溪口），隶辰州（沅陵县）。今县地分属溪峒溪州及会溪城和镇溪、黔安二寨。

元至元中，置永顺路，后改为永顺保靖南渭安抚司（治今永顺县老司城）。至大三年（1310 年），改为永顺等处军民安抚司。至正十一年（1351 年），升为宣抚司。下皆辖有保靖州（治今保靖县城），隶四川行省。今县地属保靖州。

明洪武二年（1369 年），改元永顺等处军民宣抚司置永顺军民安抚司。六年（1373 年），升军民宣慰使司，直隶湖广行省。不久，改属湖广都司。领有施溶州（治今永顺县施溶溪口）及田家洞长官司（今县西北境）。今县分属施溶州和田家洞长官司。

清初因之。康熙三年（1664 年），湖南“省”（布政使司）成立。雍正五年（1727 年），改土归流，设永顺同知（治今县城）。七年（1729 年），置古丈坪督捕同知，隶辰沅永靖道永顺府。今县名始此。道光二年（1822 年），置古丈坪厅，改设抚民同知。

1912 年，废厅置县，古丈坪厅改名古丈县，先后属辰沅永靖道、辰沅道。1922 年废道，县直属于省。1935 年，设立湘西绥靖处，县属乾永凤古行政督察区。1936年，全省普遍设行政督察区，县先后隶湖南省第四、第九行政督察区。

第十八节　永顺县

战国时期属楚国。楚悼王后期（前389—前381年），楚始置洞庭郡，下辖有酉阳县（治今保靖县龙溪乡四方城遗址）。今县地属酉阳县。

公元前223年，秦灭楚，仍置洞庭郡，酉阳县属之。今县地属酉阳县。

西汉高帝五年（前202年），洞庭郡更名为武陵郡，下仍辖酉阳县，隶荆州刺史部。今县地属酉阳县。

新莽时，改武陵郡为建平郡，酉阳县仍旧。今县地属酉阳县。

东汉时，复前汉郡名，酉阳县仍属荆州刺史部武陵郡。今县地属酉阳县。

三国时，吴因之。今县地属酉阳县。

晋立，晋武帝析酉阳县置黚（黔）阳县（治今永顺县芙蓉镇镇区），仍属武陵郡，隶荆州。今县地属黚阳县。

东晋因之。今县地属黚阳县。

南朝时，刘宋孝建元年（454年）分荆、湘、豫三州地新置郢州（治夏口，今湖北武汉），武陵郡往属之，黚阳县随之。今县地属黚阳县。

萧齐因之。今县地属黚阳县。

萧梁时，废黚阳县，析县地置大乡（治今永顺县芙蓉镇）、盐泉（治今永顺县盐井乡）二县。今县地分属大乡、盐泉二县。

陈天嘉间（560—566年）分荆、郢二州置武州，武陵郡改隶之，大乡、盐泉二县属之；太建七年（575年），改武州名沅州，二县随之。今县地属大乡、盐泉二县。

隋平陈，开皇九年（589年），改沅陵郡置辰州，并迁陵、酉阳二县入大乡县，盐泉县仍之。大业二年（606年），复改辰州为沅陵郡。隋末沅陵郡为梁萧铣所据。今县地属大乡、盐泉二县。

唐武德四年（621年），平萧铣，置辰州，领沅陵、大乡等5县，废盐泉县。天授二年（691年），分辰州大乡、三亭二县置溪州。天宝元年（742年），改溪州为灵溪郡。乾元元年（758年），复为溪州。先隶江南西道，开元二十一年（733年）后隶黔中道。今县地属大乡县。

五代时，溪州为溪峒民族控制，大乡、三亭二县俱废。后马楚以溪峒彭士愁为溪州刺史，析溪州地置誓下、上溪、保静等三州，而彭氏更自置二十余州（羁縻州）。誓下州（治今县芙蓉镇）及彭氏中溪州、下溪州（治今县老司城）、溶州、渭州、永顺州等羁縻州，皆在今县境。

宋因之，下溪州、南渭州、溶州等仍为羁縻州。熙宁三年（1070年），置镇溪寨（今县镇溪乡）；八年（1075年），置会溪城（治今县芙蓉镇）、黔安寨（今县施溶溪口），隶辰州（沅陵县）。今县地分属溪峒溪州及会溪城和镇溪、黔安二寨。

元至元中，置永顺路，后改为永顺保靖南渭安抚司。至大三年（1310年），改为永顺等处军民安抚司。至正十一年（1351年），升为宣抚司。所辖南渭州（治今县泽家镇南渭村）及会溪、施溶、腊惹洞、驴迟洞等长官司，皆在今县境。隶四川行省。

明洪武二年（1369年），置永顺军民安抚司。六年（1373年），升为永顺军民宣慰使司，所辖南渭州、施溶州及腊惹洞、驴迟洞、施溶洞等长官司，皆在今县境。先隶湖广行省，后改属湖广都指挥使司。

清初因之。康熙三年（1664 年），湖南“省”（布政使司）成立。清雍正四年（1726 年），永顺改土归流，置永顺厅，属辰州府。雍正七年（1729 年），改厅为府，并置永顺县（治今县城灵溪镇）为府治，领永顺、龙山、保靖、桑植 4 县和古丈坪厅，属辰沅永靖道。

1912 年，废府存道，县先后属辰沅永靖道、辰沅道。1922 年废道，县直属于省。1935 年，设立湘西绥靖处，县属永保龙桑行政督察区。1936 年，全省普遍设行政督察区，县先后隶湖南省第三、第八行政督察区。

第十九节　龙山县

战国时期属楚国。楚悼王后期（前 389—前 381 年），楚始置洞庭郡，下辖有迁陵县（治今县里耶镇镇区）。今县地属迁陵县。

公元前 223 年，秦灭楚，仍置洞庭郡，迁陵县属之。今县地属迁陵县。

西汉高帝五年（前 202 年），洞庭郡更名为武陵郡，下仍辖迁陵县（迁治保靖县清水坪镇魏家寨），隶荆州刺史部。今县地属迁陵县。

新莽时，改武陵郡为建平郡，改迁陵县为迁陆县。今县地属迁陆县。

东汉时，复前汉郡名，迁陵县（迁治今县里耶镇大板村）仍属荆州刺史部武陵郡。今县地属迁陵县。

三国时，迁陵县（治保靖县清水坪镇里外城村）先属蜀益州牂牁郡，后属吴荆州武陵郡。今县地属迁陵县。

两晋仍置迁陵县，属武陵郡，隶荆州。今县地属迁陵县。

南朝时，刘宋孝建元年（454 年）分荆、湘、豫三州地新置郢州（治夏口，今湖北武汉），武陵郡往属之，迁陵县随之。今县地属迁陵县。

萧齐时，改迁陵县为零陵县，余不变。今县地属零陵县。

萧梁时，复改零陵县为迁陵县，析黚阳县置盐泉县（治今永顺县盐井乡），仍属郢州武陵郡。今县地分属迁陵县、盐泉县。

陈天嘉间（560—566 年）分荆、郢二州置武州，武陵郡改隶之。迁陵县复改为零陵县，盐泉县依旧，随之。太建七年（575 年），改武州名沅州，零陵县、盐泉县亦随之。今县地分属零陵、盐泉二县。

隋平陈，开皇九年（589 年），改沅陵郡置辰州，废迁陵县入大乡县（治今永顺县芙蓉镇镇区），盐泉县仍之。大业二年（606 年），复改辰州为沅陵郡。隋末沅陵郡为梁萧铣所据。今县地属大乡、盐泉二县。

唐武德四年（621 年），平萧铣，置辰州，领沅陵、大乡等 5 县，盐泉县废。贞观九年（635 年），分大乡置三亭县（治今保靖县比耳镇仓库堡）。天授二年（691 年），分辰州大乡、三亭二县置溪州。天宝元年（742 年），改溪州为灵溪郡。乾元元年（758 年），复为溪州。先隶江南西道，开元二十一年（733 年）后隶黔中道。今县地属三亭县。

五代时，溪州为溪峒民族控制，三亭县废。后马楚以溪峒彭士愁为溪州刺史，析溪州地置晢下（治今永顺县芙蓉镇）、上溪（约当今县里耶镇一带）、保静（治今保靖县城）等三州，而彭氏更自置20余州（羁縻州）。今县地属上溪州和羁縻州地。

宋时，上溪州成为羁縻州。今县地属溪峒上溪州。

元至元中，置永顺路，后改为永顺保靖南渭安抚司。至大三年（1310年），改为永顺等处军民安抚司。至正十一年（1351年），升为宣抚司。所辖有麦著土村（今县里耶镇麦茶一带）、白崖（今县红岩溪镇白岩堡）长官司，皆在今县境。隶四川行省。

明洪武二年（1369年），置永顺军民安抚司。六年（1373年），升为永顺军民宣慰使司，所辖有麦著黄洞（今县里耶镇麦茶一带）、白崖洞（今县红岩溪镇白岩堡）二长官司，皆在今县境。先隶湖广行省，后改属湖广都指挥使司。

清初因之。康熙三年（1664年），湖南“省”（布政使司）成立。清雍正四年（1726年），永顺改土归流，置永顺厅，属辰州府。雍正七年（1729年），改厅为府，并置龙山等县，隶之。今县始此。

1912年，废府存道，县先后属辰沅永靖道、辰沅道。1922年废道，县直属于省。1935年，设立湘西绥靖处，县属永保龙桑行政督察区。1936年，全省普遍设行政督察区，县先后隶湖南省第四、第八行政督察区。

第六章　湘西北区

湘西北区范围包括常德市、张家界市及其所辖县（市、区）。

第一节　常德市

春秋战国时期属楚国。大约春秋晚期，楚人势力进入市境。楚悼王后期（前389—前381年），始置洞庭郡，下辖有索县（治今市鼎城区韩公渡镇城址村）、临沅县（今市武陵区东）。索县并为洞庭郡郡治。今市地属索、临沅二县。

公元前223年，秦灭楚，仍置洞庭郡，索县、临沅县仍隶之。索县仍为洞庭郡郡治。今市地属索、临沅二县。

西汉高帝五年（前202年），洞庭郡更名为武陵郡，下仍辖索县、临沅县，隶荆州刺史部。索县仍为洞庭郡郡治。今市地属索、临沅二县。

东汉初因之。建武二十六年（50年），郡治由索县西迁临沅县。阳嘉三年（134年），荆州刺史部移治于索县，更名汉寿。今市地属临沅、索（汉寿）二县。

三国时，东吴仍置武陵郡，下仍辖有临沅、吴寿（由汉寿更名）二县，临沅为郡治，隶荆州。今市地属临沅、吴寿二县。

晋改吴寿县复名汉寿县，临沅县仍之，并为郡治，仍隶荆州武陵郡。今市地属临沅、汉寿二县。

东晋因之。今市地属临沅、汉寿二县。

南朝时，刘宋仍置临沅、汉寿二县，隶武陵郡。孝建元年（454 年）分荆、湘、豫三州地新置郢州，武陵郡改隶之。临沅皆为郡治。今市地属临沅、汉寿二县。

齐因之。今市地分属临沅、汉寿二县。

梁时，析长沙、武陵二郡置药山郡，并改汉寿县为药山县，以为郡治，隶郢州。今市地属临沅、药山二县。

陈天嘉间（560—566 年）分荆、郢二州置武州，太建间改名沅州，武陵郡、药山郡改属之，临沅、药山二县随之。今市地属临沅、药山二县。

隋平陈，改武陵郡名朗州（后又复称武陵郡），改郡治临沅县名武陵县，析药山县入武陵、龙阳二县。今市地属武陵县。

唐武德四年（621 年），平萧铣，置朗州。天宝元年（742 年），改为武陵郡。乾元元年（758 年），复为朗州。初属江南西道。天宝初，割属山南东道。武陵县隶之。今市地属武陵县。

五代置武陵县不改，隶朗州。今市地属武陵县。

北宋时，改朗州为鼎州，领武陵、桃源、龙阳 3 县，先后属江南西道、荆湖（北）路。宋徽宗政和七年（1117 年），升鼎州团练为常德军节度使。今市地属武陵县。

南宋建炎四年（1130 年），升常德军节度使为鼎、澧州镇抚使。绍兴元年（1131 年），置荆湖北路安抚使，治鼎州，领鼎、澧、辰、沅、靖五州；三十二年（1162 年），罢。乾道元年（1165 年），以宋孝宗未登位时于此为藩王，升鼎州为常德府，统领五州，并领武陵、桃源、龙阳、沅江 4 县。今市地属武陵县。

元至元十二年（1275 年），置常德府安抚司。十四年（1277 年），改常德路总管府，治武陵县，置录事司。领武陵县、桃源州、龙阳州。隶湖广行中书省江南湖北道肃政廉访司。今市地属武陵县、录事司。

1364 年，朱元璋改常德路为常德府，领武陵等 4 县。有明一代，常德府隶湖广布政司。今市地属武陵县。

清初因之。康熙三年（1664 年），湖南“省”（布政使司）成立，常德府领武陵、龙阳等四县，隶岳常澧道。今市地属武陵县。

民国初，废府存道，武陵县改名常德县，先后隶岳常澧道、武陵道，并为道治。1922 年，废道制，县直辖于省。1936 年后，国民政府设立行政督察区，先后属第二、第四行政督察区。

（1949 年，析常德县城区设常德市；1988 年，原常德市改为武陵区，原常德县改为鼎城区）

第二节　安乡县

春秋战国时期属楚国。大约春秋晚期，楚人势力进入县境。楚悼王后期（前 389—前 381 年），始置洞庭郡，下辖有孱陵县（治今湖北公安县南平镇）。今县地属孱陵县。

公元前 223 年，秦灭楚，仍置洞庭郡，孱陵县仍隶之。今县地属孱陵县。

西汉高帝五年（前 202 年），洞庭郡更名为武陵郡，下仍领有孱陵县，隶荆州刺史部。今县地属孱陵县。

东汉初因之。后析孱陵县置作唐县（治今县安全乡槐树村城址）。建安十三年（208 年），孱陵、作唐二县别属南郡。隶荆州刺史部。今县地先后属孱陵、作唐二县。

三国时，东吴因之。今县地先后属孱陵、作唐二县。

西晋太康元年（280 年），分南郡江南部分为南平郡，作唐县随之。今县地属作唐县。

东晋因之。后为安置北方南迁侨民，于县南境置南义阳郡（治今县城关镇书院洲），领厥西、平氏二侨县。今县地分属作唐县及厥西、平氏二侨县。

南朝宋时，作唐县隶南平国，厥西、平氏二侨县隶南义阳郡，皆属荆州。今县地分属作唐县及厥西、平氏二侨县。

齐、梁、陈三代，复为南平郡，作唐县隶之；南义阳郡仍领厥西、平氏二侨县。皆属荆州。今县地分属作唐县及厥西、平氏二侨县。

隋平陈，并作唐县及厥西、平氏二侨县为安乡县，隶朗州或武陵郡。今县始此。

唐武德四年（621 年），平萧铣，置澧州，孱陵、安乡改属之。贞观元年（627 年），孱陵废入安乡县。天宝元年（742 年），改澧州为澧阳郡，由江南西道改属山南东道，县随之。

五代时，马楚仍置安乡县，属澧州。

宋仍置安乡县，属澧州，先后隶江南西道、荆湖（北）路。

元至元十四年（1177 年），改澧州为澧州路总管府，安乡县属之，隶湖广行中书省江南湖北道肃政廉访司。

1364 年，朱元璋改澧州路为澧州府；1376 年，降澧州府为澧州，属常德府；1397 年，澧州改属岳州府。安乡县皆随之。皆隶湖广布政司。

清初因之。康熙三年（1664 年），湖南“省”（布政使司）成

立。雍正七年（1729 年），澧州升直隶州，隶岳常澧道，安乡县属之。

民国初，废府（厅、州）存道，县先后隶岳常澧道、武陵道。1922 年，废道制，县直辖于省。1936 年后，湖南省设立行政督察区，县先后属第二区、第四区。

第三节 汉寿县

春秋战国时期属楚国。大约春秋晚期，楚人势力进入县境。楚悼王后期（前 389—前 381 年），楚始置洞庭郡，下辖有索县（治今鼎城区韩公渡镇城址村）。索县并为洞庭郡郡治。今县地属索县。

公元前 223 年，秦灭楚，仍置洞庭郡，索县仍隶之，仍为洞庭郡郡治。今县地属索县。

西汉高帝五年（前 202 年），洞庭郡更名为武陵郡，下仍领有索县，隶荆州刺史部。索县仍为洞庭郡郡治。今县地属索县。

东汉因之。阳嘉三年（134 年），荆州刺史部移治于索县，县更名汉寿。今县名始此。今县地先后属索县、汉寿县。

三国时，东吴改汉寿县为吴寿县。赤乌十一年（248 年），析吴寿县置龙阳县（治今县城），属荆州武陵郡。今县地分属吴寿、龙阳二县。

晋仍置龙阳县，改吴寿县复为汉寿县，仍隶荆州武陵郡。今县地分属汉寿、龙阳二县。

南朝时，刘宋仍置汉寿、龙阳二县，隶武陵郡。孝建元年（454 年）分荆、湘、豫三州地新置郢州，武陵郡改隶之，汉寿、龙阳二县随之。今县地分属汉寿、龙阳二县。

齐因之。今县地分属汉寿、龙阳二县。

梁时，析长沙、武陵二郡置药山郡，并改汉寿县为药山县，以为郡治，隶郢州。今县地属龙阳、药山二县。

陈天嘉间（560—566年）分荆、郢二州置武州，太建间改名沅州，武陵郡、药山郡改属之，龙阳、药山二县随之。今县地属龙阳、药山二县。

隋平陈，改武陵郡名朗州（后又复称武陵郡），并药山县入龙阳县。今县地属龙阳县。

唐武德四年（621年），平萧铣，置朗州。天宝元年（742年），改为武陵郡。乾元元年（758年），复为朗州。初属江南西道。天宝初，割属山南东道。仍领武陵、龙阳二县。今县地属龙阳县。

五代置武陵、龙阳二县不改，隶朗州。今县地属龙阳县。

北宋时，改朗州为鼎州，龙阳县隶之，先后属江南西道、荆湖（北）路。宋大观年间（1107—1110年），改龙阳县为辰阳县。今县地先后属龙阳县、辰阳县。

南宋因之。绍兴三年（1133年），复名龙阳。五年（1135年），升龙阳县为龙阳军（移治黄城寨，今县聂家桥乡黄城港）。三十年（1160年）复降为龙阳县（归治今县城）。今县地先后属龙阳军、龙阳县。

元元贞元年（1295年），升龙阳县为龙阳州，下领沅江县，隶湖广行中书省江南湖北道肃政廉访司常德路。今县地先后属龙阳县、龙阳州。

明洪武三年（1370年），降龙阳州为龙阳县，隶湖广布政司常德府。今县地属龙阳县。

清初因之。康熙三年（1664年），湖南“省”（布政使司）成立，常德府领武陵、龙阳等四县，隶岳常澧道。今县地属龙阳县。

民国初，废府存道，龙阳更名汉寿，先后隶岳常澧道、武陵道、湘江道。1922 年，废道制，县直辖于省。1938 年，隶属第五行政督察区。

第四节 澧县（含津市市）

春秋战国时期属楚国。大约春秋晚期，楚人势力进入县境。楚悼王后期（前 389—前 381 年），楚始置洞庭郡，下辖有孱陵县（治今湖北公安县南平镇）、零阳县（治今慈利县城东）。今县地分属零阳、孱陵二县。

公元前 223 年，秦灭楚，仍置洞庭郡，领孱陵县、零阳县等。今县地分属零阳、孱陵二县。

西汉高帝五年（前 202 年），洞庭郡更名为武陵郡，零阳、孱陵仍属之，隶荆州刺史部。今县地分属零阳、孱陵二县。

东汉初因之。后析孱陵县置作唐县（治今安乡县安全乡槐树村）。建安十三年（208 年），孱陵、作唐二县别属南郡。今县地分属零阳、作唐二县。

三国初，东吴因之。永安六年（263 年），析武陵郡置天门郡，零阳县往属之，并为郡治。作唐县属武陵郡不变。今县地分属零阳、作唐二县。

晋初因之。太康元年（280 年），分南郡江南部分为南平郡，作唐县随之。太康四年（283 年），析零阳县置澧阳县（治今石门县城一带），仍属天门郡，并为郡治。二郡并属荆州。今县地分属澧阳、作唐二县。

东晋因之。今县地分属澧阳、作唐二县。

南朝宋时，南平郡改国，作唐县随之。孝建元年（454 年）分荆、湘、豫三州地新置郢州，天门郡改隶之，澧阳县随之。今县地分属澧阳、作唐二县。

齐、梁、陈三代，仍置作唐县、澧阳县，分隶荆州南平郡、天门郡。今县地分属作唐、澧阳二县。

隋平陈，废南义阳郡置松州，并作唐县入安乡县，属之。开皇九年（589 年），罢天门郡，析松州，置澧州，仍辖澧阳县（治今县澧南乡刑市村故城）。又大业三年（607 年），改澧州为澧阳郡。今县地属澧阳县。

唐武德四年（621 年），改澧阳郡为澧州，隶属江南西道。天宝元年（742 年）复改澧阳郡。乾元元年（758 年），又改澧州。澧阳仍隶之。今县地属澧阳县。

五代马楚时，仍置澧阳县，隶澧州。今县地属澧阳县。

宋代澧州治澧阳，辖澧阳、安乡等4 县，隶属荆湖北路。今县地属澧阳县。

元至元十四年（1277 年），改澧州为澧州总管府，治澧阳（今津市新洲镇城内村），置录事司，领澧阳、安乡等 5 县、州。今县地属澧阳县。

1364 年，朱元璋改澧州路为澧州府。明洪武九年（1376 年），澧州府又降为澧州（治今县城），并裁澧阳县入州，属常德府。三十年（1397 年），澧州改属岳州府。常德府、岳州府，皆隶属湖广布政使司。今县地属澧州。

清初因之。康熙三年（1664 年），湖南“省”（布政使司）成立，后澧州隶岳常道（驻澧州）。雍正七年（1729 年）升澧州为直隶州，辖安乡等四县，隶岳常澧道（驻澧州）。

1912 年，改澧州直隶州为澧州行政厅。1913 年，废州为县，始称澧县。县先后隶岳常澧道、武陵道、湘江道。1922 年，废道制，县直隶于省。1936 年，湖南省设行政督察区，县先后隶第二、第四行政督察区。

（1949 年 7 月，析澧县津市镇置津市市）

第五节　临澧县

春秋战国时期属楚国。大约春秋晚期，楚人势力进入县境。楚悼王后期（前 389—前 381 年），楚始置洞庭郡，下辖有孱陵县（治今湖北公安县南平镇）、零阳县（治今慈利县城东）等。今县地分属零阳、孱陵二县。

公元前 223 年，秦灭楚，仍置洞庭郡，领孱陵县、零阳县等。今县地分属零阳、孱陵二县。

西汉高帝五年（前 202 年），洞庭郡更名为武陵郡，孱陵、零阳仍属之，隶荆州刺史部。今县地分属零阳、孱陵二县。

东汉初因之。后析孱陵县置作唐县（治今安乡县安全乡槐树村）。建安十三年（208 年），孱陵、作唐二县别属南郡。今县地分属零阳、作唐二县。

三国初，东吴因之。永安六年（263 年），析武陵郡置天门郡，零阳县往属之，并为郡治。作唐县属郡不变。今县地分属零阳、作唐二县。

晋初因之。太康元年（280 年），分南郡江南部分为南平郡，作唐县随之。太康四年（283 年），析零阳县置澧阳县（治今石门县城一带），仍属天门郡。二郡并属荆州。今县地分属零阳、澧阳、作唐三县。

东晋因之。今县地分属零阳、澧阳、作唐三县。

南朝宋时，南平郡改国，作唐县随之。孝建元年（454 年）分荆、湘、豫三州地新置郢州，天门郡改隶之，零阳、澧阳二县随之。今县地分属零阳、澧阳、作唐三县。

齐、梁二代，仍置作唐、零阳、澧阳三县，分隶荆州南平郡、天门郡。今县地分属作唐、零阳、澧阳三县。

西魏拓跋（元）廓二年（555 年），罢天门郡，置石门郡。陈仍置作唐、零阳、澧阳等县，分隶荆州南平郡、天门郡。今县地分属作唐、零阳、澧阳三县。

隋平陈，废南义阳郡置松州，并作唐县入安乡县，属之。开皇九年（589 年），罢天门郡，析松州，改置澧州，仍辖澧阳（治今澧县澧南乡刑市村故城）、零阳等县。大业三年（607 年），升澧州为澧阳郡，改零阳县为慈利县。今县地分属澧阳、慈利二县。

唐武德四年（621 年），复置澧州，领澧阳、慈利等县。天宝元年（742 年），改为澧阳郡，由江南西道改属山南东道。乾元元年（758 年），复为澧州。今县地分属澧阳、慈利二县。

五代马楚时，仍置澧阳、慈利二县，隶澧州。今县地分属澧阳、慈利二县。

宋仍置澧州，领澧阳、慈利等县，隶荆湖（北）路。今县地分属澧阳、慈利二县。

元至元十四年（1277 年），改澧州为澧州路，仍领澧阳县、慈利州（慈利县改）等，隶湖广行省江南湖北道肃政廉访司。至正二十四年（1364 年），改澧州路为澧阳府。今县地分属澧阳、慈利二县（州）。

1364 年，朱元璋改澧州路为澧州府；明洪武九年（1376 年），降澧州府为澧州，兼领慈利等县，属常德府；1397 年改隶岳州府。

皆属湖广布政使司。今县地分属澧州、慈利县。

清初因之。康熙三年（1664年），湖南“省”（布政使司）成立，后澧州隶岳常道（驻澧州）。雍正七年（1729年）升澧州为直隶州，裁九溪卫、永定卫和澧州一部分，新置安福县（治今县城），隶岳常澧道。今县地属安福县。

民国初，废州存道，县仍隶岳常澧道；1914年，因与江西省安福县同名，县改称临澧县，隶武陵道；1916年，撤武陵道，改隶湘江道；1922年废道，县直隶于省；1936年，设行政督察区，县先后隶第二、第四行政督察区。

第六节 桃源县

战国时期属楚国。楚悼王后期（前389—前381年），楚始置洞庭郡，下辖有临沅县（今市武陵区东）。今县地属临沅县。

公元前223年，秦灭楚，仍置洞庭郡，临沅县仍隶之。今县地属临沅县。

西汉高帝五年（前202年），洞庭郡更名为武陵郡，下仍辖临沅县，隶荆州刺史部。今县地属临沅县。

东汉初因之。建武二十六年（50年），武陵郡治由索县西迁临沅县，又析临沅县置沅南县（治今县兴隆街乡沅水之阴①）。今县地属沅南县。

三国东吴、两晋时期，皆置沅南县，隶荆州武陵郡。今县地属沅南县。

---

① 陈致远：《东汉沅南县城故址考》，《中国历史地理论丛》2009年第1期，第136～138页。

南朝时，刘宋仍置沅南县，隶武陵郡。孝建元年（454 年）分荆、湘、豫三州地新置郢州，武陵郡改隶之，沅南县随之。今县地属沅南县。

齐、梁二代因之。今县地属沅南县。

陈天嘉间（560—566 年）分荆、郢二州置武州，太建间又改名沅州，武陵郡改属之，沅南县随之。今县地属沅南县。

隋平陈，改武陵郡名朗州，后又复称武陵郡。开皇三年（583 年），合临沅、沅南、汉寿三县为武陵县。今县地属武陵县。

唐武德四年（621 年），平萧铣，置朗州。天宝元年（742 年），改为武陵郡。乾元元年（758 年），复为朗州。初属江南西道。天宝初，割属山南东道。仍领武陵等县。今县地属武陵县。

五代时，马楚仍置武陵县，隶朗州。今县地属武陵县。

北宋时，改朗州为鼎州，析武陵县置桃源县，属荆湖（北）路。桃源县名始此。

南宋绍兴元年（1131 年），置荆湖北路安抚使，治鼎州。乾道元年（1165 年），升鼎州为常德府。桃源县皆属之。

元至元十四年（1277 年），改常德路总管府，升桃源县为桃源州，隶湖广行中书省江南湖北道肃政廉访司。今县地属桃源州。

明洪武二年（1369 年），降桃源州为桃源县，隶湖广布政使司常德府。

清初因之。康熙三年（1664 年），湖南“省”（布政使司）成立，桃源县属常德府，隶岳常澧道。

民国初，废府存道，桃源县先后隶岳常澧道、武陵道。1922 年，又废道制，县直辖于省。1936 年，设立行政督察区，县先后属第二区、第四区。

第七节 石门县

战国时期属楚国。楚悼王后期（前389—前381年），楚始置洞庭郡，下辖有零阳县（治今慈利县城东）等。今县地属零阳县。

公元前223年，秦灭楚，仍置洞庭郡，领零阳县等。今县地属零阳县。

西汉高帝五年（前202年），洞庭郡更名为武陵郡，零阳仍属之，隶荆州刺史部。今县地属零阳县。

东汉因之。今县地属零阳县。

三国初，东吴因之。永安六年（263年），析武陵郡置天门郡，零阳县往属之，并为郡治。今县地属零阳县。

晋初因之。太康四年（283年），析零阳县置澧阳县（治今县城区一带）、溇阳县（治今县西北所街一带），仍属天门郡。二县并属荆州。今县地分属澧阳、溇阳二县。

东晋仍置澧阳、溇阳，澧阳并为郡治。今县地分属澧阳、溇阳二县。

南朝时，刘宋孝建元年（454年），分荆、湘、豫三州地新置郢州，天门郡改隶之，省溇阳县入澧阳县，随隶之。澧阳并为郡治。今县地属澧阳县。

齐、梁二代，仍置澧阳县，并为郡治，隶荆州天门郡。今县地分属澧阳县。

西魏拓跋（元）廓二年（555年），罢天门郡为石门郡。今县名始此。陈仍置澧阳县，隶荆州天门郡，并为郡治。今县地属澧阳县。

隋平陈，开皇九年（589 年）废天门郡，析澧阳县置石门县（治今县城区一带），隶澧州。后澧州复改称澧阳郡。今县名始此。

唐武德四年（621 年），复置澧州，领石门等县。天宝元年（742 年），改为澧阳郡，由江南西道改属山南东道。乾元元年（758 年），复为澧州。

五代马楚时，仍置石门县，隶澧州。

宋仍置澧州，领石门等县，隶荆湖（北）路。

元至元十四年（1277 年），改澧州为澧州路，仍领石门等县（州），隶湖广行省江南湖北道肃政廉访司。至正二十四年（1364 年），改澧州路为澧阳府。

1364 年，朱元璋改澧州路为澧州府；明洪武九年（1376 年），降澧州府为澧州，兼领石门等县，属常德府；二十九年（1396 年）改隶岳州府。皆属湖广布政使司。

清初因之。康熙三年（1664 年），湖南"省"（布政使司）成立，澧州隶岳常道（驻澧州）。雍正七年（1729 年）升澧州为直隶州，辖石门等 4 县，隶岳常澧道。

民国初，废州存道，县先后隶岳常澧道、武陵道。1922 年，废"道"制，县直隶于省。1936 年，湖南省设行政督察区，县先后隶慈石庸、第二、第四行政督察区。

第八节　张家界市

战国时期属楚国。楚悼王后期（前 389—前 381 年），楚始置洞庭郡，下辖有零阳县（治今慈利县城东）等。今市地属零阳县。

公元前 223 年，秦灭楚，仍置洞庭郡，领零阳县等。今市地属零阳县。

西汉高帝五年（前 202 年），洞庭郡更名为武陵郡，分零阳新置充县（治今市城区），隶荆州刺史部。今市地属充县。

东汉因之。今市地属充县。

三国初，东吴因之。永安六年（263 年），析武陵郡置天门郡，析充县置溇中县（治今慈利县江垭镇一带），二县并往属之。隶荆州。今市地分属充、溇中二县。

西晋初因之。太康四年（283 年），废充县，改置临澧县（治今市城区）。今市地分属临澧、溇中二县。

东晋因之。今市地分属临澧、溇中二县。

南朝时，刘宋孝建元年（454 年），分荆、湘、豫三州地新置郢州，天门郡改隶之，临澧、溇中二县随之。今市地分属临澧、溇中二县。

齐、梁二代，天门郡仍置临澧、溇中等县，改隶荆州。今市地分属临澧、溇中二县。

北周时，建德四年（575 年），废临澧、溇中等县置北衡州，治崇义（当今市区）。南朝陈仍置临澧、溇中二县，隶荆州天门郡。今市地属崇义县，或分属临澧、溇中二县。

隋平陈，开皇九年（589 年）废天门郡为北衡州。十八年（598 年），又改北衡州为崇州，仍置崇义县系之。大业二年（606 年），又废崇州入澧州，复改澧州为澧阳郡，崇义县皆系之。今市地属崇义县。

唐武德四年（621 年），复置澧州，领崇义等县。麟德元年（664 年），省崇义入慈利县，仍隶澧州。天宝元年（742 年），改澧州为澧阳郡，由江南西道改属山南东道。乾元元年（758 年），复为澧州。今市地属慈利县。

五代马楚时，仍置慈利县，隶澧州。今市地属慈利县。

宋仍置澧州，领慈利等县，隶荆湖（北）路。今市地属慈利县。

元至元十四年（1277 年），改澧州为澧州路，升慈利为慈利州，并于境内溪峒民族地置安定、柿溪二州，隶湖广行省江南湖北道肃政廉访司。至正二十四年（1364 年），改澧州路为澧阳府，慈利州隶之。今市地属慈利州。

明洪武二年（1369 年），罢安定、柿溪二州，降慈利州为县，隶澧州府。九年（1376 年），澧州府降为州，隶常德府。三十年（1397 年），澧州改隶岳州府。慈利县随之。今市地属慈利县。

清初因之。康熙三年（1664 年），湖南“省”（布政使司）成立，仍置慈利县，隶岳常道澧州。雍正七年（1729 年）升澧州为直隶州，辖慈利等 4 县，隶岳常澧道。雍正十三年（1735 年），析慈利永定卫地等置永定县。今市地先后属慈利县、永定县。

民国初，废州存道，改永定县为大庸县，先后隶岳常澧道、武陵道、辰沅道。1922 年，废道制，县直隶于省。1936 年，设行政督察区，县先后隶慈石庸、第八行政督察区。今市地属大庸县。

（1988 年，改大庸县为大庸市，析大庸、桑植、慈利交界部分区域为武陵源区。1994 年，大庸市更名为张家界市。）

第九节　慈利县

战国时期属楚国。楚悼王后期（前 389—前 381 年），楚始置洞庭郡，下辖有零阳县（治今县城东白公城址）等。今县地属零阳县。

公元前223年，秦灭楚，仍置洞庭郡，领零阳县等。今县地属零阳县。

西汉高帝五年（前202年），洞庭郡更名为武陵郡，分零阳新置充县（治今张家界市城区），隶荆州刺史部。今县地分属零阳、充县。

东汉因之。今县地分属零阳、充县。

三国初，东吴因之。永安六年（263年），析武陵郡置天门郡，治零阳；又析充县置溇中县（治今县江垭镇一带）。隶荆州。今县地分属零阳、溇中二县。

西晋因之。今县地分属零阳、溇中二县。

东晋仍置零阳县，隶天门郡，郡治由零阳移至澧阳。今县地分属零阳、溇中二县。

南朝刘宋孝建元年（454年），分荆、湘、豫三州地新置郢州，天门郡改隶之，零阳、溇中等县随之。今市地分属零阳、溇中二县。

齐、梁二代，天门郡仍置零阳、溇中等县，改隶荆州。今县地分属零阳、溇中二县。

北周时，建德四年（575年），置北衡州，领零阳等县。南朝陈仍置零阳、溇中二县，隶荆州天门郡。今县地或属零阳县，或分属零阳、溇中二县。

隋平陈，开皇九年（589年），废天门郡为北衡州，改零阳县为零陵县。十八年（598年），又改北衡州为崇州，改零陵县为慈利县。大业二年（606年），又废崇州入澧州，复改澧州为澧阳郡，慈利县（治今县城区）皆系之。今县名始此。

唐武德四年（621年），复置澧州，领慈利等县。天宝元年（742年），改为澧阳郡，由江南西道改属山南东道。乾元元年

（758 年），复为澧州。

五代马楚时，仍置慈利县，隶澧州。

宋仍置澧州，领慈利等县，隶荆湖（北）路。

元至元十四年（1277 年），改澧州为澧州路。元贞元年（1295 年），升慈利县为慈利州，隶湖广行省江南湖北道肃政廉访司。

至正二十四年（1364 年），朱元璋改澧州路为澧阳府。明洪武九年（1376 年），降澧州府为澧州，兼领慈利等县，属常德府；三十年（1397 年），改隶岳州府。皆属湖广布政使司。

清初因之。康熙三年（1664 年），湖南“省”（布政使司）成立，后澧州隶岳常道。雍正七年（1729 年）升澧州为直隶州，辖慈利等 4 县，隶岳常澧道。

民国初，废州存道，慈利县先后隶岳常澧道、武陵道、辰沅道。1922 年，废道制，县直隶于省。1936 年，设行政督察区，县先后隶慈石庸、第二、第四行政督察区等。

第十节　桑植县

战国时期属楚国。楚悼王后期（前 389—前 381 年），楚始置洞庭郡，下辖有零阳县（治今慈利县城东）等。今县地或属零阳县。

公元前 223 年，秦灭楚，仍置洞庭郡，领零阳县等。今县地或属零阳县。

西汉高帝五年（前 202 年），洞庭郡更名为武陵郡，分零阳新置充县（治今张家界市城区），隶荆州刺史部。今县地属充县。

东汉因之。今县地属充县。

三国初，东吴因之。永安六年（263 年），析武陵郡置天门郡，析充县置溇中县（治今慈利县江垭镇一带），二县并往属之。隶荆州。今县地分属充、溇中二县。

西晋初因之。太康四年（283 年），废充县，改置临澧县（治今张家界市城区）。今县地分属临澧、溇中二县。

东晋因之。今县地分属临澧、溇中二县。

南朝时，刘宋孝建元年（454 年），分荆、湘、豫三州地新置郢州，天门郡改隶之，临澧、溇中二县随之。今县地分属临澧、溇中二县。

齐、梁二代，天门郡仍置临澧、溇中等县，改隶荆州。今县地分属临澧、溇中二县。

北周时，建德四年（575 年），废临澧、溇中等县，改置崇义县（治今张家界市城区），隶北衡州。南朝陈仍置临澧、溇中二县，隶荆州天门郡。今县地属崇义县，或分属临澧、溇中二县。

隋平陈，开皇九年（589 年）废天门郡为北衡州。十八年（598 年），又改北衡州为崇州，仍置崇义县系之。大业二年（606 年），又废崇州入澧州，复改澧州为澧阳郡，崇义县皆系之。今县地属崇义县。

唐武德四年（621 年），复置澧州，领崇义等县。麟德元年（664 年），省崇义入慈利县，仍隶澧州。天宝元年（742 年），改澧州为澧阳郡，由江南西道改属山南东道。乾元元年（758 年），复为澧州。今县地东部属慈利县西部属羁縻地。

五代马楚时，仍置慈利县，隶澧州。今县地东部属慈利县西部属羁縻地。

宋仍置澧州，领慈利等县，隶荆湖（北）路。今县地东部属慈利县西部属羁縻地。

元至元十四年（1277 年），改澧州为澧州路，升慈利县为慈利州，又析慈利西境为柿溪州，隶湖广行省江南湖北道肃政廉访司。又，元至元中，置永顺路，后改永顺保靖南渭安抚司；至大三年（1310 年），改永顺等处军民安抚司；至正十一年（1351 年），升为宣抚司，上、下桑植等长官司皆隶之，属四川行省。至正二十四年（1364 年），改澧州路为澧阳府，慈利、柿溪二州隶之。今县地分属慈利、柿溪二州及上、下桑植等长官司。

明洪武二年（1369 年），降慈利州为县，省柿溪州为柿溪、桑植宣抚司，隶澧州府。九年（1376 年），澧州府降为州，隶常德府。三十年（1397 年），澧州改隶岳州府。慈利县及长官司随之。宣德四年（1429 年），改柿溪宣抚司为上、下二峒长官司。今县地分属慈利县、柿溪宣抚司、桑植宣抚司。

清初因之。康熙三年（1664 年），湖南“省”（布政使司）成立，仍置慈利县，隶岳常道澧州。雍正四年（1726 年），行改土归流，废桑植宣抚司。雍正七年（1729 年）升澧州为直隶州，析慈利安福所地并原桑植宣抚司地等新置桑植县，隶永顺府。今县始此。乾隆元年（1736 年），复省上峒、下峒、茅冈三长官司地入县。

民国初，废州存道，桑植县先后隶辰沅永靖道、辰沅道。1922 年，废道制，县直隶于省。1936 年，设行政督察区，县先后隶永保龙桑、第八行政督察区等。

参考文献

一、正史

1. 《史记》，北京：中华书局 1959 年版。
2. 《汉书》，北京：中华书局 1962 年版。
3. 《后汉书》，北京：中华书局 1965 年版。
4. 《三国志》，北京：中华书局 1965 年版。
5. 《晋书》，北京：中华书局 1974 年版。
6. 《宋书》，北京：中华书局 1974 年版。
7. 《南齐书》，北京：中华书局 1972 年版。
8. 《南史》，北京：中华书局 1975 年版。
9. 《隋书》，北京：中华书局 1973 年版。
10. 《旧唐书》，北京：中华书局 1975 年版。
11. 《新唐书》，北京：中华书局 1975 年版。
12. 《宋史》，北京：中华书局 1985 年版。
13. 《元史》，北京：中华书局 1976 年版。
14. 《明史》，北京：中华书局 1974 年版。
15. 《清史稿》，北京：中华书局 1976 年版。

二、地理总志与地方志

1.〔唐〕李吉甫：《元和郡县图志》，北京：中华书局 1983 年版。

2.〔唐〕李泰著，贺次君辑：《括地志辑校》，北京：中华书局 1980 年版。

3.〔宋〕乐史：《宋本太平寰宇记》，北京：中华书局 2000 年影印本；《太平寰宇记》，嘉庆八年（1803 年）红杏山房刻本。

4.〔宋〕王存：《元丰九域志》，北京：中华书局 1984 年版。

5.〔宋〕王象之：《舆地纪胜》，北京：中华书局 1992 年影印本。

6.〔宋〕祝穆：《方舆胜览》，北京：中华书局 2003 年影印本。

7.〔宋〕范致明：《岳阳风土记》，台北：成文出版社 1976 年影印本。

8.〔明〕李贤等：《大明一统志》，台北：台联国风出版社 1977 年影印本。

9.〔清〕顾祖禹：《读史方舆纪要》，海口：海南国际新闻出版中心 1997 年版。

10.《嘉庆重修一统志》，北京：中华书局 1996 年影印本。

11. 康熙《湖广通志》，康熙二十三年（1684 年）刻本。

12. 光绪《湖南通志》，光绪十一年（1885 年）刻本。

13. 嘉靖《长沙府志》，北京：中国书店 1992 年影印本。

14. 康熙《岳州府志》，北京：中国书店 1992 年影印本。

15. 康熙《临湘县志》，北京：中国书店 1992 年影印本。

16. 嘉靖《湘阴县志》，北京：中国书店 1992 年影印本。

17. 嘉庆《茶陵州志》，北京：中国书店 1992 年影印本。

18. 康熙《永州府志》，北京：中国书店 1992 年影印本。

19. 隆庆《宝庆府志》，北京：中国书店 1992 年影印本。

20. 康熙《邵阳县志》，北京：中国书店 1992 年影印本。

21. 嘉庆《武冈州志》，北京：中国书店 1992 年影印本。

22. 乾隆《沅州府志》，北京：中国书店 1992 年影印本。

23. 康熙《永定卫志》，北京：中国书店 1992 年影印本。

24. 康熙《宝庆府志》，北京：中国书店 1992 年影印本。

25. 康熙《郴州总志》，北京：中国书店 1992 年影印本。

26. 嘉庆《宜章县志》，北京：中国书店 1992 年影印本。

27. 康熙《麻阳县志》，北京：中国书店 1992 年影印本。

28. 嘉庆《龙山县志》，北京：中国书店 1992 年影印本。

29. 嘉庆《龙阳县志》，北京：中国书店 1992 年影印本。

30. 康熙《安乡县志》，北京：中国书店 1992 年影印本。

31. 乾隆《乾州志》，北京：中国书店 1992 年影印本。

32. 康熙《长沙府志》，北京：中国书店 1992 年影印本。

33. 嘉靖《常德府志》，上海：上海古籍书店 1964 年影印本。

34. 嘉庆《长沙县志》，嘉庆十五年（1810 年）刻本。

35. 乾隆《桂阳县志》，海口：海南出版社 2001 年影印本。

36. 乾隆《宜章县志》，海口：海南出版社 2001 年影印本。

37. 乾隆《桂东县志》，海口：海南出版社 2001 年影印本。

38. 乾隆《直隶郴州总志》，海口：海南出版社 2001 年影印本。

39. 同治《酃县志》，同治十二年（1873 年）刻本。

40. 光绪《道县志》，台北：成文出版社影印本。

41. 同治《桑植县志》，台北：成文出版社影印本。

42．光绪《会同县志》，台北：成文出版社影印本。
43．民国《安乡县志初稿》，台北：成文出版社影印本。
44．光绪《华容县志》，台北：成文出版社影印本。
45．民国《澧县志》，台北：成文出版社影印本。
46．光绪《耒阳县志》，台北：成文出版社影印本。
47．光绪《零陵县志》，台北：成文出版社影印本。
48．同治《祁阳县志》，台北：成文出版社影印本。
49．同治《江华县志》，台北：成文出版社影印本。
50．光绪《东安县志》，台北：成文出版社影印本。
51．民国《汝城县志》，台北：成文出版社影印本。
52．同治《龙山县志》，台北：成文出版社影印本。
53．同治《醴陵县志》，台北：成文出版社影印本。
54．同治《桂东县志》，台北：成文出版社影印本。
55．民国《嘉禾县志》，台北：成文出版社影印本。
56．嘉庆《新田县志》，台北：成文出版社影印本。
57．民国《永定县乡土志》，台北：成文出版社影印本。
58．道光《晃州厅志》，台北：成文出版社影印本。
59．光绪《邵阳县志》，台北：成文出版社影印本。
60．同治《新化县志》，台北：成文出版社影印本。
61．光绪《湘潭县志》，台北：成文出版社影印本。
62．同治《衡阳县志》，台北：成文出版社影印本。
63．同治《城步县志》，台北：成文出版社影印本。
64．光绪《桃源县志》，台北：成文出版社影印本。
65．光绪《宁远县志》，台北：成文出版社影印本。
66．民国《慈利县志》，台北：成文出版社影印本。
67．嘉庆《石门县志》，台北：成文出版社影印本。

68. 民国《蓝山县图志》，台北：成文出版社影印本。

69. 同治《茶陵州志》，同治十年（1871 年）刻本。

70. 同治《常宁志》，民国三十七年（1948 年）重印本。

71. 同治《平江县志》，同治十三年（1874 年）刻本。

三、其他古近文献

1.〔宋〕洪兴祖：《楚辞补注》，北京：中华书局 1985 年影印本。

2.〔汉〕许慎：《说文解字》，北京：中华书局 1963 年影印本。

3.〔北魏〕郦道元：《水经注》，长沙：岳麓书社 1995 年版。

4.〔唐〕杜佑：《通典》，北京：中华书局 1988 年版。

5.〔唐〕徐坚等：《初学记》，北京：中华书局 1962 年版。

6.〔唐〕释慧琳：《一切经音义》，上海：上海古籍出版社 1986 年影印本。

7.《全唐文》，北京：中华书局 1985 年影印本。

8.〔宋〕张君房：《云笈七签》，北京：中华书局 2003 年影印本。

9.〔元〕马端临：《文献通考》，台北：新兴书局 1956 年影印本。

10.〔清〕王先谦：《汉书补注》（下册），北京：书目文献出版社 1995 年影印本

11.〔清〕王国维：《观堂集林》，上海：上海书店 1983 年影印本；

12.《清圣祖实录》，北京：中华书局 1985 年影印本。

13.《大清会典》（康熙朝），台北：文海出版社 1993 年影印

本。

14.《皇朝文献通考》，杭州：浙江古籍出版社 1988 年影印本。

15.〔民国〕傅角今：《湖南地理志》，长沙：商务印书馆 1933 年版。

16. 湖南省政府秘书处统计室编：《湖南年鉴》（民国二十二年），湖南省秘书处印行 1934 年版。

17. 湖南省政府秘书处统计室编：《湖南年鉴》（民国二十四年），湖南省秘书处印行 1935 年版。

18. 湖南省政府秘书处统计室编：《湖南年鉴》（民国二十五年），湖南省秘书处印行 1936 年版。

四、当代学者著述

1. 向宗鲁：《说苑校证》，北京：中华书局 1987 年版。

2. 李珍华、周长楫编撰：《汉字古今音表》（修订本），北京：中华书局 1999 年版。

3. 中央民族学院少数民族语言研究所第五研究室编：《壮侗语族语言词汇集》，北京：中央民族学院出版社 1985 年版。

4. 覃国生：《壮语概论》，南宁：广西民族出版社 1998 年版。

5. 韦庆稳等编著：《壮语简志》，北京：民族出版社 1980 年版。

6. 张声震主编：《广西壮语地名选集》，南宁：广西民族出版社 1988 年版。

7. 范宏贵：《同根生的民族——壮泰各族渊源与文化》，北京：光明日报出版社 2000 年版。

8. 覃圣敏主编：《壮泰民族传统文化比较研究》（第二卷），南宁：广西人民出版社 2003 年版。

9. 高至喜：《楚文化的南渐》，武汉：湖北教育出版社 1996 年版。

10. 杨宽：《战国史》（增订本），上海：上海人民出版社 1998 年版。

11. 国家文物局主编：《中国文物地图集·湖南分册》，长沙：湖南地图出版社 1997 年版。

12. 楚文化研究会编：《楚文化研究论集》（第二集），武汉：湖北人民出版社 1991 年版。

13. 张家山二四七号汉墓竹简整理小组：《张家山汉墓竹简》，北京：文物出版社 2001 年版。

14. 谭其骧主编：《中国历史地图集》（第 1 ~ 8 册），北京：地图出版社 1982 年版。

15. 湖北省荆沙铁路考古队：《包山楚简》，北京：文物出版社 1991 年版。

16. 黄锡全：《湖北出土商周文字辑证》，武汉：武汉大学出版社 1992 年版。

17. 北京大学中国古代史研究中心编：《纪念陈寅恪先生诞辰百年学术论文集》，北京：北京大学出版社 1989 年版。

18. 谭其骧：《长水集》（上、下、续编），北京：人民出版社 1987 年、1994 年版。

19. 李学勤、谢桂华主编：《简帛研究（上册）》，桂林：广西师范大学出版社 2001 年版。

20. 周振鹤：《西汉政区地理》，北京：人民出版社 1987 年版。

21. 李晓杰：《东汉政区地理》，济南：山东教育出版社 1999 年版。

22. 陈健梅：《孙吴政区地理研究》，长沙：岳麓书社 2008 年版。

23. 胡阿祥：《六朝疆域与政区研究（增订本）》，北京：学苑出版社2005年版。

24. 胡阿祥编著：《宋书州郡志汇释》，合肥：安徽教育出版社2006年版。

25. 胡阿祥：《六朝政区》，南京：南京出版社2008年版。

26. 张金铣：《元代地方行政制度研究》，合肥：安徽大学出版社2001年版。

27. 靳润成：《明朝总督巡抚辖区研究》，天津：天津古籍出版社1996年版。

28. 伍新福主编：《湖南通史·古代卷》，长沙：湖南出版社1994年版。

29. 郭红、靳润成:《中国行政区划通史·明代卷》，上海：复旦大学出版社2007年版。

30. 四川省地方志编纂委员会：《四川省志·地理志（上）》，成都：成都地图出版社1996年版。

31. 钱实甫：《清代职官年表·布政使年表》，北京：中华书局1980年版。

32. 龚胜生：《清代两湖农业地理》，武汉：华中师范大学出版社1996年版。

33. 赵泉澄:《清代地理沿革表》，北京：中华书局1955年版。

34. 张伟然：《湖南历史文化地理研究》，上海：复旦大学出版社1995年版。

35. 牛平汉主编：《清代政区沿革综表》，北京：中国地图出版社1990年版。

36. 牛平汉主编：《明代政区沿革综表》，北京：中国地图出版社 1997 年版。

37. 刘乃和主编：《历史文献研究》，北京：北京师范大学出版社 1996 年版。

38. 傅林祥、郑宝恒：《中国行政区划通史·中华民国卷》，上海：复旦大学出版社 2007 年版。

39. 刘纬毅：《汉唐方志辑佚》，北京：北京图书馆出版社 1997 年版。

40. 湖南省志编辑委员会编：《湖南省志·地理志》（上），长沙：湖南人民出版社 1982 年版。

41. 慈利县志编纂委员会：《慈利县志》，北京：农业出版社 1990 年版。

42. 周振鹤：《中国地方行政制度史》，上海：上海人民出版社 2005 年版。

43. 尹钧科：《北京历代建置沿革》，北京：北京出版社 1994 年版。

图书在版编目(CIP)数据
湖南政区沿革/周宏伟著.—长沙:湖南师范大学出版社,2009.12
ISBN 978-7-5648-0134-2
Ⅰ.湖… Ⅱ.周… Ⅲ.政区沿革—湖南省
Ⅳ.K928.2
中国版本图书馆 CIP 数据核字(2009)第 225679 号

湖湘文库(乙编)
湖湘文库编辑出版委员会

湖南政区沿革

著　　者　周宏伟
责任编辑　刘苏华
责任校对　胡亚兰　黄　晴
整体设计　郭天民
出版发行　湖南师范大学出版社
网　　址　http://press.hunnu.edu.cn
地　　址　长沙市岳麓山
邮　　编　410081
营销部电话　(0731)88873071
经　　销　湖南省新华书店
印　　刷　长沙化勘印刷有限公司
版　　次　2009 年 12 月第 1 版第 1 次印刷
开　　本　960×640　1/16
印　　张　23
字　　数　262000
书　　号　ISBN 978-7-5648-0134-2
定　　价　75.00 元
如有印装质量问题,请与承印厂斢换
厂址:长沙市青园路 4 号　邮编:410004
ISBN 978-7-5648-0134-2
9 787564 801342 >